Alba-Modellbahn-Praxis

4

MODELLBAHN ELEKTROTECHNIK

Grundlagen und Praxis für den Modellbahn-Betrieb

von Axel vom Heede und Friedrich Löser

alba

CIP-Kurztitelaufnahme der Deutschen Bibliothek

Vom Heede, Axel:
Modellbahn-Elektrotechnik : Grundlagen u. Praxis für d.
Modellbahn-Betrieb / von Axel vom Heede u. Friedrich Löser.
– 4. Aufl. – Düsseldorf: Alba, 2000
(Alba-Modellbahn-Praxis; 4)
ISBN 3-87094-579-6
NE: Löser, Friedrich:; GT

1. Auflage November 1985
2. Auflage April 1989
3. überarbeitete Auflage Januar 1996
4. unveränderte Auflage November 2000

Erschienen November 2000

Titelfoto Egon Pempelforth

Layout Susanne Kreitzberg

Herstellung L. N. Schaffrath, Geldern

ISBN 3-87094-579-6

Inhalt

Einleitung

Dieses Buch beginnt, womit die meisten Modellbahner einmal angefangen haben: Mit der Grund- oder Anfangspackung. In der Regel enthält diese Schachtel eine Lok, einige Wagen, gebogene und gerade Gleise, womit sich ein einfaches Oval aufbauen läßt, ferner gehört ein Transformator dazu. Die Gleise zusammenzustecken und den Trafo anzuschließen, ist nicht schwierig. Farbige Stecker und Buchsen machen deutlich, was zusammengehört. Allenfalls ein zu kurzes Kabel kann den Anschluß des Trafos an das Netz zum Problem machen. Das Aufgleisen von Lok und Wagen ist schnell geschehen, das Fahrvergnügen kann beginnen. Der Drehknopf am Trafo erlaubt aus der Nullstellung heraus eine mehr oder minder schnelle Vor- oder Rückwärtsfahrt des Zuges. Hat die Lok an den Stirnseiten eine Beleuchtung, wird diese fahrtrichtungsabhängig aufleuchten. Leider ist die Leuchtkraft von der Geschwindigkeit des Fahrzeugs abhängig, über Abhilfe wird noch zu sprechen sein.

Das erwähnte Fahrvergnügen wird allerdings mit dem allein, was die Anfangspackung enthält, nicht lange anhalten. Deshalb wird das Gleisoval bald um ein erstes Abstellgleis erweitert werden. Dieses besteht aus einer Weiche mit elektrischem Antrieb und einigen geraden Schienen. Der Anschluß des Weichenantriebs über einen Schalter an den Trafo ist ähnlich einfach wie

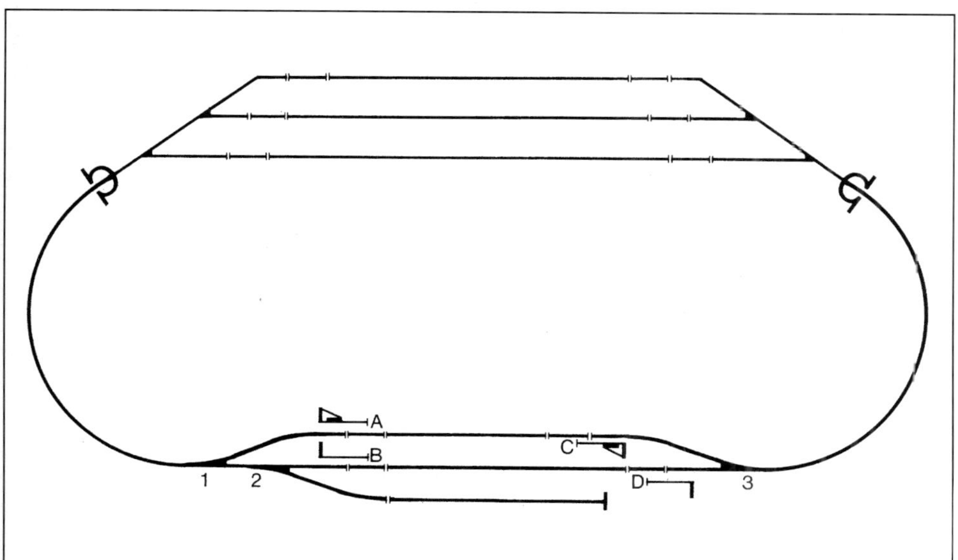

So könnte eine Modellbahn-Anlage aussehen: Ein kleiner Bahnhof mit Rangiermöglichkeiten und – den Blicken entzogen – einen Schattenbahnhof zum Abstellen nicht benötigter Zugeinheiten. Daß die Streckenführung zwischen beiden Bahnhöfen reichlich einfallslos ist, soll nicht bestritten werden, hier ist Eigeninitiative gefragt

der Anschluß der Gleise. Sicher wird dann ein erstes Signal – z. B. ein elektrisch angetriebenes und beleuchtetes Formsignal – auch nicht mehr lange fehlen. Signale aber haben die Aufgabe, Züge voreinander zu schützen, also wird bald ein zweiter Zug kommen und damit auch ein Ausweichgleis. Und so geht es weiter, während der Modellbahner allmählich zum „Strippenzieher" wird.

Solange Anlage und Ansprüche nicht groß sind, wird man sich mit dem Zubehör eines Modellbahn-Herstellers zufriedengeben und beim Einbau elektrotechnischer Artikel auf die farbliche Kennzeichnung der Anschlußpunkte vertrauen. Da jeder Hersteller sein eigenes Farbschema hat, in dem bestimmte Farben elektrischen Funktionselementen zugeordnet sind, können sich schon bei der Verwendung des Formsignals eines anderen Herstellers scheinbar unüberwindbare Hindernisse ergeben, obwohl beide Systeme sich ohne Schwierigkeiten miteinander kombinieren lassen. Auch hierüber wird noch ausführlich gesprochen werden. Schließlich werden es die den Modellbahnern zugesprochene Kreativität und Vielseitigkeit nicht lange dulden, sklavisch an Gleis- und Verdrahtungsplänen der Hersteller zu hängen.

Elektrotechnisches Grundwissen, wie es für den Betrieb einer Modellbahn notwendig ist, soll deshalb in diesem Buch erklärt werden. Auch wenn man selbst nicht zu Lötkolben und Seitenschneider greift, hilft dieses Wissen, um das breite Angebot an elektrisch betriebenem Zubehör besser zu beurteilen und so manchen Ärger und manche Mark zu sparen.

Es wird sich nicht immer vermeiden lassen, in einigen Abschnitten Begriffe zu verwenden, die erst in nachfolgenden Kapiteln näher erläutert werden. Dieser Mangel soll durch das ausführliche Register am Ende des Buches wettgemacht werden. Mit zahlreichen Verweisungen sinngleicher Begriffe soll es ein guter Pfadfinder sein.

Die vorgestellten Schaltungen sind erprobt worden, einige haben sich seit Jahren auf den Anlagen der Autoren bewährt. Viele sind bereits als Standardschaltungen in Modellbahn-Fachzeitschriften und -Büchern wie auch Firmenschriften veröffentlicht worden.

Anregungen und Kritik können den Autoren über den Verlag zugehen. Sie werden aufmerksam gelesen und in einer späteren Auflage berücksichtigt.

Düsseldorf, 1995

Axel vom Heede
Friedrich Löser

1 Ohne sie geht es nicht: einige grundlegende Zusammenhänge

Der einfachste elektrische Stromkreis einer Modellbahn-Anlage ist sicherlich der, der aus dem Trafo, zwei Drähten und einem Glühlämpchen besteht. Solche Stromkreise sind beispielsweise für die Beleuchtung von Modellhäusern, Personenwagen, Weichen- und Signallaternen auch auf kleinen Anlagen mehrfach vorhanden.

Die erste Erleuchtung: der einfache elektrische Stromkreis

Ein solcher Stromkreis besteht aus drei elektrischen Bauelementen:

- der Spannungsquelle (Trafo)
- dem Verbraucher (Glühlampe) und
- der Verbindungsleitung (Kupferkabel).

Ihre Darstellung erfolgt mit Hilfe sogenannter Schaltzeichen, ihre Verschaltung wird an Hand von Schaltbild oder Stromlaufplan beschrieben. In Abb. 1.1 ist der Trafo durch das Schaltzeichen für eine allgemeine Spannungsquelle dargestellt, die Glühlampe durch ein entsprechendes Symbol. Eine Zusammenstellung der für die Modellbahn-Elektrotechnik wichtigen Schaltzeichen befindet sich im Anhang, S. 129.

Im Gegensatz zu Spannungsquelle und Verbraucher gibt es im Schaltplan keine ausdrückliche Kennzeichnung der oben erwähnten Verbindungsleitungen. Der Grund hierfür ist in der üblichen, technisch sinnvollen Annahme zu suchen, daß diese Leitungen so beschaffen sind, daß sie auf die elektrischen Eigenschaften des gesamten Stromkreises ohne Einfluß sind, sie sind „ideal". Die Verfahrensweise, möglichst viele, das Ergebnis des gestellten Problems aber nicht wesentlich beeinflussende Elemente zu vernachlässigen, ist in der Technik weit verbreitet. Sie erst ermöglicht eine übersichtliche Darstellung der Probleme. Zu überprüfen bleibt jeweils, ob eine vereinfachende Annahme die Lösung in unzulässigem Maß verfälscht.

Zurück zur Spannungsquelle, die hier den Modellbahn-Trafo als Energiequelle beschreibt. Weitere aus dem täglichen Leben bekannte Spannungsquellen stellen die Steckdosen im Haushalt dar, die in vielen Formen gebräuchlichen Batterien, der Dynamo am Fahrrad oder im Auto („Lichtmaschine").

In der Technik erfolgt die Beschreibung einer physikalischen Größe meist in Form einer

Abb. 1.1 Der einfache elektrische Stromkreis: Von der skizzierten gegenständlichen Darstellung zum Schaltbild

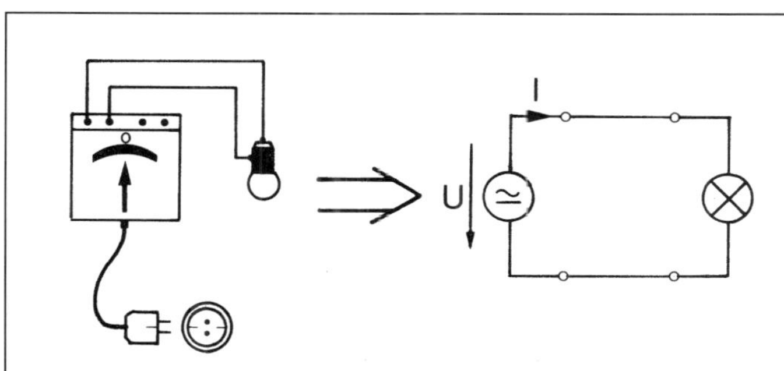

Gleichung. Sie besteht einerseits aus ihrem Formelzeichen (z. B. Länge l; Geschwindigkeit v), andererseits aus einem Zahlenwert und der Größeneinheit (z. B. m; km/h). Für die gewählten Beispiele könnten also die Gleichungen l = 26,4 m oder v = 200 km/h lauten.

Für die elektrischen Größen, Spannung und Strom benutzt man die Formelzeichen U und I sowie die Einheiten Volt, abgekürzt V, und Ampere (A). Beide Größen findet man häufig zur Beschreibung eines Modellbahn-Trafos: U = 12 V bei I = 0,5 A. Diese Angaben kennzeichnen die Leistungsfähigkeit des Gerätes.

Der Beschreibung der Energie- bzw. Spannungsquelle entspricht die des Verbrauchers, der Glühlampe. Typische Werte sind bei der Modellbahn: U = 14 V; I = 0,05 A. Dies bedeutet: Schaltet man die Glühlampe an eine Spannungsquelle der Spannung U = 14 V, so fließt in dem so gebildeten Stromkreis ein Strom I = 0,05 A.

Würde man diese Glühlampe aber an den oben beschriebenen Trafo anschließen, so ergäbe sich – einer einfachen Dreisatzrechnung zufolge – ein Strom von

$$I = \frac{0{,}05\ A}{14\ V} \cdot 12\ V = 0{,}043\ A.$$

Bei einer Spannung U = 10 V betrüge der Strom nur noch

$$I = \frac{0{,}05\ A}{14\ V} \cdot 10\ V = 0{,}036\ A.$$

Würde man eine höhere als die vom Hersteller angegebene Spannung (hier: 14 V) anlegen, hätte dies einen höheren Strom als 0,05 A zur Folge. Dies verkürzt aber die Lebensdauer der Lampe, im Extremfall haucht sie mit einem kurzen Aufblitzen ihr Leben aus.

Andererseits wirkt die Verringerung der Spannung (beispielsweise auf 9 V) sich außerordentlich günstig auf die Lebensdauer aus. Mit sinkendem Strom durch die Glühlampe nehmen natürlich auch die vom Strom in diesem Verbraucher hervorgerufenen Erscheinungen

Abb. 1.2
Auch diese Stromkreise sind noch überschaubar: Das Fahrpult ist an das 220-V-Netz angeschlossen, es versorgt die Lok mit einer einstellbaren Spannung

ab: die Leuchtstärke und auch die damit verbundene Wärmeentwicklung.

Durch das Ohmsche Gesetz verbunden: Spannung, Strom und Widerstand

An den angeführten Zahlenbeispielen kann man ablesen, daß zur Bestimmung des Stromes durch die Lampe immer deren Kennwerte in Form des Bruches 0,05 A/14 V benötigt werden. Sein Kehrwert, also 14 V/0,05 A, wird als (ohmscher) Widerstand R des Verbrauchers bezeichnet, er wird in Ohm (Ω) angegeben:

$$R = \frac{14\ \text{V}}{0{,}05\ \text{A}} = 280\ \frac{\text{V}}{\text{A}} = 280\ \Omega.$$

Setzt man an die Stelle bestimmter Zahlenwerte für Spannung und Strom in obige Gleichung die allgemeinen Größen ein, also für die Spannung U und den Strom I, erhält man das Ohmsche Gesetz:

$$R = \frac{U}{I}.$$

Mit dieser Beziehung läßt sich also der Widerstand eines Verbrauchers bestimmen, wenn man nur die anliegende Spannung U und den durch den Widerstand fließenden Strom I kennt. Ebenso kann man, sind Widerstand und anliegende Spannung bekannt, den Strom ausrechnen:

$$I = \frac{U}{R},$$

oder schließlich bei gegebenem Strom und Widerstand die Spannung ermitteln:

$$U = R \cdot I.$$

Es wird dem aufmerksamen Leser vielleicht schon aufgefallen sein, daß der Begriff „Widerstand" nicht nur eine elektrische Größe ist, sondern zugleich auch das Bauteil selbst bezeichnet.

Widerstände werden auf der Modellbahn-Anlage benötigt, um die von einem Trafo fest vorgegebene Spannung den jeweiligen Erfordernissen am Verbraucher anzupassen.

Wohl jeder Modellbahner weiß den besonderen Reiz zu schätzen, der vom nächtlichen Betrieb von Vorbild und Modell ausgeht. Er wird also seine Anlage entsprechend ausrüsten: beleuchtete Formsignale, Weichenlaternen, Lampen in den unterschiedlichsten Ausführungen zur Beleuchtung von Bahnanlagen und Straßen finden sich ebenso wie eine Innenbeleuchtung der Gebäude. Schließt man diese Lampen, wie es von den Herstellern vorgeschrieben wird, direkt an den Trafo an, stellt sich oft eine herbe Enttäuschung ein: die Lampen leuchten übertrieben hell. Lichtsignale wirken wie bunte Scheinwerfer, die stimmungsvolle Gaslaterne hat die Leuchtkraft eines Flutlichtstrahlers.

Eine mögliche Abhilfe bringt die Einschaltung eines Widerstandes R_v zwischen Trafo und Lampe, wie dies Abb. 1.3 zeigt. Solche vor den Verbraucher geschalteten Widerstände werden häufig durch den Begriff Vorwiderstand näher bezeichnet.

Im Schaltbild sind neben den Symbolen für Spannungsquelle und Verbraucher auch die elektrischen Größen Strom und Spannung eingezeichnet. Alle Elemente werden vom gleichen Strom I durchflossen, es existiert nur dieser Strompfad.

Die von der Quelle (Trafo) gelieferte Spannung U teilt sich auf: ein Teil (U_v) fällt am Vorwiderstand R_v ab, der andere an der Glühlampe, die den Widerstand R_L besitzt. Die Spannungsabfälle werden durch Pfeile gekennzeichnet, an die man die Formelzeichen der entsprechenden Größe schreibt. Die Pfeilrichtung entspricht dabei der Richtung des Stromes durch den Verbraucher. Für die Spannungsquelle ist die Zuordnung umgekehrt. Diese – genaugenommen willkürliche, aber allgemein gebräuchliche – Zuordnung hat zur Folge, daß sich für Ströme und Spannungen positive Zahlenwerte ergeben.

Wie bestimmt man nun aber zweckmäßigerweise die Größe des Widerstandes R_v? Seine

Aufgabe ist es, die Spannung U_L an der Glühlampe kleiner als die für Beleuchtungszwecke zur Verfügung stehende feste Spannung U_L zu machen. Die sinnvolle Größe der Spannung U_L kann man durch einen Versuch ermitteln: Das Fahrpult (Trafo) besitzt neben dem Ausgang mit Festspannung einen mit veränderlicher Spannung, die normalerweise der Versorgung der Lokmotoren dient.

An diese variable Spannung wird die Glühlampe angeschlossen und die Spannung so lange geändert, bis die Leuchtstärke der Lampe eine realistische Wirkung besitzt. Mit Hilfe eines einfachen Spannungsmeßgerätes läßt sich dann die gesuchte Spannung U_L bestimmen. Sie ist natürlich gleich der Ausgangsspannung U_A der zwischen 0...14 V veränderlichen Spannungsquelle.

Hat man beispielsweise einen Wert von U_L = 9 V ermittelt, so fließt dem Ohmschen Gesetz entsprechend ein Strom von

$$I = \frac{U_L}{R_L} = \frac{9\ \text{V}}{280\ \Omega} = 0{,}032\ \text{A}.$$

Mit Kenntnis dieser Zahlenwerte läßt sich nun der gesuchte Vorwiderstand bestimmen. Der Spannungsabfall U_v beträgt bei einer Quellenspannung U = 14 V und einer Spannung an der Lampe von U_L = 9 V: U_v = 14 V – 9 V = 5 V, da sich die Spannung U in die Spannungsabfälle U_v und U_L aufteilt:

$$U = U_v + U_L.$$

Der Zahlenwert des Vorwiderstandes ist also

$$R_v = \frac{5\ \text{V}}{0{,}032\ \text{A}} = 155\ \Omega.$$

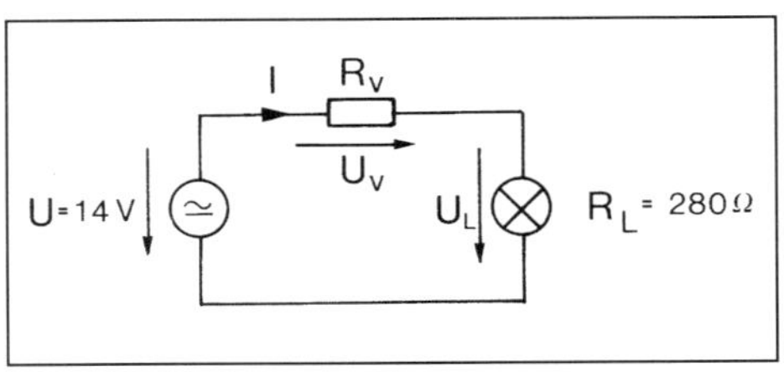

Abb. 1.3
Stromkreis mit Vorwiderstand zur Spannungsabsenkung am Verbraucher

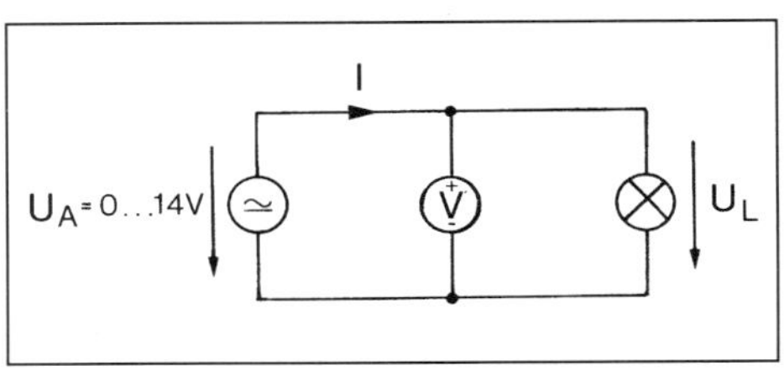

Abb. 1.4
Versuchsschaltung zur Ermittlung der angepaßten Verbraucher-(Glühlampen-)spannung

Reihen- und Parallelschaltung

Man nennt diese Art der Zusammenschaltung, wie sie hier am Beispiel zweier Verbraucher gezeigt wurde, Reihenschaltung (oder auch Serien- oder Hintereinanderschaltung). Alle Elemente einer Reihenschaltung werden vom gleichen Strom I durchflossen, die Summe aller Spannungsabfälle ist gleich der Spannung der Spannungsquelle.

In einem Stromkreis können sich auch mehrere in Reihe geschaltete Spannungsquellen befinden. Sie können gemäß den obigen Überlegungen zu einer einzigen Spannungsquelle zusammengefaßt werden.

Der Gesamtwiderstand R_G einer Reihenschaltung von Widerständen ist

$$R_G = \frac{U}{I} = R_1 + R_2 + R_3 + \ldots$$

Man spricht von R_G auch als Ersatzwiderstand, da er im Schaltbild die Reihenschaltung von Widerständen ersetzt.

Bisher bestanden unsere Stromkreise nur aus Elementen, die in Reihe geschaltet waren. In der Regel ist aber nicht nur eine Glühlampe in den Stromkreis einbezogen, sondern mehrere. Diese sind dann in der Art und Weise verschaltet, wie es Abb. 1.6 zeigt.

Alle Lampen liegen an der gleichen Spannung U, ihr Anschluß ist durch den Punkt an den Verbindungsstellen angedeutet. Der von der Spannungsquelle gelieferte Strom I teilt sich in die Teilströme I_1, I_2, I_3 auf. Nach dem Ohmschen Gesetz gilt:

$$I_1 = \frac{U}{R_1},\ I_2 = \frac{U}{R_2},\ I_3 = \frac{U}{R_3}.$$

Ihre Summe ist gleich dem Laststrom I:

$I = I_1 + I_2 + I_3$.

Nimmt man für die Glühlampen die gleichen Kenndaten wie oben an, so ist bei einer Spannung U = 9 V der Strom durch jeden Verbraucher gleich groß:

$$I_1 = I_2 = I_3 = \frac{9\ \text{V}}{280\ \Omega} = 0{,}032\ \text{A}$$

und der Gesamtstrom beträgt:

$I = 0{,}096$ A.

Die beschriebene Art der Zusammenschaltung wird als Parallelschaltung (Nebenschlußschaltung) bezeichnet. Dabei liegt an jedem der Elemente die gleiche Spannung U; der Strom durch den jeweiligen Verbraucher wird durch dessen Widerstand bestimmt.

Der resultierende Gesamtwiderstand R_G ergibt sich zu

$$R_G = \frac{U}{I} = \frac{U}{I_1 + I_2 + I_3} = \frac{U}{\frac{U}{R_1} + \frac{U}{R_2} + \frac{U}{R_3}}$$

$$R_G = \frac{1}{\frac{1}{R_1} + \frac{1}{R_2} + \frac{1}{R_3}}.$$

Für den Sonderfall gleicher Widerstände

$R_1 = R_2 = R_3 = R$

folgt

$$R_G = \frac{R}{3}.$$

Die Zahl der in Reihe bzw. parallelgeschalteten Widerstände war in den gezeigten Beispielen zu drei angenommen worden, selbstverständlich gelten die angegebenen Beziehungen entsprechend für eine beliebige Anzahl.

Für das gewählte Zahlenbeispiel ergibt sich der resultierende Widerstand R_G zu

$$R_G = \frac{280\ \Omega}{3} = 93{,}3\ \Omega,$$

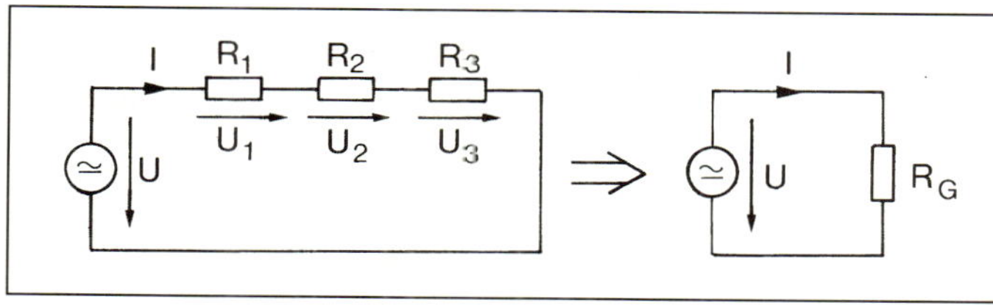

Abb. 1.5 Reihenschaltung von (drei) Widerständen und Ersatz durch einen Gesamtwiderstand, der Summe der drei Einzelwiderstände entsprechend

den gleichen Wert erhält man natürlich auch mit Strom und Spannung am Widerstand:

$$R_G = \frac{U}{I} = \frac{9\ \text{V}}{0{,}096\ \text{A}} = 93{,}3\ \Omega$$

Im Schaltbild kann der resultierende Widerstand R_G wiederum die wirklich vorhandenen Widerstände R_1, R_2, R_3 ersetzen und damit das Schaltbild vereinfachen.

In Abb. 1.7 ist dies geschehen. Da die Spannung an den Glühlampen und damit auch an den sie repräsentierenden Ersatzwiderstand R_G 9 V betragen soll, müssen am Vorwiderstand R_v 5 V abfallen. Somit muß für R_v der Wert

$$I = \frac{U_v}{R_v} = \frac{9\ \text{V}}{R_G}$$

$$R_V = R_G \cdot \frac{U_v}{9\ \text{V}} = 93{,}3\ \Omega \cdot \frac{5\ \text{V}}{9\ \text{V}} = 51{,}8\ \Omega$$

gewählt werden.

Die Leistung darf nicht fehlen

Bisher wurde auf drei Grundbegriffe der Elektrotechnik näher eingegangen: Spannung, Strom und Widerstand. Diese Größen sind über das Ohmsche Gesetz miteinander verknüpft. Für die Modellbahn-Praxis ist noch ein weiterer Begriff von großer Bedeutung, der der (elektrischen) Leistung. Ihre Angabe ist zur eindeutigen Kennzeichnung elektrotechnischer Bauelemente erforderlich, seien dies Trafos oder Fahrpulte, Lokmotoren, Antriebe von Weichen und Signalen, Beleuch-

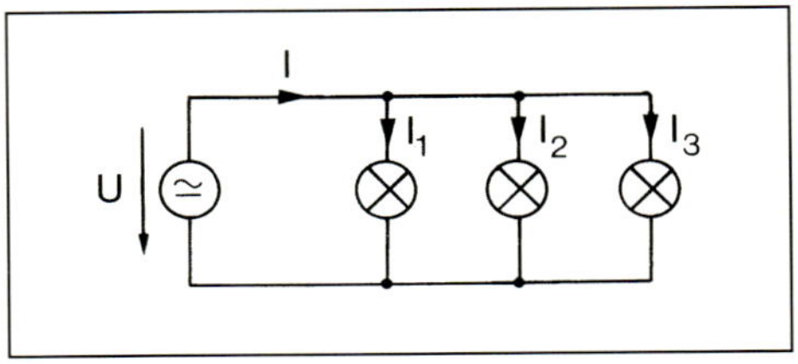

Abb. 1.6
Anschluß von (drei) Glühlampen an die Spannungsquelle: die Parallelschaltung von Verbrauchern

tungseinrichtungen. Am Beispiel der Glühlampe und des Widerstandes soll der Leistungsbegriff im folgenden erläutert werden.

Es ist bereits gezeigt worden, daß man durch Verwendung eines Vorwiderstandes die Leuchtstärke einer Glühlampe an die jeweiligen Verhältnisse anpassen kann (Abb. 1.3). Verbunden mit der Absenkung der Helligkeit und der damit einhergehenden Wärmeentwicklung der Lampe war eine Verringerung von Strom und Spannung von 0,05 A bei 14 V auf 0,032 A bei 9 V. Offensichtlich sind also Strom und Spannung ein Maß für die der Lampe zugeführte elektrische Energie, die in Licht- und Wärmeenergie umgewandelt wird.

Es sei an dieser Stelle eine Bemerkung zum häufig gebrauchten Begriff des (elektrischen) Verbrauchers gemacht. Er ist eigentlich nicht zutreffend, da die Energie nicht verbraucht oder vernichtet wird, sondern in andere Energieformen – Wärme, Licht, mechanische Energie (bei den Motoren) – umgewandelt wird. Andererseits beschreibt die lockere Redewendung, in der Anlage werde soundsoviel Leistung „verbraten", sehr anschaulich, daß jeder Strom eine fast immer unerwünschte Wärmeentwicklung zur Folge hat.

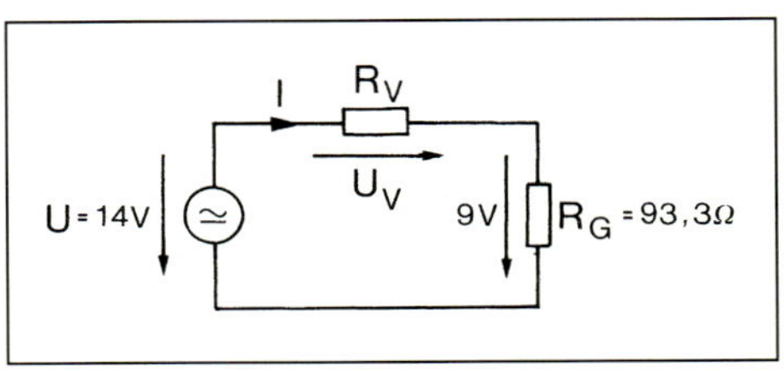

Abb. 1.7
Bestimmung des Vorwiderstandes R_V

Die Abhängigkeit der Größe der elektrischen Leistung P von der Große des Stromes I und der Spannung U kommt mit der Beziehung

$$P = U \cdot I$$

zum Ausdruck.

Die Einheit der Leistung ist das Watt (W).

Die Angaben der Leistung einer Glühlampe in der Einheit Watt ist für die im Haushalt gebräuchlichen Lampen üblich, Modellbahn-Hersteller pflegen dagegen, wenn überhaupt, die Angabe von Strom und Spannung. Daraus läßt sich aber die aufgenommene elektrische Leistung ausrechnen. So ist in unserem Beispiel die Leistung

$$P = 14\ V \cdot 0{,}05\ A = 0{,}7\ W$$

bzw. bei reduzierter Leuchtstärke

$$P = 9\ V \cdot 0{,}032\ A = 0{,}29\ W.$$

Während die in der Lampe umgesetzte elektrische Energie sich in einen Nutzanteil – der Lichtenergie – und in einen Verlustanteil – der Wärmeenergie – aufteilt, ist die im Vorwiderstand R_v umgesetzte Leistung eine reine Verlustleistung. Sie beträgt

$$P = 5\ V \cdot 0{,}032\ A = 0{,}16\ W.$$

Die in Lampe und Vorwiderstand umgesetzte Energie ist gleich der von der Spannungsquelle abgegebenen.

Die Verlustleistung von Widerständen läßt sich bei Kenntnis des Widerstandswertes auch aus Strom und Spannung bestimmen:

$$P = U \cdot I \cdot \frac{U^2}{R} = R \cdot I^2.$$

Beim Kauf von Widerständen ist die Angabe der Verlustleistung ebenso notwendig wie die des Wertes in Ohm. Dies wird deutlich, wenn man die Verlustleistungen der Vorwiderstände in Abb. 1.3 und Abb. 1.7 vergleicht: sie verdreifacht sich!

Man sollte bei der Bestimmung der zulässigen Verlustleistung ferner bedenken, daß sich die Widerstände stark erwärmen. Sie können bei Dauerbetrieb mit der zulässigen

Leistung Oberflächentemperaturen von mehr als 100° C erreichen. Man sollte dies insbesondere beim Einbau der Widerstände in Modelle beachten und einen Widerstand mit einer wesentlich höheren Belastbarkeit wählen.

Widerstände in der Modellbahn-Praxis: Bauformen, Kennwerte

Die für die Herstellung von Widerständen verwendeten Materialien sind – beschränkt man sich auf das Anwendungsgebiet Modellbahn – Widerstandsdrähte für gewickelte Widerstände und Kohle- und Metallschichten für Schichtwiderstände (Abb. 1.8). Die Kohleschichtwiderstände stellen dabei die heute noch gebräuchlichste Art dar, sie werden jedoch zunehmend von Metallschichtwiderständen verdrängt, die sich durch geringere Temperaturabhängigkeit und kleine Toleranzen auszeichnen.

Im allgemeinen sind die Werte des ohmschen Widerstandes so von der Temperatur abhängig, daß dieser mit wachsender Temperatur ansteigt. So besitzen Glühlampen im Einschaltaugenblick einen geringeren Widerstand als bei Dauerbetrieb. Strenggenommen ist also der Widerstand vom Strom abhängig und nur annähernd konstant wie bisher vorausgesetzt. Mit Aufkommen entsprechender Schaltungen der Elektronik sind auch jene speziellen Widerstände (Heißleiter) außer Gebrauch gekommen, die durch das beschriebene nichtlineare Verhalten ein vorbildgetreueres Fahrverhalten in Bremsstrecken ermöglichen sollten, als das mit normalen (linearen) Widerständen möglich ist (vgl. Abb. 1.13).

Die Toleranz eines Widerstandswertes spielt vorwiegend in hochwertigen Schaltungen der Elektronik eine Rolle. Die Toleranzangabe erfolgt in Prozent (%), so bedeutet die Angabe 100 Ω /10%, daß der Widerstandswert zwischen 90 Ω und 110 Ω liegen kann.

Widerstände sind nicht mit beliebigen Ohmwerten erhältlich, sondern nur in bestimmten Abstufungen. Eine Tabelle im Anhang gibt hierüber nähere Auskunft. Sind für eine bestimmte Anwendung Widerstandswerte erforderlich, die zwischen den genannten Werten liegen, lassen sich diese meist durch Reihen- oder Parallelschaltung aus gegebenen Werten herstellen.

Widerstände aus Widerstandsdraht werden bevorzugt für kleine Ohmwerte und hohe Leistungen verwendet, sind also in der Modellbahn-Elektrotechnik recht häufig anzutreffen. Der Wert eines solchen Widerstandes kann aus den Abmessungen des Drahtes (Länge l in m, Querschnitt A in mm^2) und der Materialkonstanten ρ (spezifischer Widerstand ρ in mm^2/m) ausgerechnet werden:

$$R = \rho \cdot \frac{l}{A}.$$

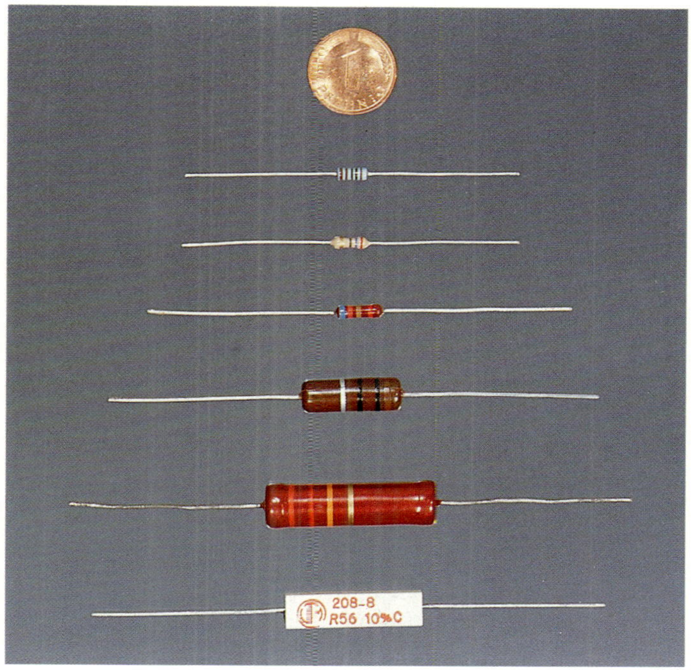

Abb. 1.8
Eine Auswahl von Festwiderständen, die Abhängigkeit der Baugröße von der zulässigen Verlustleistung, ist deutlich zu erkennen

In Tabelle 1.1 sind Werte des spezifischen Widerstandes für einige oft verwendete Materialien angegeben. Damit läßt sich beispielsweise ausrechnen, daß ein Draht von 2 m Länge und 0,2 mm^2 Querschnitt bei Verwendung von Widerstandsdraht aus Konstantan einen Wert von 5 Ω aufweist, bei Verwendung von Kupfer aber nur 0,16 Ω. Hier wird deutlich, warum im Stromkreis der Abb. 1.1 der Widerstand der Leitung unberücksichtigt bleiben konnte: Er ist um Größenordnungen kleiner als der Widerstand der Glühlampe.

Schon bei Anlagen mittlerer Größe ergibt sich ein nicht unerheblicher Bedarf an Kabellänge, selbst wenn man alle Möglichkeiten nutzt, um Material zu sparen. Die Anschaffungskosten lassen sich durch den Kauf von größeren Einheiten, etwa Rollen mit 100 m statt der üblichen 10-m-Ringe, vergleichsweise verringern. Auch der Kupferquerschnitt beeinflußt den Preis, hier darf jedoch nicht allzusehr gespart werden.

Einmal erhöht sich der Leitungswiderstand mit kleiner werdendem Querschnitt und damit auch der Spannungsabfall auf der Leitung. Ein Strom von I = 2 A bewirkt auf einer 5 m langen Leitung von 0,1 mm^2 einen Spannungsabfall von 1,6 V, was bei einer Trafoausgangsspannung von 12 V bereits zu einer Absenkung der Spannung am Verbraucher auf 10,4 V führt.

Mit dem größeren Leitungswiderstand wachsen auch die Verluste der Leitung, dies macht sich in einer höheren Erwärmung bemerkbar. Insbesondere bei Kurzschlüssen können dann unzulässig hohe Temperaturen auftreten. Von einem Kurzschluß spricht man, wenn der in einem Stromkreis fließende Strom nicht durch die Widerstände der Verbraucher wie Glühlampen, Motoren usw. begrenzt wird, sondern im Fehlerfall nur durch den Widerstand der Zuleitung, von Kabeln und Schienen also. Kurzschlüsse sind auf der Modellbahn-Anlage gar nicht so selten. Entgleiste Fahrzeuge sorgen vorzugsweise auf Weichen immer wieder dafür, mangelhafte Isolierung von Kabeln an Verbindungsstellen und Anschlußpunkten führen zu Kurzschlüssen in den Beleuchtungs- und Schaltstromkreisen.

Leider sind nicht alle Widerstände, die in Stromkreisen der Modellbahn auftreten, so einfach zu erfassen, wie dies bisher den Anschein hatte. So treten in der Verbindung zweier Schienen Widerstände auf, die – von vielen Faktoren abhängig – Werte annehmen können, die zu einer spürbaren Spannungsabsenkung am Fahrzeug führen. Es ist deshalb ratsam, die Fahrspannung nicht nur an einer Stelle an die Schienen zu legen, sondern – wie beim Vorbild – mehrere Einspeisepunkte vorzusehen. Daß dies nicht mit Hilfe der aufwendigen Anschlußgleise erfolgen muß, wird noch gezeigt werden.

Tabelle 1.1 Spezifische Widerstände

Material	*ρ* $\left[\frac{\Omega\ mm^2}{m}\right]$	*Anwendungszweck*
Kupfer	0,016	Kabel, Wicklungen von Spulen und Motoren
Messing	0,063+	Schienenprofile
Neusilber	0,3+	Schienenprofile
Konstantan	0,5+	Widerstandsdraht
	10^{10}	Isolierstoffe

+: Wert von der Zusammensetzung der Legierung abhängig

Die Veränderlichen: Widerstände als Potentiometer

Bei einer besonderen Form des Widerstandes, dem Potentiometer, kurz Poti genannt, sind beide Schaltarten, Reihen- und Parallelschaltung von Widerständen, von Bedeutung. Diese Bauelemente gleichen in ihrem Aufbau grundsätzlich den Widerständen mit festen Werten (Festwiderstände). Im Gegensatz zu diesen ist jedoch das Widerstandsmaterial nicht vollständig von einem Isolierstoff bedeckt. So kann es von einem beweglichen Schleifer kontaktiert werden, der den dritten Anschluß dieses Bauelementes bildet und als Abgriff bezeichnet wird.

Das Widerstandsmaterial kann dabei in Form eines Teilkreises, meist über 270°, angeordnet sein oder als gewickelter Widerstand auf einem geraden Hohlzylinder aus Isoliermaterial. Die erste Form bezeichnet man als Drehpotentiometer, die zweite als Schiebepotentiometer.

In Abb. 1.9 ist das elektrische Schaltbild des Potentiometers dargestellt. Sein Gesamtwiderstand R wird durch den Schleifer in die veränderlichen Anteile R_1 und R_2 aufgeteilt. Für den unbelasteten Spannungsteiler, d. h. Ausgangsstrom $I_A = 0$, gilt wie bei der Reihenschaltung von zwei Widerständen:

$$U_A = R_2 \cdot I_E = R_2 \frac{U_E}{R_1 + R_2} = \frac{R_2}{R} \cdot U_E .$$

Da sich R_2 zwischen den Werten $R_2 = 0 \ldots R$ ändern kann, ist die Ausgangsspannung U_A des Potis zwischen den Werten $U_A = 0 \ldots U_E$ einstellbar.

Schwieriger zu durchschauen sind die Verhältnisse, wenn der Spannungsteiler (auch Stell- oder Regelwiderstand genannt) belastet wird (Abb. 1.10). Hier stellen sich kleinere Ausgangsspannungen ein als beim unbelasteten Potentiometer.

Eine Anwendung der Potentiometerschaltung als Stellglied der Fahrspannung wird im nächsten Abschnitt vorgestellt werden. An dieser Stelle sei noch auf die Verwendung als veränderlicher Widerstand hingewiesen. Sie gestattet die Anpassung des Wertes des Vorwiderstandes z. B. in der Schaltung nach Abb. 1.6 an eine wachsende Zahl von Verbrauchern. Lediglich über den maximal erforderlichen Widerstand und über seine Leistung sollte man sich einige Gedanken machen.

Veränderliche Widerstände sind auch die in den Katalogen der Modellbahn-Hersteller als Langsamfahr- oder Bremswiderstände bezeichneten Artikel. Sie dienen zur Reduzie-

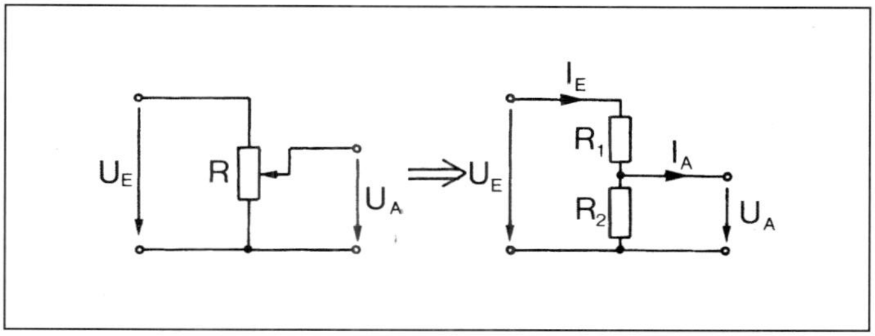

Abb. 1.9 Potentiometerschaltung

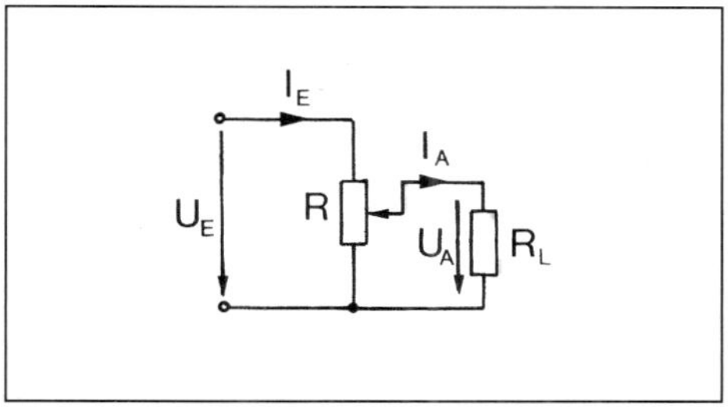

Abb. 1.10 Belastetes Potentiometer

rung der Fahrspannung U_M am Lokmotor und damit der Fahrzeuggeschwindigkeit vor Halt zeigenden Signalen, Langsamfahrstellen oder Gefällestrecken. Die am Gleis liegende Spannung U_F wird dabei um den Spannungsabfall U_V verkleinert, den der Strom I durch den Motor am Vorwiderstand R_V hervorruft:

$$U_M = U_F - U_V = U_F - R_V \cdot I .$$

Der Vorwiderstand sollte veränderlich sein, um durch Versuche die Einstellung zu finden, die den unterschiedlichen Fahreigenschaften der verschiedenen Fahrzeuge am weitesten entspricht.

Mit einem Potentiometer, zwei Schaltern, einem kleinen Gehäuse und ein paar Metern Kabel läßt sich eine „walk-around-control"-Schaltung aufbauen. Sie gestattet, die Steuerung (to control = steuern!) der Fahrspannung nicht nur am Fahrpult direkt, sondern von einem beliebigen Standort, soweit die Kabellänge es zuläßt. Man hat damit die Möglichkeit, den Fahrbetrieb einmal aus anderer Perspektive zu beobachten. Nützlich

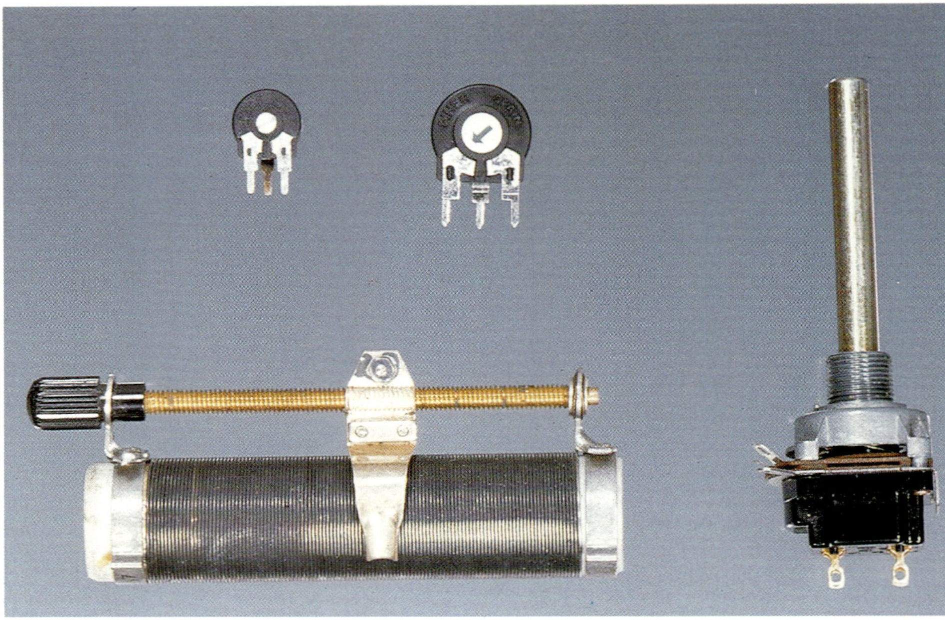

Abb. 1.11
Potentiometer: unten Drahtpotentiometer für größere Leistungen, oben Schichtpotis für kleinere Leistungen

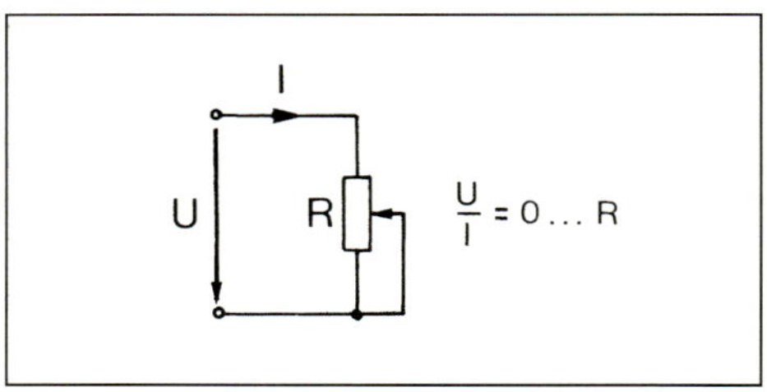

Abb. 1.12
Verschaltung des Potentiometers als veränderlicher Widerstand

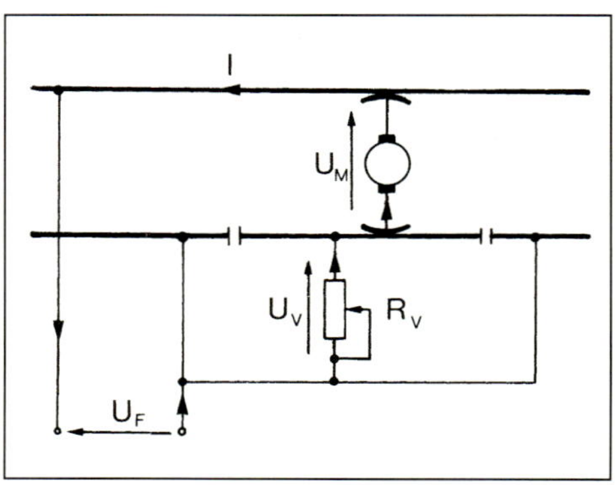

Abb. 1.13
Verwendung des einstellbaren Widerstandes als Vorwiderstand im Fahrstromkreis (R_V = 50 ... 100 Ω, ca. 5 W)

ist die Schaltung auch, wenn Stolperstellen in der Gleisanlage zu beheben sind. Mehrmaliges Probieren durch Probefahrten ist einfacher, wenn man sich das Pendeln zwischen Baustelle und Fahrpult ersparen kann.

Die benötigten Schalter sind zweipolige Umschalter (s. S. 61ff.), von denen einer als Polwender (PW) verschaltet wird. Er sorgt für die zur Fahrtrichtungsumkehr notwendige Umpolung der Gleichspannung. Mit Wechselstrom betriebene Loks benötigen zur Fahrtrichtungsänderung einen Überspannungsimpuls (vgl. Kap. 10), sie können mit der vorgestellten Schaltung nur in der Geschwindigkeit gesteuert werden. Der Polwender ist überflüssig.

Mit dem Schalter S wird das Gleis wechselweise an Fahrpult oder Potentiometer geschaltet. Als Polwender eignet sich besonders ein zweipoliger Umschalter mit Mittelstellung. In dieser Schalterstellung ist das Poti spannungslos, belastet also das Fahrpult nicht überflüssigerweise. Das Potentiometer sollte einen Widerstand von ungefähr 50 Ω besitzen. Bei einer zulässigen Verlustleistung von P_v = 25 W kann es mit einem Strom von

$$I = \sqrt{P/R} = \sqrt{25\ W/50\ \Omega} = 0{,}7\ A$$

belastet werden.

Mit der Potentiometerschaltung kann man die Spannung zwischen Null und der am Fahrpult eingestellten Spannung U_F steuern. Allerdings ist in der untersten Position des Schleifkontaktes (= 0 V) das Gleis kurzgeschlossen. Ob sich dies mit anderen Komponenten der Anlage vereinbaren läßt, muß m Einzelfall geprüft werden. Gegebenenfalls kann man auf die Schaltung des Potentiometers als veränderlicher Widerstand zurückgreifen (s. o.), mit ihr läßt sich die Fahrspannung jedoch nicht bis Null absenken.

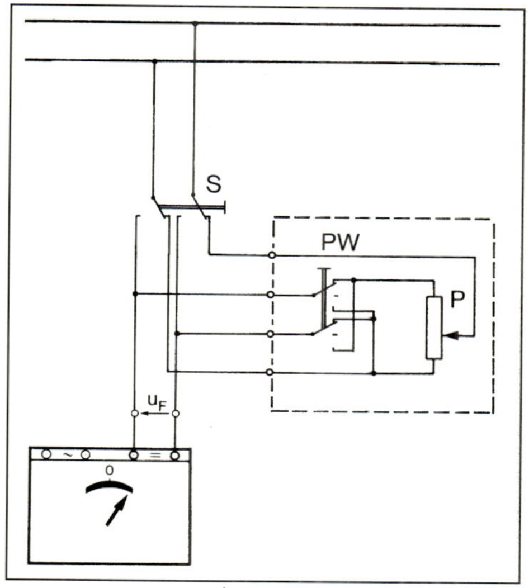

Abb. 1.14 Fernsteuerung der Fahrspannung P: 50 Ω /25 W

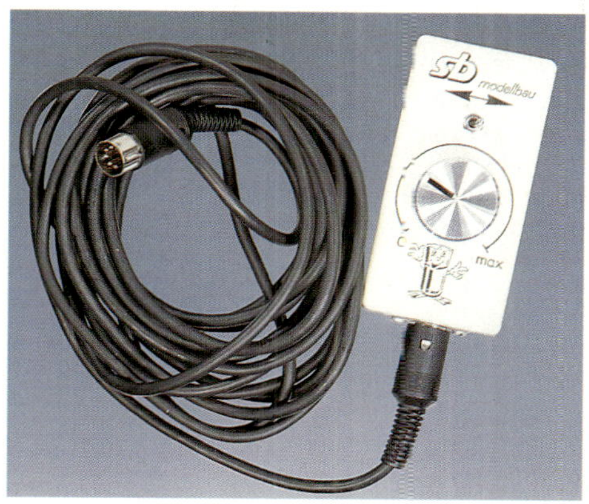

Abb. 1.15 Der „Handregler" zur Fernsteuerung

Zusammenfassung

Das Ohmsche Gesetz steht im Mittelpunkt dieses Abschnittes, mit seiner Hilfe lassen sich die Regeln für Reihen- und Parallelschaltung angeben. Widerstände und Potentiometer werden als Bauelemente vorgestellt, ihre Anwendung in ersten einfachen Schaltungen gezeigt.

2 Vielfalt: Fahrstromsysteme

Mit den Begriffen Gleich- und Wechselstromsystem verbindet sich für viele Modellbahner die Spaltung in zwei Lager, deren Grenzen unüberwindlich zu sein scheinen. Trennend wirken jedoch weniger die unterschiedlichen Fahrstromarten, sondern die Art und Weise, in der die Zuführung der Spannung zu den Fahrzeugen erfolgt, die Fahrstromsysteme.

Die feinen Unterschiede: Kenngrößen von Strömen und Spannungen

Im vorhergegangenen Kapitel sind vier elementare Begriffe der Elektrotechnik – Spannung, Strom, Widerstand und Leistung – vorgestellt und erläutert worden. Aber auch Ausdrücke wie Fahrspannung, Spannungsabfall, Laststrom wurden verwendet. Dagegen wurden Begriffe wie Wechsel- oder Gleichspannung noch nicht benutzt. Für die vorgestellten Schaltungen ist dies insofern ohne Bedeutung, als daß sie für Gleich- und Wechselspannungen gleichermaßen gelten.

Der erstgenannten Gruppe sind auch weitere, in der Modellbahn-Literatur gebräuchliche Begriffe zuzuordnen: Ausdrücke wie Schaltstrom, Lichtstrom oder Beleuchtungsspannung finden sich in nahezu jedem Katalog oder jeder Betriebsanleitung. Dabei bezeichnen die die Grundbegriffe Strom und Spannung ergänzenden Wörter den Verwendungszweck, machen damit aber keine Aussage über die physikalischen Eigenschaften der betreffenden Größe, wie dies bei Begriffen wie Gleichspannung oder Wechselspannung der Fall ist. Ohne Sinn sind Aussagen wie „Schaltstrom zur Beleuchtung", falsch sind auch Angaben wie „Gleichstrom 14 V". Die Einheit eines Stromes ist das Ampere (A), die Einheit Volt (V) ist der Spannung zugeordnet.

Zur Erläuterung der unterschiedlichen Eigenschaften von Gleich- und Wechselspannungen soll die Abb. 2.1 dienen. Sie gelten sinngemäß auch für Ströme und Wechselgrößen allgemein. In den in der Abbildung dargestellten Diagrammen ist in Abhängigkeit von der Zeit t der zugehörige Wert der Spannung angegeben. Solche Diagramme stellen auch die bekannten Bildfahrpläne dar, in denen in Abhängigkeit vom Ort (Strecken-km) die Fahrplanzeit angegeben ist.

Im Diagramm der Gleichspannung ist zu jedem Zeitpunkt der Wert der Spannung der gleiche: 10 V. Auch die Polarität, gekennzeichnet durch das Vorzeichen + oder – ändert sich nicht. Man spricht hier von einer glatten oder reinen Gleichspannung, die durch die Angabe von Größe und Polarität vollständig gekennzeichnet ist.

Im Gegensatz dazu besitzt die in Abb. 2.1 (b) gezeigte Spannungsform weder eine konstante Größe noch bleibt die Polarität unverändert, denn die augenblicklichen Werte (Augenblickswerte) u (t) der Spannung schwanken in Abhängigkeit von der Zeit t zwischen dem positiven Maximalwert (auch Scheitel-, Spitzenwert oder Amplitude genannt) von + 10 V und dem negativen von –10 V. Dabei besitzt die Spannung die bekannte Sinusform. Sie wiederholt sich nach jeweils 20 ms, man bezeichnet diese Zeitspanne als Schwingungs- oder Periodendauer T.

Wechselgrößen, wie Wechselspannungen und -ströme, sind also durch Angabe der Form, der Schwingungsdauer T und des Scheitelwertes gekennzeichnet. Statt der

Schwingungsdauer wird häufig der Kehrwert angegeben. Er wird als Frequenz f bezeichnet und gibt die Zahl der Schwingungen pro Sekunde an:

$$f = \frac{1}{T} = \frac{1}{20\ \text{ms}} = \frac{1}{0{,}02\ \text{s}} = 50\ \frac{1}{\text{s}} = 50\ \text{Hz}.$$

Die Einheit der Frequenz ist also das Hertz (Hz), der Wert von 50 Hz ist durch das Versorgungsnetz fest vorgegeben.

Abweichende Werte findet man beim deutschen Vorbild, die Bundesbahn betreibt die elektrischen Lokomotiven mit einem Wechselstrom von nur 16 2/3 Hz. Wesentlich höhere Frequenzen (ca. 10000 Hz = 10 kHz) kommen auf der Modellbahn-Anlage mit dem Einsatz sogenannter fahrspannungsunabhängiger Zugbeleuchtungen zur Anwendung.

In Abb. 2.2 sind die Kennwerte einer sinusförmigen Wechselspannung noch einmal zusammengestellt. Eingetragen ist auch der Effektivwert U der Spannung. Dieser ist so definiert, daß eine Wechselspannung mit dem Effektivwert U – z. B. U = 10 V – in einem ohmschen Widerstand die gleiche Wirkung (Effekt) in Form von Wärme hervorruft wie eine Gleichspannung U der gleichen Größe. Es liegt deshalb auch nahe, für Gleichspannungen und Effektivwerte von Wechselspannungen das gleiche Formelzeichen – U – zu verwenden.

Im allgemeinen wird zur Kennzeichnung einer Wechselspannung der Effektivwert verwendet. Spricht man beim Versorgungsnetz auch vom 220-V-Netz, so bedeutet dies, daß der Scheitelwert der Spannung in den Steckdosen immerhin $\hat{u} = \sqrt{2} \cdot 220\ \text{V} = 311\ \text{V}$ beträgt. Der Scheitelwert einer Wechselspannung U = 14 V, wie sie etwa am Ausgang eines Modellbahn-Trafos zur Verfügung steht, besitzt einen Scheitelwert von 19,8 V.

Wie schon erwähnt, gelten die in Kapitel 1 angegebenen Beziehungen gleichermaßen für Gleich- und Wechselspannung oder -strom, wenn man nur – wie gewohnt – die Effektivwerte der Wechselgrößen einsetzt. Auch die Meßgeräte, die auf der Modellbahn-Anlage verwendet werden, zeigen die Effektivwerte von Strom und Spannung an.

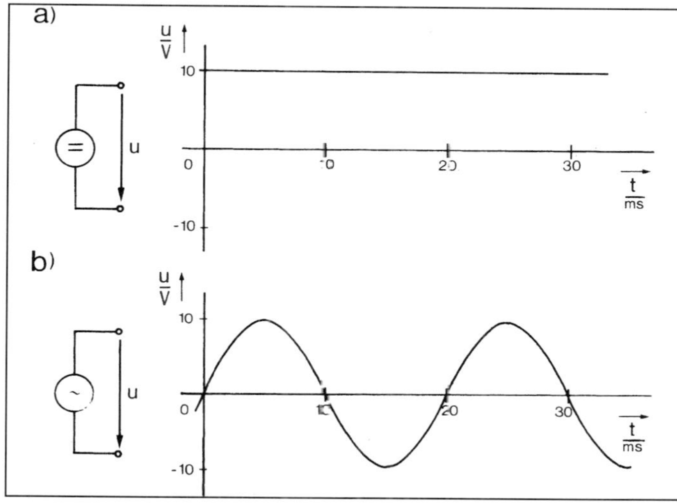

Abb. 2.1 Schaltsymbol und zeitlicher Verlauf der Spannung einer (a) Gleich-und (b) Wechselspannungsquelle

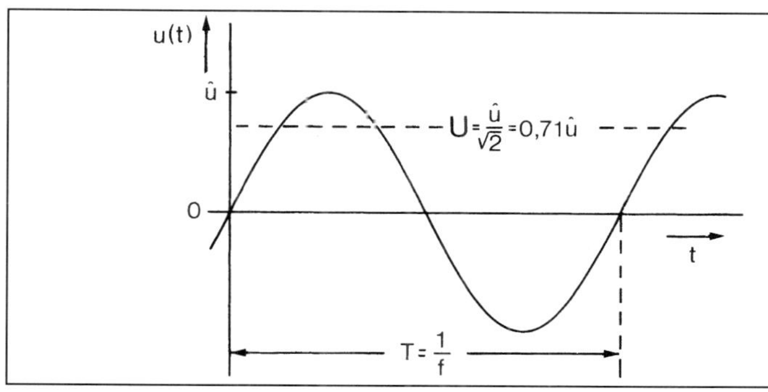

Abb. 2.2 Kenngrößen einer Wechselspannung

Von Leitern und Schienen

Mit den Begriffen Gleich- und Wechselstrom ist für viele Modellbahner die Teilung in zwei Lager verbunden. Auf der einen Seite finden sich die mit Wechselstrom betriebenen Fahrzeuge, vertreten durch die Erzeugnisse der Fa. Märklin in Spur H0. Auf der an-

Abb. 2.3
Fahrstromsysteme

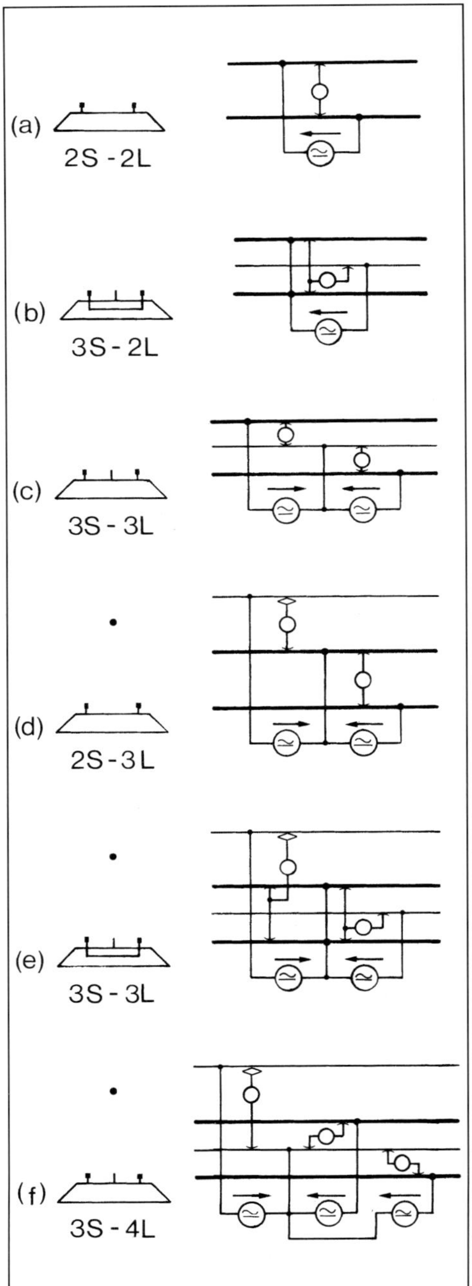

deren Seite die mit Gleichstrom laufenden Produkte der Firmen Arnold, Fleischmann, Lehmann, Liliput, Roco, Trix, um einige zu nennen. Auch Märklin betreibt seine Bahn der Spur Z mit dieser Stromart. Daß Triebfahrzeuge und Wagenmaterial beider Systeme nicht ohne Umbauten nebeneinander verwendet werden können, liegt aber nicht in erster Linie in den unterschiedlichen Fahrspannungsarten begründet, sondern in der Art und Weise, in der die Zuführung dieser Spannung erfolgt. In Abb. 2.3 sind die verschiedenen Fahrstromsysteme dargestellt; bewußt wurde darin auf eine Kennzeichnung der Spannungsquellen verzichtet. Die Systeme können also mit Gleich- oder Wechselspannung betrieben werden.

Als Unterscheidungsmerkmale der einzelnen Systeme dienen die Zahl der Schienen (S), dazu zählen auch Mittelleiter in ihren unterschiedlichen Ausführungen, und die Zahl der Leiter (L) der Stromkreise. Die Abb. 2.3 (a)–(c) stellen dabei die Grundsysteme dar, die in (d)–(f) um einen weiteren Leiter, der elektrisch funktionsfähigen Oberleitung, erweitert sind. Ohne diese ist nur mit dem System (c), das von Trix-Express vertreten wird, ein unabhängiger Betrieb von zwei Fahrzeugen möglich. Sieht man von der Möglichkeit ab, die die Elektronik eröffnet, ist ein solcher Betrieb, bei dem die beiden Fahrzeuge in Fahrtrichtung und -geschwindigkeit unabhängig voneinander gesteuert werden können, nur mit getrennten Stromkreisen möglich.

Weite Verbreitung haben das Zweischienen-Zweileitersystem (a) und das Dreischienen-Zweileitersystem (b) gefunden. Während ersteres von fast allen namhaften Herstellern in den verschiedenen Spurweiten angeboten wird, beschränkt sich das System (b) fast ausschließlich auf die Artikel von Märklin im Maßstab H0. Die Vorteile der beiden Systeme seien kurz aufgelistet. Für das Zweischienen-Zweileitersystem sprechen

– vorbildgetreues Aussehen von Gleisen und Fahrzeugen, da Mittelleiter und zugehöriger Schleifer fehlen,

Abb. 2.4
Die Gleise zu den Fahrstromsystemen: 2S-2L (Arnold, Fleischmann, Liliput, Lima, Piko, Märklin (Z,I), Rivarossi, Roco, Minitrix...); 3S-3L (Trix); 3S-2L (Märklin H0) – kann als 3S-3L eingesetzt werden

– international genormtes System mit großem Fahrzeugangebot.

Dagegen zeichnet sich das System (b) unter vergleichbaren Bedingungen aus durch

– sichere Stromabnahme auch unter erschwerten Bedingungen,

– hohe Zugkraft durch die in hohem Grad mögliche Ausrüstung der Triebfahrzeuge mit Haftreifen,

– problemlosen Aufbau von beliebigen Gleiskonfigurationen wie Kehrschleifen und Dreiecken.

Es bedarf eines gewissen Aufwandes, diese vorteilhaften Eigenschaften auch dem Zweischienensystem zu verleihen. Was dazu vom Modellbahner selbst getan werden kann, etwa die Polarisierung der Weichenherzstücke und beim Aufbau von Kehrschleifen, wird noch erläutert werden.

Die verschiedenen Gleisformen, die die genannten Systeme repräsentieren, zeigt Abb. 2.4. Durch eine Nachrüstung mit einem Mittelleiter lassen sich Zweischienengleise in Dreischienengleise verwandeln. Verbindet man zusätzlich die Außerschienen miteinander, erhält man ein Gleis des Systems (b). Nicht voneinander isolierte Radsätze der Fahrzeuge bewirken diese Verbindung ebenfalls. Dieses Konstruktionsprinzip ist es auch, das den Einsatz von Märklin-Triebfahrzeugen auf anderen Systemen ohne aufwendigen Umbau unmöglich macht. Der Einsatz des Wagenmaterials ist dagegen nach Austausch der Radsätze meist problemlos möglich. Über den Umbau von Lokomotiven vom Wechsel- auf Gleichstrombetrieb und umgekehrt wird im Abschnitt über die Motoren berichtet.

Etwas Gemeinsames: der Rückleiter

Man kann den Schaltbildern zu den einzelnen Fahrstromsystemen entnehmen, daß mit steigender Leiterzahl auch die Zahl der voneinander unabhängig steuerbaren Fahrzeuge zunimmt. Natürlich muß dabei jedem dieser Fahrzeuge eine eigene Spannungsquelle zugeordnet sein, sie zusammen bilden

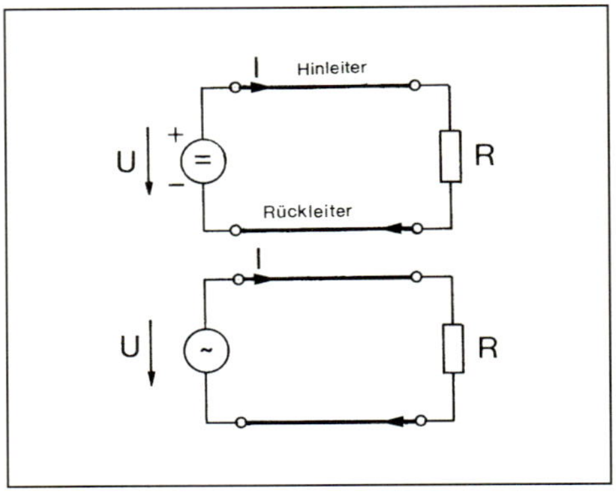

Abb. 2.5 Zum Begriff des Hin- und Rückleiters

jeweils einen Stromkreis. Einer dieser Kreise kann auch zur fahrspannungsunabhängigen Versorgung der Beleuchtungseinrichtungen der Fahrzeuge dienen.

Die Verbindung zwischen Versorgungseinheit und Verbraucher erfolgt über Leiter, die Hin- und Rückleiter genannt werden. Diese Bezeichnungsweise hat ihren Ursprung im einfachen Gleichstromkreis (Abb. 2.5), in dem man aus der Polarität der Spannungsquelle (z. B. einer Batterie) die Stromrichtung einfach so festgelegt hat, daß der Strom von ⊕ (Plus) nach ⊖ (Minus) fließt (vgl. S. 26). Es wird auch dann noch von Hin- und Rückleiter gesprochen, wenn der Strom seine Richtung ändert und damit der Zusammenhang zwischen Stromrichtung und Bezeichnung nicht mehr besteht. Die Begriffe werden ebenfalls auf Wechselstromkreise übertragen, so wie man auch hier mit den vom Gleichstrombetrieb bekannten Spannungs- und Strompfeilen arbeitet. Wie bereits erläutert, sind dabei die Größen U und I die Effektivwerte der Wechselgrößen.

Wie man den Schaltbildern der Abb. 2.3 entnehmen kann, wird bei den Systemen mit zwei unabhängig gesteuerten Fahrzeugen nur von einem Dreileitersystem gesprochen, nicht aber von einem Vierleitersystem, wie es bei je zwei Hin- und Rückleitern der Fall sein müßte. Der Grund hierfür ist aus den Schaltbildern unmittelbar zu entnehmen: Die Rückleiter der beiden Stromkreise sind vereinigt. Der so entstandene Leiter wird als gemeinsamer Rückleiter, auch gemeinsamer Nulleiter oder Masseleiter bezeichnet. Er ist nicht nur für Fahrstromkreise von Bedeutung, sondern auch – wie sich noch zeigen wird – für die Schalt- und Lichtstromkreise.

Das Prinzip des gemeinsamen Rückleiters findet man natürlich nicht nur auf der Modellbahn. Beim Vorbild stellt die Oberleitung der elektrisch betriebenen Bahnen den Hinleiter dar, der Rückfluß des Stromes zur Spannungsquelle erfolgt über Schienen und die Erde. Diese dient aber auch dem allgemeinen Versorgungsnetz und den Fernmeldenetzen als Rückleiter. Es ist also möglich, einen Rückleiter für verschiedene Stromkreise zu nutzen. So könnte man auch auf der Modellbahn mit den Fahrstromsystemen nach Abb. 2.3 (c)–(f) freizügig Wechsel- und Gleichspannungsfahrzeuge einsetzen, solange nicht durch unisolierte Radsätze eine Spannungsquelle kurzgeschlossen wird.

Der gemeinsame Rückleiter ist Teil aller daran angeschlossenen Spannungsquellen. Es liegt deshalb nahe, alle Spannungen auf diesen Leiter zu beziehen, d. h. bei einer Spannungsmessung stets eine Klemme des Meßgerätes mit dem gemeinsamen Rückleiter zu verbinden. Man wählt dazu die Minusklemme, oft auch als COM(-mon = gemeinsam) bezeichnet. Der gemeinsame Rückleiter hat also auch die Funktion eines Bezugsleiters. Der Begriff Nulleiter gründet sich auf die Tatsache, daß ihm als Bezugsleiter die Spannung 0 V zugeordnet ist. Auch der Begriff (elektrische) Masse ist für den gemeinsamen Rückleiter üblich. Er wird vorwiegend in der Elektronik verwendet, da bei elektronischen Geräten oft der gemeinsame Rückleiter und die (Gehäuse-)Masse miteinander verbunden werden.

Der gemeinsame Rückleiter ist Teil mehrerer Stromkreise, er wird mit der Summe aller Ströme belastet. Sein Kupferquerschnitt muß deshalb mit 1 mm^2 bis 2 mm^2 wesentlich

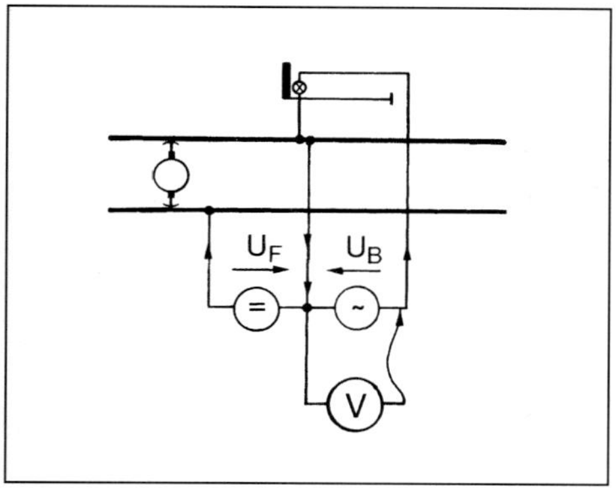

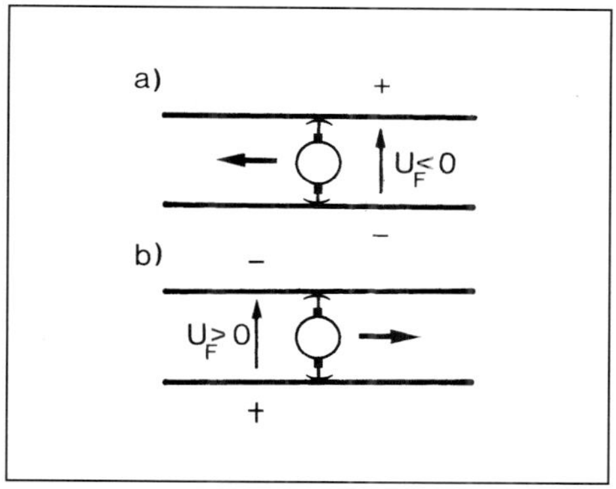

Abb. 2.6
Der gemeinsame Rückleiter für Beleuchtungs- und Fahrstromkreis

Abb. 2.7
Der Zusammenhang zwischen Fahrtrichtung und Polarität der Fahrspannung

größer gewählt werden als der von Einzelleitungen, die einen Querschnitt von nur 0,14 mm² aufweisen. Schaltdrähte größeren Querschnitts sind im Elektrohandel erhältlich, sie werden für die Hausinstallation benutzt.

Es sei an dieser Stelle ausdrücklich darauf hingewiesen, daß der gemeinsame Rückleiter einer Modellbahn-Anlage (= Masse) auf keinen Fall mit dem gemeinsamen Rückleiter des Versorgungsnetzes (= Erde) verbunden werden darf. Man unterliefe damit eine wichtige Schutzmaßnahme, die verhindern soll, daß an Teilen der Modellbahn-Anlage lebensgefährlich hohe Spannungen auftreten.

Wie bereits angedeutet, kann eine Fahrschiene als gemeinsamer Rückleiter benutzt werden. Diese darf dann aber nicht unterbrochen werden, beispielsweise um stromlose Abschnitte vor Signalen zu schaffen oder bei der Abschaltung von Abstellgleisen. Man sollte sich deshalb immer im klaren darüber sein, welche der beiden Schienen als Rückleiter dient. Bei größeren Anlagen und komplizierter Gleisführung ist das nicht immer einfach. Beim Dreischienen-Zweileitersystem (Märklin) hat man diese Schwierigkeit nicht, hier dienen stets beide Schienen als gemeinsamer Rückleiter. Trennstellen sind immer Unterbrechungen des Mittelleiters oder der Oberleitung.

Beim Zweischienen-Zweileitersystem mit Gleichstromspeisung ist die Zuordnung von Fahrtrichtung und Polarität genormt: in Fahrtrichtung gesehen ist die Spannung der rechten Schiene immer positiv.

Allgemeingültigkeit besitzt auch die Festlegung der Schiene, die als gemeinsamer Rückleiter benutzt werden soll. Zur deutlichen Kennzeichnung des Rückleiters in Anschluß- und Schaltplänen soll dieser mit dem Symbol ⊥ versehen werden, das in der Elektronik allgemein den Bezugsleiter markiert.

Es sei abschließend noch einmal auf die Bedeutung hingewiesen, die einer eindeutigen Zuordnung einer Schiene zum gemeinsamen Rückleiter bzw. zu den Trennstellen zu-

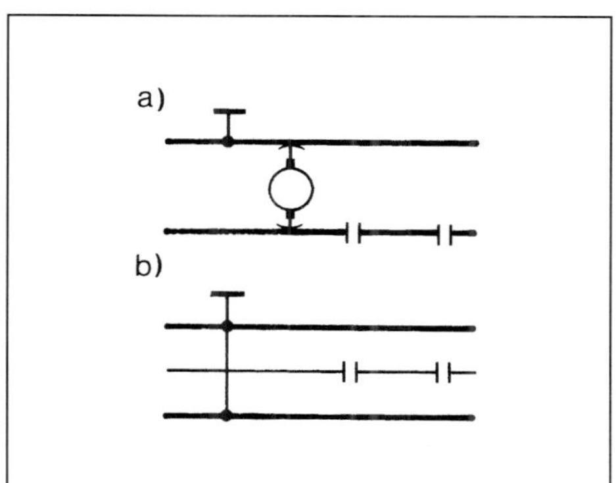

Abb. 2.8
Festlegung des gemeinsamen Rückleiters und der Lage der Trennstellen beim genormten Zweischienen-Zweileitersystem (a) und beim Dreischienen-Zweileitersystem (b)

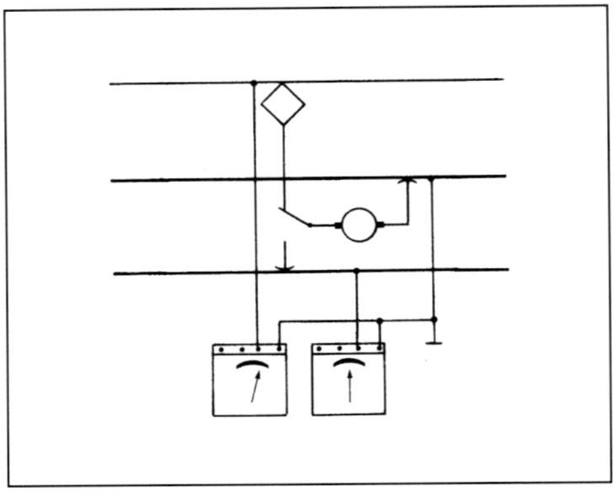

Abb. 2.9
Der in der Lok eingebaute Schalter ermöglicht die Versorgung aus der Fahrschiene oder der Fahrleitung

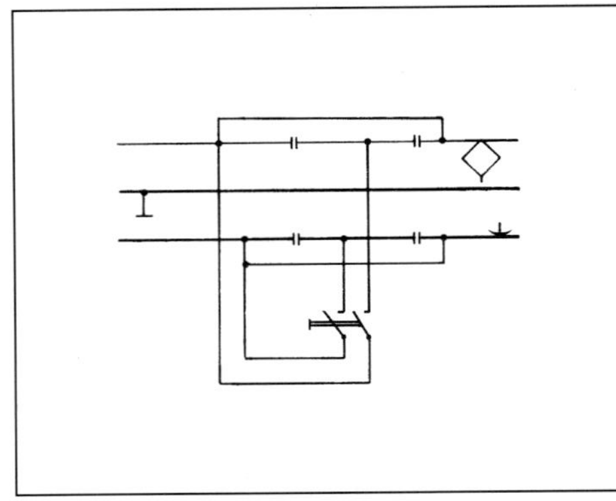

Abb. 2.10
Die einpolige Unterbrechung beider Stromkreise erfordert einen zweipoligen Schalter

kommt. Sie sollte schon im Anfangsstadium des Anlagenaufbaus konsequent beachtet werden. Auch wenn eine Fahrschiene nicht generell als Rückleiter für Schalt- und Beleuchtungsströme herangezogen werden soll, ein späterer Oberleitungsbetrieb, die Verwendung von Gleiskontakten und einfachen Gleisbesetztanzeigen erfordern geordnete Verhältnisse.

Oberleitungsbetrieb

Man benutzt in der Modellbahn-Technik den Begriff Oberleitungsbetrieb, wenn man vom Einsatz eines Ellokmodells spricht, das über einen Stromabnehmer aus einer Fahrleitung (Oberleitung) versorgt wird. Die Modelle sind mit einem Schalter ausgerüstet, so daß sie wahlweise auch mit „Unterleitung", d. h. aus den beiden Fahrschienen gespeist werden können.

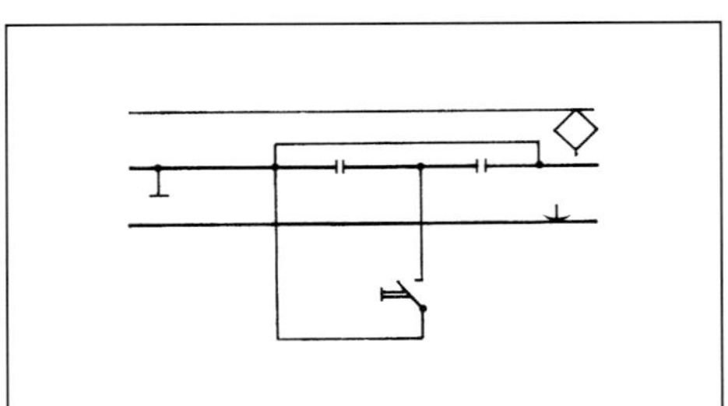

Abb. 2.11
Nur bedingt wirksam: die Unterbrechung des gemeinsamen Rückleiters

Bei Versorgung eines Fahrzeugs aus der Fahrleitung und eines weiteren aus der Fahrschiene stehen zwei getrennte Fahrstromkreise zur Verfügung, die einen unabhängigen Zweizugbetrieb ermöglichen.

Die dazu erforderlichen Fahrpulte sind einpolig miteinander verbunden, die Verbindungsleitung bildet den gemeinsamen Rückleiter. Die Ellok mit Stromabnahme aus der Fahrleitung muß beim Zweischienen-Dreileitersystem demnach in einer ganz bestimmten Richtung auf das Gleis gestellt werden.

Aus diesem Grund ist auch der Kehrschleifenbetrieb sehr schwierig durchzuführen, weil dabei die Lok gedreht wird. Schon die Einrichtung abschaltbarer Gleise bedingt einen höheren Aufwand. Eine unter allen Betriebsbedingungen funktionierende Abschaltung läßt sich nur erreichen, wenn alle – bei Verzicht auf den Oberleitungsbetrieb nur einpoligen – Schalter durch zweipolige ersetzt werden.

Grundsätzlich ist zwar die alleinige Unterbrechung des gemeinsamen Rückleiters möglich, diese kann – wie bisher – mit einem einpoligen Schalter ausgeführt werden. Es ist dann jedoch sicherzustellen, daß in dem abgetrennten Abschnitt sich nicht gleichzeitig zwei Fahrzeuge befinden, von denen eines aus der Oberleitung, das andere aus der Fahrschiene versorgt wird. In diesem Fall liegt nämlich an der Reihenschaltung der Fahrmotoren die Differenz der Fahrspannungen an, im ungünstigsten Fall sind das 28 V bei einer Fahrnennspannung von je 14 V, die Trennstelle ist unwirksam.

Ferner ist die Auswirkung der Rückleiterunterbrechung auf andere Anlagenkomponenten zu überprüfen. Für Gleisbesetztanzeigen nach Abb. 11.7 etwa müßte die Unterbrechung des Rückleiters durch einen Widerstand (ca. 500 Ω) überbrückt werden. Insbesondere für Abstellgleise ist deshalb die Unterbrechung beider Stromkreise vorteilhaft.

Zusammenfassung

Vorgestellt wurden die verschiedenen Fahrstromsysteme, von denen zwei besonders verbreitet sind. Sie werden mit Gleich- oder Wechselspannung betrieben. Prinzip und Nutzen des gemeinsamen Rückleiters werden erklärt. Fahrtrichtung und Polarität der Fahrspannung sind im genormten Zweischienen-Zweileitersystem einander fest zugeordnet. Die Lage der Trennstellen sollte nicht wahllos erfolgen, um bei fortschreitendem Ausbau der Anlage nicht in Schwierigkeiten zu geraten.

3 Spulen und Kondensatoren

Spulen und Kondensatoren werden als Bauelemente der Wechselstromtechnik bezeichnet. Damit kommt zum Ausdruck, daß sie erst dann, wenn Strom und Spannung keine reinen Gleichgrößen sind, sinnvoll eingesetzt werden können. Sonst wirkt der Kondensator wie eine Unterbrechung des Stromkreises, die Spule wie ein Kurzschluß. Ändern sich dagegen Strom und Spannung mit der Zeit, nimmt ihr Widerstand Werte an, die zwischen den genannten Extremwerten liegen.

Zur Natur von Strom und Spannung

Um zu Aussagen über das physikalische Wesen von Strom und Spannung zu kommen, soll noch einmal ein einfacher Stromkreis betrachtet werden, der aus Gleichspannungsquelle, Glühlampe und der sie verbindenden Leitung aus Kupferdraht besteht. Die Spannung U ruft in diesem Kreis einen Strom I hervor, der von der mit ⊕ gekennzeichneten Klemme der Quelle über die Leitung zum Verbraucher und von dort zurück zur ⊖-Klemme fließt. Dieser Strom ist die Beschreibung einer Bewegung von Trägern elektrischer Ladungen, den Elektronen. Diese Elementarteilchen sind Teile der Bausteine der Materie, der Atome.

Abb. 3.1 Definition der Stromrichtung

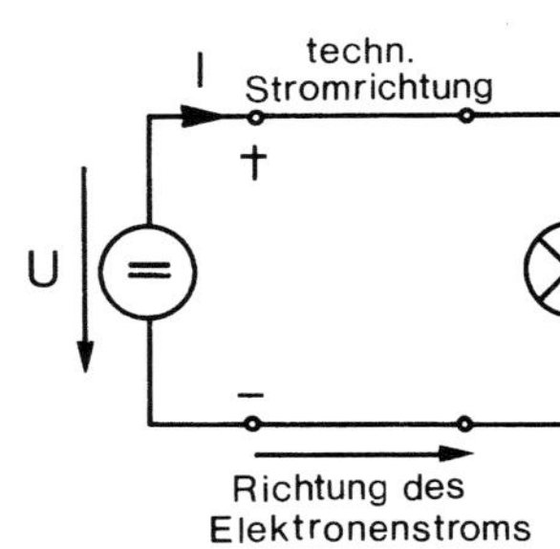

Chemische Elemente unterscheiden sich im Aufbau ihrer Atome und damit auch in der Zahl der zu jedem Atom gehörenden Elektronen. Die Fähigkeit eines Elementes, einen elektrischen Strom zu leiten, hängt jedoch nicht einfach von der Zahl der Elektronen pro Atom ab, sondern davon, wie fest die Elektronen an das restliche Atom gebunden sind. Die Beweglichkeit der Elektronen ist eine stoffspezifische Eigenschaft. Ist sie groß, werden die Stoffe als Leiter, andernfalls als Nichtleiter oder Isolatoren bezeichnet. Als Zwischenstufe sind die sogenannten Halbleiter anzusehen, die die Grundbaustoffe der elektronischen Bauelemente bilden.

Jedes Element besitzt unter vergleichbaren Bedingungen also eine bestimmte Leitfähigkeit für einen elektrischen Strom. Je höher die Leitfähigkeit eines Stoffes ist, um so geringer ist sein spezifischer Widerstand, der schon vorgestellt worden ist (s. S. 14 ff.).

Die Elektronen sind Träger negativer elektrischer Ladung, die von ungleichnamigen, positiven Ladungen angezogen werden. In einem Stromkreis bewegen sich die Elektronen unter Einfluß einer Spannungsquelle auf den mit ⊕ gekennzeichneten Pol zu. Man bezeichnet die Richtung dieser Bewegung als physikalische oder Elektronenstromrichtung. In Unkenntnis der genauen Leitungsmechanismen hat man jedoch bereits im vergangenen Jahrhundert die Richtung eines Stromes so festgelegt, daß dieser vom Pluspol der

Spannungsquelle zum Minuspol fließt. Man spricht hier von der technischen Stromrichtung.

Aus der Wirkung des Pluspols auf die beweglichen Elektronen kann man schließen, daß an diesem Pol ein Elektronenmangel herrscht, während am Minuspol Elektronenüberschuß vorliegt. Eine Spannung besteht also immer zwischen Punkten unterschiedlicher elektrischer Ladung. Wie bereits geschildert, werden Spannungen oft auf ein und denselben Punkt bezogen (Massepunkt, Bezugspunkt), dem ein Pol der Spannungsquellen zugeordnet ist. Die Spannung zwischen einem beliebigen Punkt und dem Bezugspunkt wird häufig auch als Potential bezeichnet.

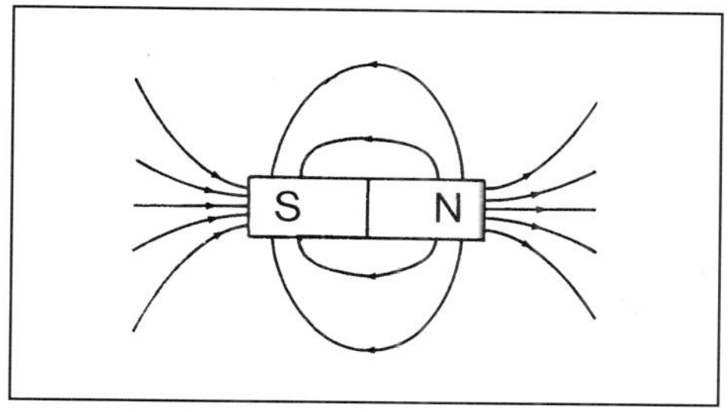

Abb. 3.2 Vereinfachtes Feldlinienbild eines Stabmagneten

Elektromagnetische Bauelemente: Spulen

In diesem Abschnitt sollen elektromagnetische Bauelemente vorgestellt werden, die auf jeder Modellbahn-Anlage mehrfach vorhanden sind. Sieht man von Motoren und Transformatoren ab, denen eigene Kapitel gewidmet sind, ist hierbei in erster Linie an die Spulenantriebe zu denken. Man findet sie beispielsweise als Weichen- oder Signalantriebe und in Entkupplern. Sie sind in ihrem Aufbau einfacher als Motoren, können jedoch nur eine begrenzte gradlinige Bewegung ausführen.

Der Begriff Elektromagnetismus bringt zum Ausdruck, daß die magnetischen Eigenschaften durch einen elektrischen Strom erzeugt werden. Es gibt daneben noch andere Erscheinungsformen, so das Magnetfeld der Erde. Aus dem Alltag sind auch die Dauer- oder Permanentmagnete bekannt, die in der Modellbahn-Werkstatt nützliche Dienste leisten, etwa dann, wenn es gilt, den auf dem Fußboden verstreuten Inhalt einer Schraubensammlung aufzuheben. Man kann dabei einige interessante Beobachtungen machen, denn der Magnet wirkt keineswegs auf alle Schrauben anziehend, Messingschrauben beispielsweise bleiben liegen. Andererseits werden Schrauben, die Eisen enthalten, nicht erst bei unmittelbarer Berührung angezogen. Besonders groß ist die Anziehungskraft bei stabförmig ausgebildeten Magneten an seinen Enden, während in der Mitte kaum Wirkung ausgeübt wird.

Eine genaue physikalische Erklärung des Magnetismus ist im Atomaufbau der Materie zu suchen, sie würde den Rahmen dieser Darstellung sprengen. Zur anschaulichen Beschreibung des magnetischen Feldes soll als Modellvorstellung das Feldlinienbild dienen.

Die Dichte der Feldlinien wird durch die Stärke des Feldes bestimmt, sie sind um so dichter, je intensiver das Feld ist. Die Feldlinien haben eine Richtung, sie treten an dem als Nordpol (N) bezeichneten Ende aus, am Südpol (S) ein. Sie sind in sich geschlossen, d. h. sie besitzen wie ein Kreis weder Anfang noch Ende. Die Bezeichnungen Nord- und Südpol stehen im Zusammenhang mit dem Magnetfeld der Erde: frei beweglich, zeigt das als Nordpol bezeichnete Ende nach Norden. Es gibt also nicht nur eine Wechselwirkung in Form einer Kraft zwischen Magneten und den sogenannten ferromagnetischen Stoffen (ferrum = Eisen), sondern auch zwischen einem Magneten und einem beliebigen anderen Magnetfeld.

Wie anfangs erwähnt, lassen sich magnetische Felder auch mit Hilfe elektrischer Ströme erzeugen. Dabei gibt es eine feste Zuordnung zwischen der Richtung des Stromes und der der Feldlinien. Das Feld eines einfachen geraden Leiters, der von einem Strom I durchflossen wird, Abb. 3.3 a, bildet keine

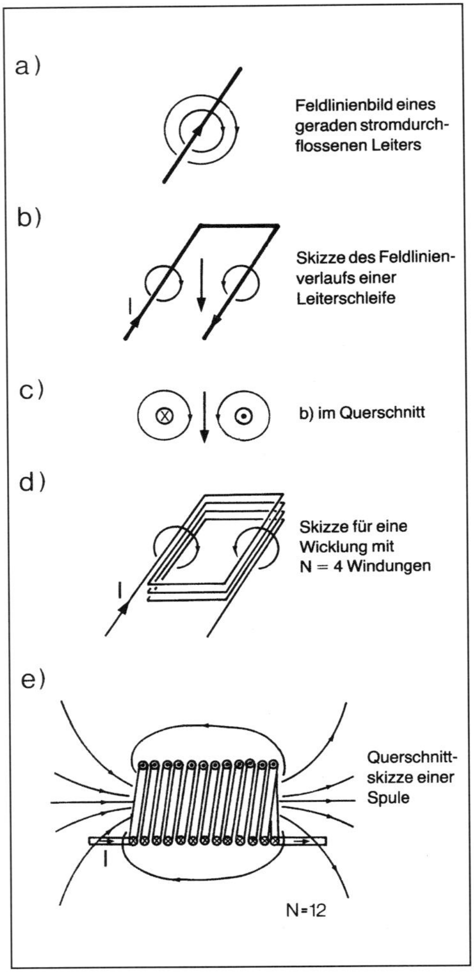

Abb. 3.3
Feldlinienbilder: vom Magnetfeld eines stromdurchflossenen Leiters zum Feld einer Spule

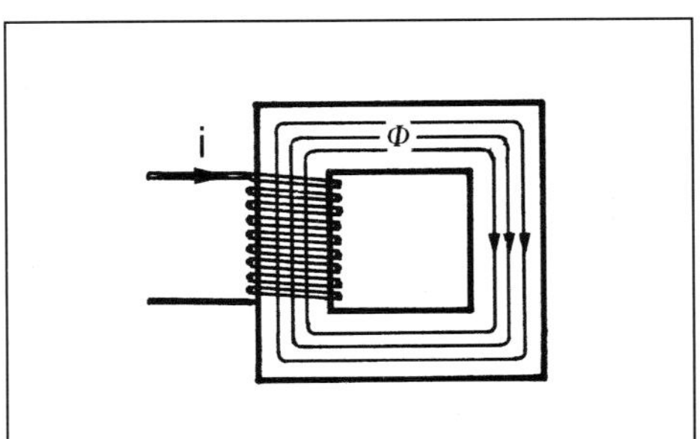

Abb. 3.4
Spule mit Eisenkern

Nord- oder Südpole aus wie der Stabmagnet. Erst in der Form einer Leiterschleife, (b) und (c), läßt sich eine solche Polbildung erkennen. Wird der Draht zu mehreren Schleifen oder Windungen gewickelt, (d) und (e), entsteht eine als Spule bezeichnete Anordnung, deren Feldlinienbild dem des Stabmagneten weitgehend entspricht. Die Zahl der Leiterschleifen der Spule wird Windungszahl N genannt. Die Stärke eines vom Strom I erzeugten Magnetfeldes hängt von der Stärke des Stromes und der Windungszahl N ab. Eine Verdoppelung des Stromes etwa hat die gleiche Wirkung wie eine Verdoppelung der Windungszahl.

Der Verlauf der Feldlinien wird wesentlich durch die magnetischen Eigenschaften des Materials bestimmt, durch das sie verlaufen. Ferromagnetische Stoffe stellen für die magnetischen Felder bessere Leiter dar als Luft, sie leiten ungefähr 1000mal besser. Führt man durch das Innere einer Spule einen Eisenkern (Abb. 3.4), verlaufen die Feldlinien (fast) vollständig in diesem Material. Man bezeichnet die Gesamtheit der Feldlinien als magnetischen Fluß Φ („Phi", griech. Buchstabe), der den aus dem Eisenkern bestehenden magnetischen Kreis durchsetzt.

Es ist möglich, Parallelen zum bekannten elektrischen Stromkreis zu ziehen, der magnetische Fluß entspräche dann dem elektrischen Strom I. Der Strom wird durch eine Spannung U hervorgerufen, als entsprechende Größe im magnetischen Kreis läßt sich die Größe ansehen, die als Produkt von Spulenstrom und Windungszahl bestimmt ist.

Im elektrischen Kreis erzeugt ein Strom an einem Widerstand eine Spannung. Es ist nun zu fragen, ob es einen vergleichbaren Vorgang im magnetischen Kreis ebenfalls gibt, läßt sich also mit dem magnetischen Fluß Φ wiederum ein elektrischer Strom erzeugen?

Induktion, Selbstinduktion

Erweitert man den magnetischen Kreis, indem man eine zweite Spule auf den Eisenkern bringt, erhält man die in Abb. 3.5 dargestellte Anordnung. Da die Enden der Spule 2 nicht miteinander verbunden sind, kann unabhängig vom Vorhandensein eines Magnetfeldes kein Spulenstrom fließen. Ein solcher Strom hätte aber eine Spannung zwischen den Enden der Spule zur Voraussetzung. Auf die Frage, ob eine solche Spannung durch das im Kern verlaufende Magnetfeld Φ erzeugt wird, soll zuerst eingegangen werden.

Die Antwort gibt das Induktionsgesetz, das den hier gegebenen Verhältnissen, entsprechend formuliert, lautet: Umfaßt eine Spule ein sich mit der Zeit veränderndes Magnetfeld, so wird in ihr eine Spannung induziert. Die induzierte Spannung ist um so größer, je schneller sich der magnetische Fluß ändert und je größer die Windungszahl der Spule ist.

Zur vollständigen Beschreibung des Induktionsvorganges gehört ein zweites Naturgesetz, die Lenz'sche Regel: Der von einer induzierten Spannung erzeugte Strom ist immer so gerichtet, daß sein Magnetfeld einer Änderung des ihn erzeugenden Flusses entgegenwirkt.

In der Spule 2 wird dann eine Spannung induziert, wenn sich das Magnetfeld im Eisenkern ändert, also mit der Zeit kleiner oder größer wird. Ist der Spulenstrom i_1 ein Gleichstrom, ist auch der Fluß Φ ein Gleichfluß, der zeitlich konstant ist. Damit wird aber dem Induktionsgesetz entsprechend keine Spannung in der Spule 2 induziert.

Induktionsgesetz und Lenz'sche Regel können auch knapp und exakt in Form einer Gleichung formuliert werden:

$$u_i = -N \frac{\Delta\Phi}{\Delta t}.$$

Zur Erläuterung des Ausdrucks $\frac{\Delta\Phi}{\Delta t}$

sei ein jedem Eisenbahnfreund geläufiges Beispiel gegeben.

Während einer Eisenbahnfahrt stellt sich öfter die Frage nach der Geschwindigkeit v

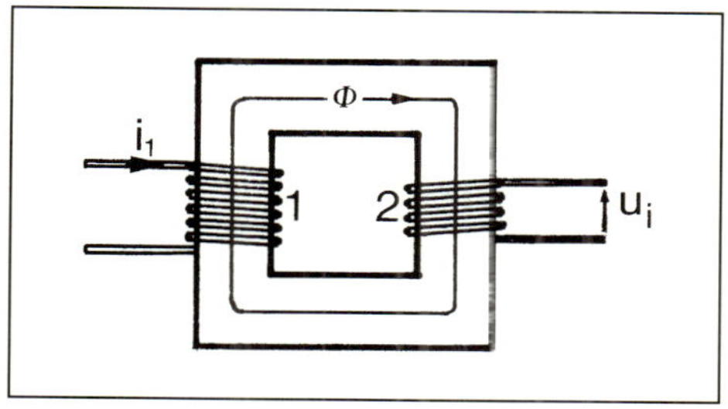

Abb. 3.5
Zum Induktionsgesetz

des Zuges. Da ein Tachometer nicht zur Verfügung steht, muß die Bestimmung aus einer Messung des in einer bestimmten Zeitspanne zurückgelegten Weges erfolgen. Zu einem Zeitpunkt $t_1 = 0$ wird dazu mit Hilfe eines Kilometersteins der Ort bestimmt, z. B. $s_1 = 60{,}8$ km. Zum Zeitpunkt $t_2 = 60$ s, nach einer Minute also, wird wieder abgelesen. etwa $s_2 = 62{,}8$ km. Damit kann die Geschwindigkeit ausgerechnet werden:

$$v = \frac{\Delta s}{\Delta t} = \frac{s_2 - s_1}{t_2 - t_1} = \frac{62{,}8 - 60{,}8 \text{ km}}{60 \text{ s}} = \frac{2 \text{ km}}{1 \text{ min}}$$

$$= 120 \frac{\text{km}}{\text{h}}.$$

Die Bestimmung der Geschwindigkeit v erfolgt über die während der Zeitspanne Δt erfolgte Änderung Δs des Ortes. Steht der Zug ($v = 0$), so ist $\Delta s = 0$; je schneller er fährt, je größer also die Geschwindigkeit v ist, um so größer ist auch die Änderung des Ortes Δs, wenn stets die gleiche Beobachtungsdauer Δt zugrunde gelegt wird.

Dieses Verfahren soll nun für den Induktionsvorgang in der Spule Verwendung finden. Wird die Spule 1 der Anordnung mit einem sinusförmigen Wechselstrom gespeist, ist auch der magnetische Fluß Φ sinusförmig.

Ermittelt man nun die Flußänderung $\Delta\Phi$ während der Zeitspanne Δt entsprechend obigem Verfahren zu jedem Zeitpunkt einer Periodendauer T, erhält man den Verlauf der in der Spule 2 induzierten Spannung u_i nach

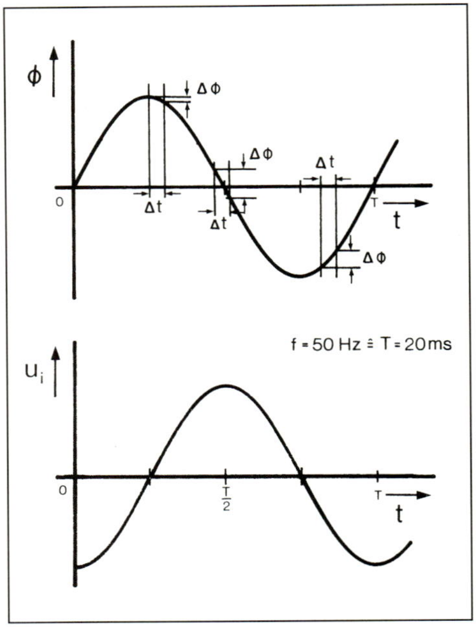

Abb. 3.6 Zeitlicher Verlauf von magnetischem Fluß ϕ und induzierter Spannung u_i

$$u_i = -N_2 \frac{\Delta\Phi}{\Delta t}.$$

Zu den Zeitpunkten, in denen der Fluß maximal ist, ist die Änderung $\Delta\Phi$ und damit die induzierte Spannung u_i null. Ist der Fluß null, ist seine Änderungsgeschwindigkeit maximal und damit auch die induzierte Spannung. Fluß und induzierte Spannung besitzen zwar die gleiche Periodendauer (oder Frequenz), sind jedoch gegeneinander zeitlich versetzt, man spricht allgemein von einer Phasenverschiebung.

Induktionsgesetz und Lenz'sche Regel sind natürlich für jede Spule gültig. In der Spule 1, die als Erzeuger des magnetischen Flusses Φ aufgefaßt worden war, spielen sich die gleichen Vorgänge ab wie in der Spule 2. Die Spule 1 reagiert auf das von ihr selbst erzeugte Feld genauso wie Spule 2. Der Vorgang wird dementsprechend auch als Selbstinduktion bezeichnet. Die induzierte Spannung u_i wirkt der Lenz'schen Regel entsprechend ihrer Ursache entgegen.

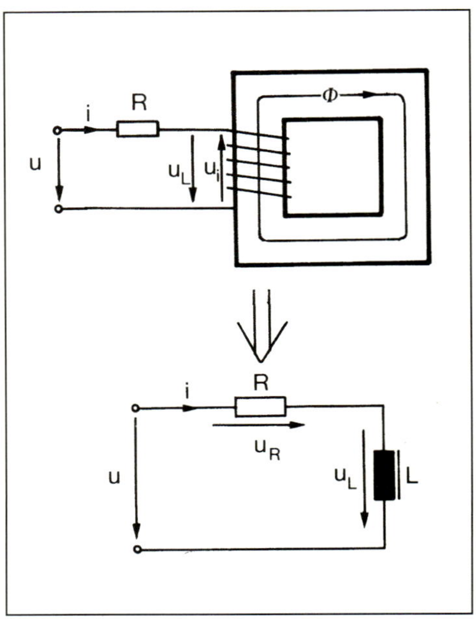

Abb. 3.7 Ersatzschaltbild einer Spule

Die Pfeile von Strom und induzierter Spannung sind einander so zugeordnet, wie dies bei Spannungsquellen üblich ist. Da die Spule aber ein passives Bauelement wie ein ohmscher Widerstand ist, ist es zweckmäßiger, mit einem induktiven Spannungsabfall zu arbeiten, der dem Spannungsabfall am ohmschen Widerstand entspricht, also

$$u_L = -u_i = N \frac{\Delta\Phi}{\Delta t}$$

zu schreiben.

Sinnvoll ist auch die Verwendung einer Größe, die dem ohmschen Widerstand entspricht, also den Zusammenhang zwischen Spannung und Strom an einer Spule beschreibt.

Der magnetische Fluß ist dem Spulenstrom i direkt proportional, im Hinblick auf das Induktionsgesetz soll der Proportionalitätsfaktor L auch die Windungszahl einschließen:

$$u_L = N = \frac{\Delta\Phi}{\Delta t} = L \frac{\Delta i}{\Delta t}.$$

Ist der Strom i sinusförmig, so kann man auch die Änderung des Stromes mit der Zeit ($\Delta i/\Delta t$) bestimmen. Zieht man noch einmal die Abb. 3.6 zu Rate, so kann man erkennen, daß die Größe von $\Delta\Phi/\Delta t$ bzw. $\Delta i/\Delta t$ einmal vom Maximalwert abhängt, zum andern aber auch von der Periodendauer T bzw. der Frequenz f der Schwingung. Unter Versendung von Effektivwerten kann man deshalb den Spannungsabfall U_L an einer Spule, die vom Strom I der Frequenz f durchflossen wird, aus

$$U_L = 2 \cdot \pi \cdot f \cdot L \cdot I$$

ausrechnen.

Der Proportionalitätsfaktor L wird (Selbst-) Induktivität der Spule genannt, ihre Einheit ist das Henry:

1 H = 1 V s/A.

Die Induktivität ist unter anderem abhängig von der Windungszahl N der Spule ($L \sim N^2$) sowie von dem Material, in dem das magnetische Feld verläuft. Um eine hohe Induktivität zu erzielen, müssen die Feldlinien vollständig in einem ferromagnetischen Material (Eisenkern) verlaufen.

Die Berechnung von Induktivitäten ist schwierig, eine genaue Vorausbestimmung oft sogar unmöglich. Als fertiges Bauelement sind Spulen im Handel nur in Sonderfällen erhältlich. Es bleibt deshalb häufig nur der Weg, die Spule selbst anzufertigen. Die erforderlichen Bauteile, wie Spulenkern, Wickelkörper und lackisolierter Draht, sind im Elektronik-Fachhandel zu bekommen. Die Bestimmung ihrer Abmessungen kann mit Hilfe von Näherungsformeln, Tabellen und Nomogrammen erfolgen, die in Nachschlagewerken und Handbüchern für den Elektroniker zu finden sind.

Dem Ohmschen Gesetz $U = R \cdot I$ entsprechend kann man einen induktiven Blindwiderstand X_L einführen:

$$U_L = X_L \cdot I;\ X_L = 2 \cdot \pi \cdot f \cdot L.$$

Im Gegensatz zu Strom und Spannung am ohmschen Widerstand R sind an einem

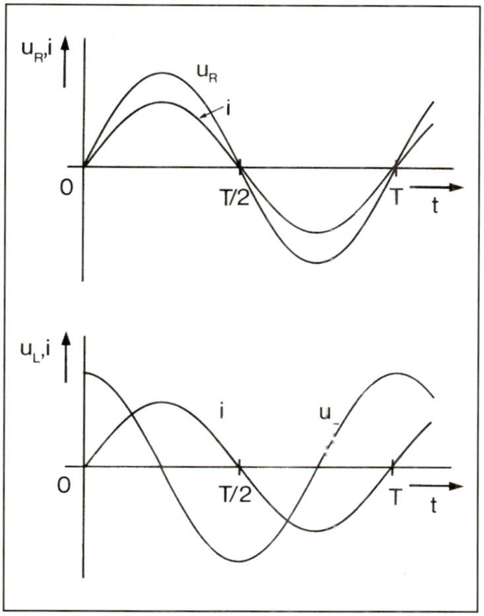

Abb. 3.8
Die zeitlichen Verläufe von Strom und Spannung an einem Widerstand R (oben) und an einer Induktivität L (unten)

Blindwiderstand X_L beide Größen nicht gleichphasig, sondern um eine Viertelperiode T/4 verschoben. Dies ist auch der Grund dafür, daß sich der Gesamtwiderstand Z einer Reihenschaltung von Widerstand und Induktivität nicht einfach als Summe ergibt, sondern aus

$$Z = \sqrt{R^2 + X_L^2}$$

ausgerechnet werden muß.

Spulen besitzen also für Gleichstrom, den man als Wechselstrom der Frequenz f = 0 Hz bezeichnen könnte, nur einen kleinen ohmschen Widerstand, der aus den Abmessungen des Spulendrahtes bestimmt werden kann. Bei Speisung mit Wechselstrom nimmt der induktive Widerstand mit wachsender Frequenz zu, im Normalbetrieb ist er viel größer als der ohmsche Anteil.

Induktivitäten werden auch als Drosselspulen bezeichnet. Man nutzt ihre Eigenschaften zur Trennung von Gleich- und Wechselströmen, etwa bei der fahrspannungsunabhängigen Zugbeleuchtung mit Strömen ho-

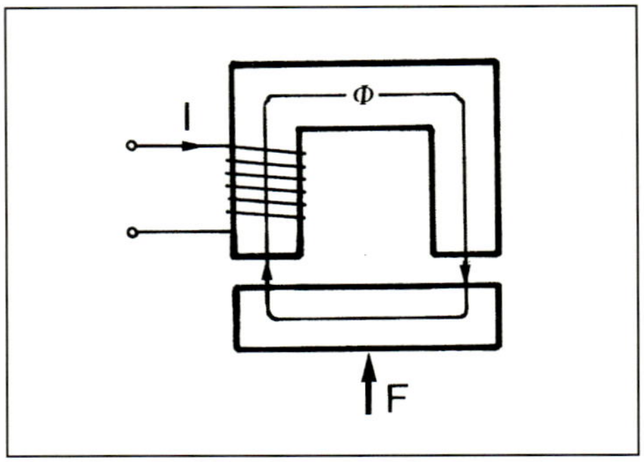

Abb. 3.9 Elektromagnet

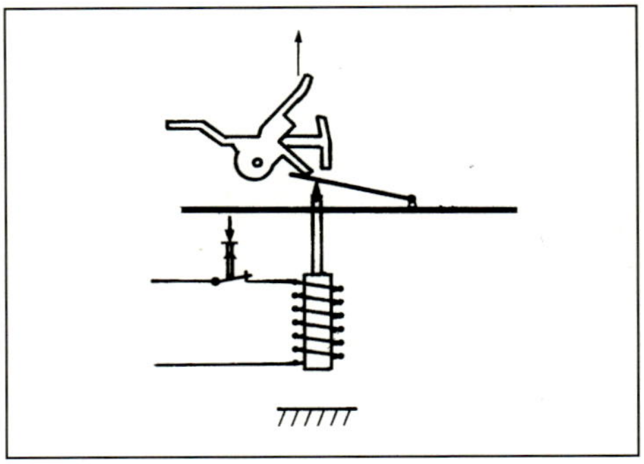

Abb. 3.10 Entkupplung von Fahrzeugen durch einen elektromagnetischen Antrieb

her Frequenz (vgl. S. 37), zum Entstören von Motoren und in Mehrzugsteuerungen mittels Trägerfrequenz. Die Hauptaufgabe der Spulen liegt jedoch in der Erzeugung magnetischer Felder, mit deren Hilfe Kräfte und somit Bewegungen erzeugt werden, wie es in Spulenantrieben und Motoren der Fall ist. Bei Motoren nutzt man die Kraftwirkungen zwischen Magnetfeld und stromdurchflossenem Leiter, bei Spulenantrieben die Kräfte auf ferromagnetische Körper.

Ströme erzeugen Kräfte

Zu Anfang dieses Abschnittes war bereits von den Kraftwirkungen die Rede, die das magnetische Feld eines Dauermagneten auf ferromagnetische Stoffe (Eisen) ausübt. Das gleiche Verhalten zeigt auch ein elektromagnetisches Feld. In Abb. 3.9 ist die schon bekannte Anordnung aus Spule und Eisenkern in leicht abgeänderter Form dargestellt.

Der Eisenkern besteht nun aus zwei Teilen: einem U-förmigen und einem stabförmigen Stück, welches beweglich ist und als Anker bezeichnet wird.

Wird die Spule von einem Strom I durchflossen und damit ein Magnetfeld erregt, so läßt sich eine Kraft F auf den Anker feststellen. Diese Kraft wirkt immer anziehend, unabhängig von der Stromrichtung und auch davon, ob es sich um einen Gleich- oder Wechselstrom handelt. Die Kraft aus ferromagnetische Körper in einem Magnetfeld ist nämlich stets so gerichtet, daß der Energieinhalt des Feldes möglichst klein wird. In der Modellvorstellung des Feldlinienbildes bedeutet dies, daß die Kraft immer eine Verkürzung der Feldlinien anstrebt.

Ein anschauliches Beispiel für die Anwendung der von einem Elektromagneten erzeugten Kräfte stellen die auf Schrottplätzen verwendeten Kräne dar. Nach dem gleichen Prinzip arbeitet der von der Fa. Märklin angebotene Drehkran mit Hebemagnet. Größte Bedeutung für die Modellbahn haben die Spulenantriebe in Weichen, Signalen und Entkupplungsgleisen. In Abb. 3.10 ist ein solcher Antrieb für ein Entkupplungsgleis skizziert. Er kommt mit einer Spule aus, die Rückstellung erfolgt nach Abschalten des Stromes durch die Schwerkraft. Den zum Antrieb von Weichen und Signalen erforderlichen Doppelspulenantrieben ist ein eigenes Kapitel gewidmet.

Spulenantriebe sind in der Regel nicht dafür ausgelegt, dauernd an Spannung zu liegen. Für den Schaltvorgang genügt ein kurzer Stromstoß (Impuls). Für Dauerstrom dimensionierte Antriebe würden wegen ihrer Größe ein zu plumpes Aussehen haben. Sie sind allenfalls für Unterflurantriebe, d. h. zur Montage unter der Anlage oder bei Modellen großer Spurweite möglich. In allen anderen Fällen ist dafür zu sorgen, daß der Spulenstrom mit Beendigung des Schaltvorganges abgeschaltet wird, etwa durch die Verwendung von Tastern zur Ansteuerung oder durch die selbsttätige Abschaltung mittels Hilfskontakten (Endabschaltung).

Wird der Schaltvorgang aber durch ein Fahrzeug über ein Schaltgleis gesteuert, so ist nie auszuschließen, daß es zu einer dauernden Ansteuerung durch ein auf dem Kontaktgleis stehendes Fahrzeug kommt. Um in einem solchen Fall die Spule vor der Zerstörung zu schützen, muß eine Schaltung verwendet werden, die einerseits den erforderlichen großen Strom im Schaltaugenblick liefert, andererseits aber einen Dauerstrom abgibt, der so klein ist, daß die Verluste in der Spule mit dem Widerstand R_{sp}

$$P_v = R_{sp} \cdot I^2$$

nicht zu einer unzulässigen Erwärmung des Antriebs führen. Eine solche Schutzschaltung wird mit Kondensatoren aufgebaut, die im folgenden Abschnitt vorgestellt werden sollen.

Kondensatoren

Die als Kondensatoren bezeichneten Bauelemente sind prinzipiell sehr einfach aufgebaut: sie bestehen aus zwei Metallplatten, die durch einen Isolierstoff elektrisch voneinander getrennt sind. Dieser Isolierstoff kann Luft sein, in der Regel aber besteht er aus einem Material, das die elektrische Wirksamkeit des Bauelementes erhöht, dem sogenannten Dielektrikum.

Schließt man einen Kondensator an eine Gleichspannungsquelle an und mißt den Strom I jeweils einige Augenblicke nach Betätigung des Schalters S, so ist kein Stromfluß feststellbar. Dies war zu erwarten, denn wegen des Isoliermaterials zwischen den Platten ist der Widerstand unendlich. Andererseits liegt der Kondensator nach Betätigung des Schalters an Spannung (U_c = U), er ist geladen. Es muß also im Augenblick des Schaltens und unmittelbar danach etwas passiert sein.

Auch nach Öffnen des Schalters läßt sich über dem Kondensator C die Spannung U messen.

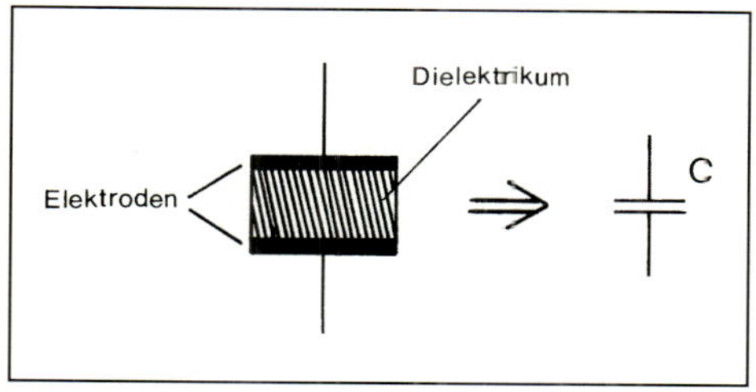

Abb. 3.11
Schematischer Aufbau eines Kondensators und sein Schaltzeichen

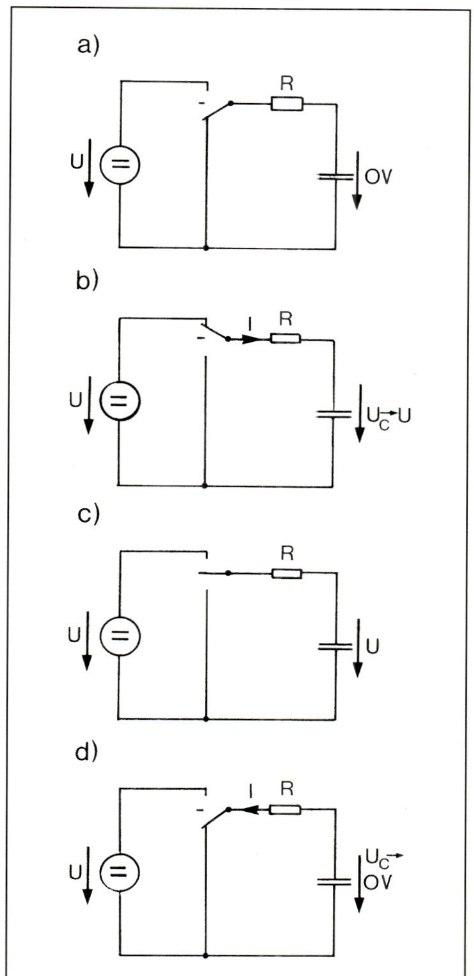

Abb. 3.12
Der Kondensator an einer Gleichspannungsquelle: Aufladung (b) und Entladung (d)

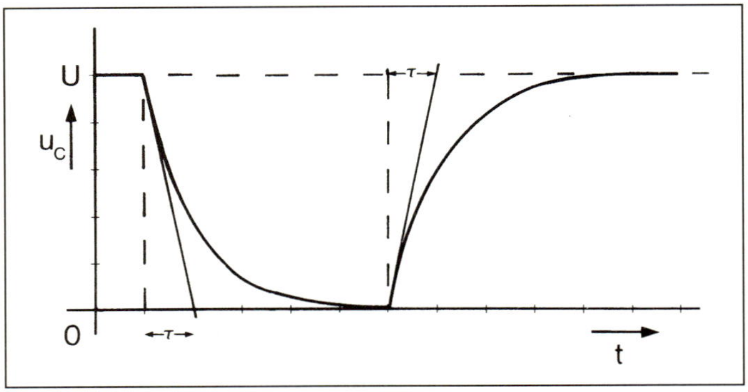

Abb. 3.13
Verlauf der Kondensatorspannung bei Entladung und Aufladung

Mit der Kenntnis des Mechanismus des Stromflußes lassen sich die Vorgänge erklären. In der Schaltung nach Abb. 3.12 ist eine Elektrode (Pol), wie die Platte eines Kondensators allgemein genannt wird, fest mit dem Minuspol der Gleichspannungsquelle verbunden. Mit dem Anschluß der zweiten Elektrode an den Pluspol der Spannungsquelle wird ein Stromkreis gebildet, in dem einerseits vom ⊕-Pol der Spannungsquelle Elektronen von der oberen Elektrode abgezogen, zum andern vom ⊖-Pol Elektronen auf die untere Elektrode des Kondensators bewegt werden. Hier herrscht also Elektronenüberschuß, an der anderen Elektrode Elektronenmangel. Die Elektronenbewegung bzw. der Stromfluß hält so lange an, bis sich am Kondensator die gleiche Spannung aufgebaut hat, wie sie zwischen den Polen der Spannungsquelle besteht.

Die Zeit, die für die Aufladung des Kondensators benötigt wird, ist von den Eigenschaften der Elemente des Stromkreises abhängig. Wäre der ohmsche Widerstand des Kreises null, was praktisch unmöglich ist, würde der Kondensator in verschwindend kurzer Zeit mit unendlich großem Strom aufgeladen. In der Praxis sind jedoch immer Widerstände vorhanden, z. B. die der Leitungen, die den Strom begrenzen und die Aufladung verzögern. Im Einschaltaugenblick hat der Kondensator scheinbar den Widerstand null, mit Beendigung des Ladevorganges ist er scheinbar unendlich groß, da dann kein Strom mehr fließt.

Die Dauer des Ladevorganges wird ferner von der Kapazität, dem Fassungsvermögen des Kondensators, bestimmt. Als Kenngröße dient die Zeitkonstante τ („Tau", griech. Buchstabe).

$$\tau = R \cdot C.$$

Das Aufladen eines Kondensators auf eine bestimmte Spannung dauert also um so länger, je größer der ohmsche Widerstand R und die Kapazität C sind. Alle Feststellungen, die für die Aufladung eines Kondensators gemacht wurden, gelten entsprechend auch für einen Entladevorgang.

Die Kapazität wird in Farad (F) angegeben, dabei besteht zu den bekannten Einheiten die Beziehung

$$1\ F = 1 \frac{As}{V}.$$

Ein Kondensator von 1 F stellt jedoch eine technisch kaum zu verwirklichende Größe dar. Für die Modellbahn von Bedeutung sind Kondensatoren, deren Kapazität im Bereich von

$$1\ \mu F = 10^{-6}\ F$$

liegt (vgl. Tabelle der Maßstabsfaktoren im Anhang).

Betrachtet man den zeitlichen Verlauf der Kondensatorspannung u_c, so könnte man auf den Gedanken kommen, sie als Fahrspannung zu verwenden.

Der Verlauf der Kondensatorspannung entspricht nämlich weitgehend dem Verlauf der Geschwindigkeit eines Zuges während eines Anfahrvorganges. Leider scheitert dieser Plan an der dazu erforderlichen Kapazität des Kondensators. Mit Rücksicht auf den Spannungsabfall am Vorwiderstand R_v kann dieser nicht größer als ungefähr 25 Ω gewählt werden. Bei einer Zeitkonstanten τ = 5 s, d. h. nach dieser Zeit wären 63 % der Endgeschwindigkeit erreicht, müßte die Kapazität C

$$C = \frac{\tau}{R} = \frac{5\,s}{25\,\Omega} = \frac{5\,s\,A}{25\,V} = 0{,}2\,F = 200\,000\,\mu F$$

betragen, ein technisch nicht zu realisierender Wert. Eine Lösung ist erst mit Hilfe der Elektronik möglich, weil dann die große Zeitkonstante durch einen großen Widerstand erreicht werden kann:

$$C = \frac{5\,s}{1\,M\Omega} = 5 \cdot 10^{-6}\,F = 5\,\mu F.$$

Faßt man in der Abb. 3.14 die Schaltung bezüglich der Klemmen P und N als Spannungsquelle auf, so kann der Widerstand R_V als Innenwiderstand der Spannungsquelle verstanden werden. Einen solchen Innenwiderstand besitzen alle Spannungsquellen, meist ist er jedoch so gering, daß er gegen die übrigen Widerstände vernachlässigt werden kann. Akkumulatoren (Batterien) weisen einen sehr kleinen Innenwiderstand auf, während bei Modellbahn-Trafos eine spürbare Absenkung der Klemmenspannung mit steigender Belastung feststellbar ist. Die Kennlinie der Spannungsquelle nach Abb. 3.14 mit dem Innenwiderstand $R_i = R_V = 25\ \Omega$ ist in Abb. 3.15 dargestellt, die zugehörige Gleichung lautet:

$$U_F = U - R_i \cdot I.$$

Eine solche Spannungsquelle ist sicherlich unbrauchbar, wenn man bedenkt, daß ein Lokmotor Ströme im Bereich 0,2 A...0,5 A (Baugröße H0) aufnimmt. Abhilfe ist mit einer elektronischen Schaltung, einem Verstärker, möglich. Dieser zeichnet sich durch eine geringe Stromaufnahme (wenige mA, großer Eingangswiderstand) aus und besitzt zugleich einen kleinen Innenwiderstand im Ausgangsstromkreis. Der Aufbau solcher Verstärker ist im AMP-Band 7 „Modellbahn-Elektronik" beschrieben.

Kondensatoren sind als Bauelemente in vielen Formen erhältlich. Sie werden an Hand der als Dielektrikum verwendeten Materialien (getränktes Papier, Kunststoffe, keramische Stoffe, Tantal- und Aluminiumoxide) und der Form ihrer Elektroden unterschieden. Die Anwendung der verschiedenen Bauformen wird dabei von den Anforderungen an einen Kondensator bestimmt, dies sind im wesentlichen seine Kapazität und Spannungsfestigkeit. Diese spielt für den Kondensator eine ähnlich wichtige Rolle wie die Verlustleistung bei den ohmschen Widerständen und bestimmt auch wesentlich seine Baugröße. So wie der Widerstand durch Angabe von Widerstandswert und zulässiger Verlustleistung gekennzeichnet ist, wird der Kondensator durch die Angabe von Kapazität und zulässiger Betriebsspannung beschrieben.

Überschreitet diese bestimmte Werte, kann der Kondensator durch einen Durchschlag oder zu hohe Verluste zerstört werden.

Grundsätzlich sind ungepolte (bipolare) und gepolte Kondensatoren zu unterscheiden. Zu letzteren zählen die Elektrolytkondensatoren, die sich durch vergleichsweise kleine Abmessungen bei hohen Kapazitätswerten

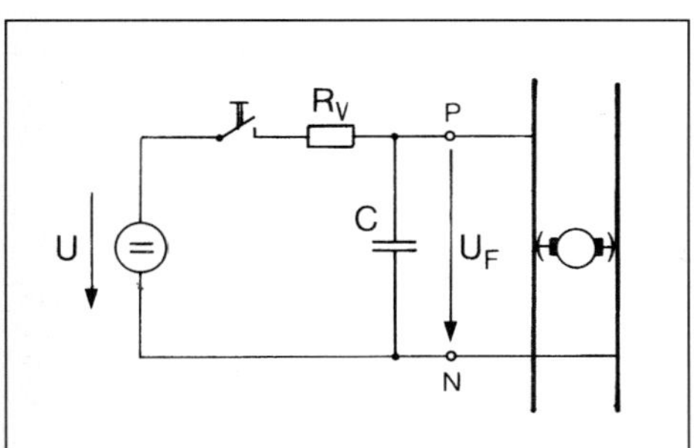

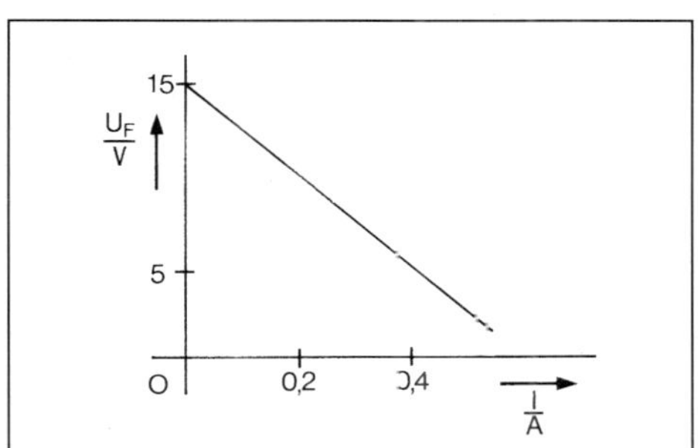

Abb. 3.14
In der Praxis nicht möglich: Schaltung zur vorbildgerechten Fahrspannungserzeugung bei Anfahrvorgängen

Abb. 3.15
Kennlinie einer Spannungsquelle mit (zu großem) Innenwiderstand

auszeichnen. Diese „Elkos“ dürfen nur an Gleichspannungsquellen entsprechend der auf dem Gehäuse angegebenen Polarität betrieben werden, Falschpolung führt zur Zerstörung des Kondensators.

Wie bei ohmschen Widerständen sind nicht beliebige Kapazitätswerte erhältlich, sondern es gibt auch hier Normreihen (s. Anhang, meist E 6). Zwischenwerte lassen sich wieder durch Reihen- und Parallelschaltung herstellen, die Gesetzmäßigkeiten sind in Abb. 3.18 angegeben.

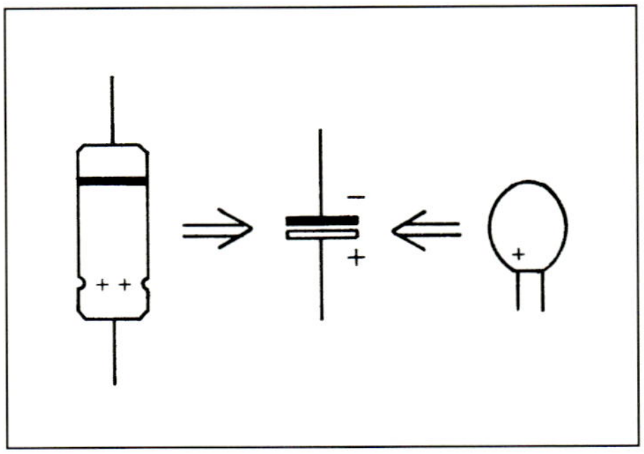

Abb. 3.16 Bauformen und Schaltzeichen von Elektrolytkondensatoren (links: Aluminium-, rechts: Tantaloxid)

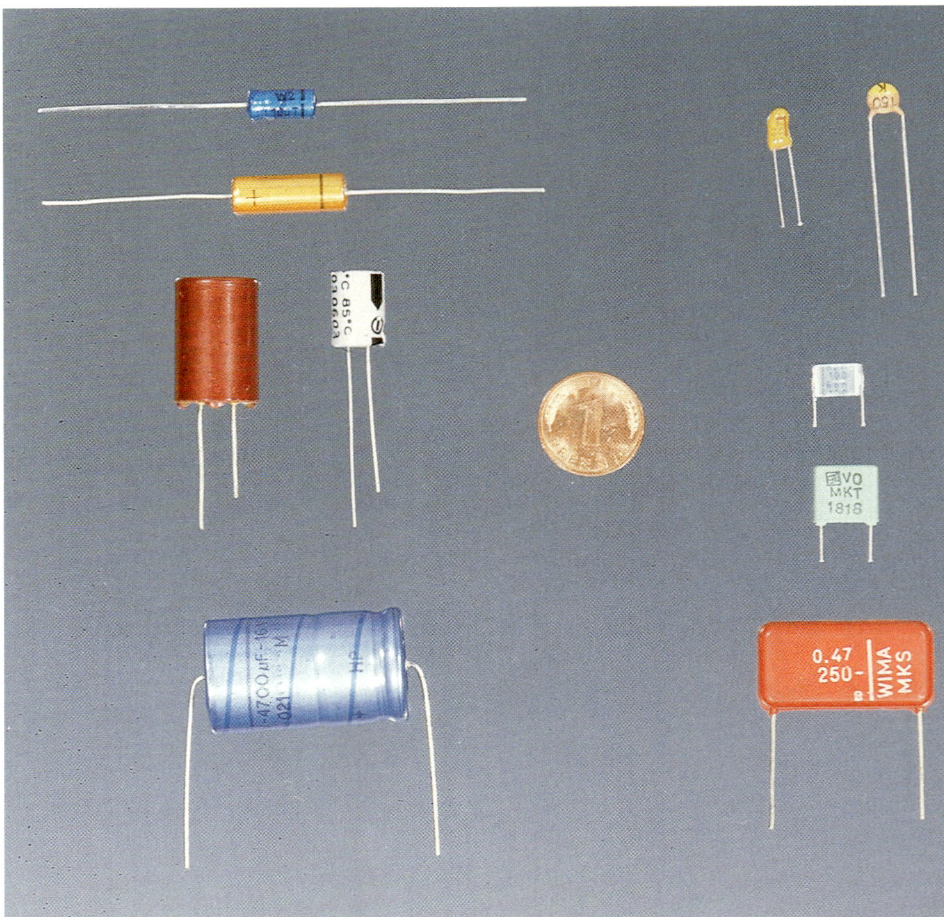

Abb. 3.17 Kondensatoren für die Modellbahn: Deutlich ist die Abhängigkeit der Baugröße von der Kapazität und Spannungsfestigkeit zu erkennen

Besonders hinzuweisen ist dabei auf die Reihenschaltung von zwei gleichen Elektrolytkondensatoren, mit der auch der Betrieb an Wechselspannung möglich ist. Dazu werden gleichnamige Pole (+ und + bzw. – und –) verbunden. Die Kapazität der Reihenschaltung beträgt nur die Hälfte der Einzelwerte (Abb. 3.18 unten).

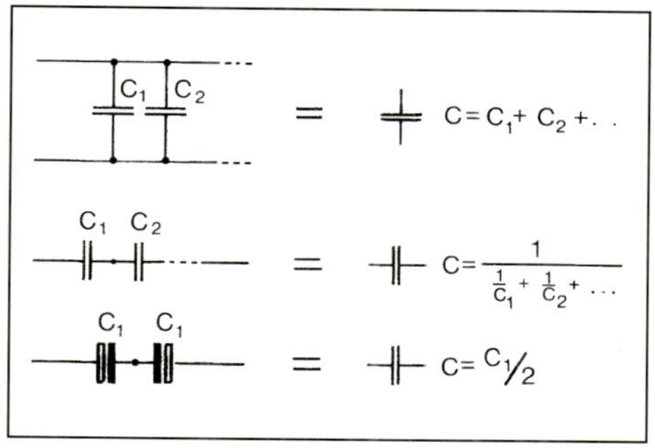

Abb. 3.18 Reihen- und Parallelschaltung von Kondensatoren

Für den Betrieb an einer Wechselspannung läßt sich – dem Blindwiderstand X_L einer Spule entsprechend – für den Kondensator der kapazitive Blindwiderstand X_c angeben:

$$X_c = \frac{1}{2\pi \cdot f \cdot C}.$$

Er ist im Gleichstrombetrieb (f = 0) unendlich groß und nimmt mit wachsender Frequenz f ab. Strom und Spannung am Kondensator sind zeitlich gegeneinander verschoben. Während an der Spule die Spannung dem Strom voreilt, sind die Verhältnisse am Kondensator umgekehrt, der Spannung u_- in Abb. 3.8 entspricht die Spannung ($-u_c$).

Kondensator und Spule: Anwendungsbeispiele

Mit der Kenntnis der frequenzabhängigen Eigenschaften von Spulen und Kondensatoren läßt sich nun auch die Notwendigkeit für den Einsatz dieser Bauelemente verstehen, wenn eine fahrspannungsunabhängige Zugbeleuchtung mittels Wechselspannung von Tonfrequenz erfolgt. Diese Methode stellt, sieht man von den Möglichkeiten der Digitalelektronik ab, den elegantesten Weg dar, die Beleuchtung der Fahrzeuge unabhängig von der Fahrspannung zu machen. Er erspart die Installation von Batterien in den Fahrzeugen oder die Benutzung eines der neben dem Fahrstromkreis eventuell noch verfügbaren Stromkreise (vgl. Abb. 2.3). Sie lassen sich als Fahrstromkreise sinnvoller verwenden.

Von tonfrequenten Wechselspannungen spricht man, wenn die Frequenz der Spannung im Bereich der hörbaren Schwingungen liegt, f = 10 Hz ... 20 kHz. Mit Rücksicht auf gesetzliche Bestimmungen, die eine Störung des Funkverkehrs ausschließen sollen, wird die Frequenz der notwendigerweise sinusförmigen Spannung zur Fahrzeugbeleuchtung im Bereich 10 kHz ... 15 kHz liegen. Sie niedriger zu wählen, ist im Hinblick auf die Größe der Bauelemente zur Trennung von Fahr- und Beleuchtungsspannung nicht sinnvoll. Es ist naheliegend, eine Spannung der Frequenz 10 kHz hochfrequent zu nennen. Im Vergleich zu den sogenannten technischen Frequenzen (50 Hz) wäre dies sicherlich gerechtfertigt. In der Elektrotechnik sind aber Frequenzen bis in den GHz-Bereich (10^9 Hz) gebräuchlich, dementsprechend wird eine Schwingung von 10 kHz als niederfrequent bezeichnet, das Gerät zu ihrer Erzeugung NF-Generator.

Fahrspannung u_F und Beleuchtungsspannung u_B werden auf den gleichen Leitungen

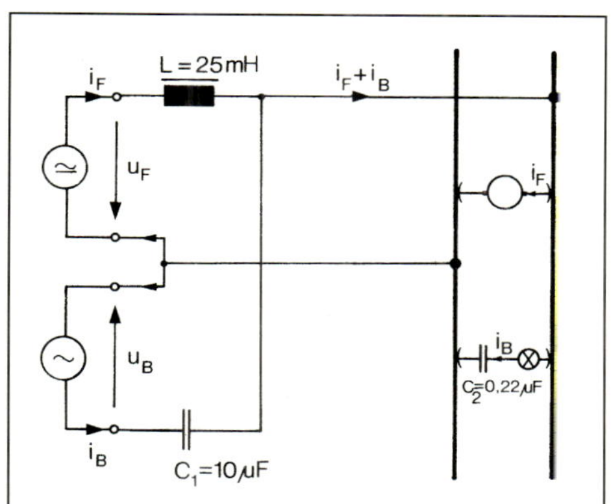

Abb. 3.19 Fahrspannungsunabhängige Zugbeleuchtung mit tonfrequenter Wechselspannung

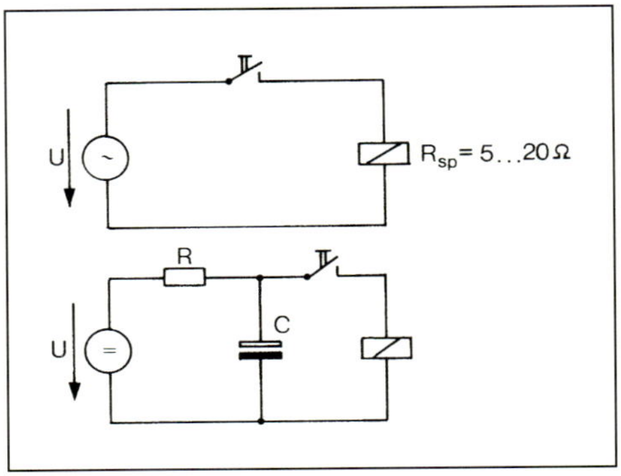

Abb. 3.20 Ansteuerung eines Spulenantriebes mit Wechselspannung (a) und mit Gleichspannung über eine Schutzschaltung (RC-Glied) (b)

zu den Verbrauchern, Motoren und Glühlampen, gebracht. Sie müssen also auf dem Fahrzeug getrennt werden: Die Fahrspannung soll ausschließlich einen Strom durch den Motor hervorrufen, die Glühlampen nur durch den niederfrequenten Strom i_B versorgt werden. Zusätzlich ist eine gegenseitige Beeinflussung der Spannungsquellen auszuschließen. Die Fahrspannung muß keineswegs eine Gleichspannung sein, sondern kann durchaus eine Wechselspannung (50 Hz) oder eine Mischspannung (vgl. Abb. 9.15 ff.) darstellen.

Für eine Beleuchtungsspannung u_B der Frequenz f = 10 kHz stellt die Spule mit der Induktivität L = 25 mH einen Blindwiderstand von

$$X_L = 2 \cdot \pi \cdot f \cdot L = 2 \cdot \pi \cdot 10\ \text{kHz} \cdot 25\ \text{mH} = 1{,}57\ \text{k}\Omega$$

dar. Der kapazitive Blindwiderstand X_c der Kondensatoren C_1 und C_2 beträgt dagegen nur

$$X_{c1} \quad \frac{1}{2 \cdot \pi \cdot f \cdot C_1} = \frac{1}{2 \cdot \pi \cdot 10\ \text{kHz} \cdot 10\ \mu\text{F}} = 1{,}6\ \Omega$$

bzw. $X_{c2} = 72\ \Omega$.

Die Spule verhindert also den Stromfluß des Beleuchtungsstromes durch die Fahrspannungsquelle. Die Kondensatoren stellen für Gleichstrom unendlich hohe Widerstände dar, für Wechselstrom von 50 Hz würden ihre Werte (10 kHz: 50 Hz = 200) 200mal größer als die oben angegebenen Werte sein.

Da der Motor mit seiner Ankerwicklung schon eine genügend große Induktivität darstellt, ist hier das Vorschalten einer Spule nicht erforderlich. Die Kondensatoren müssen bipolar sein. Der große Wert von C_1 kann aus der Reihenschaltung zweier Elkos nach Abb. 3.18 gebildet werden. Die Kondensatoren müssen für eine Spannungsbeanspruchung ausgelegt sein, die der Summe von Fahr- und Beleuchtungsspannung entspricht (63 V).

Ein zweites Beispiel: Am Ende des Abschnittes über Spulen und elektromagnetische Antriebe war bereits von der Notwendigkeit gesprochen worden, die Antriebsspulen vor thermischer Überlastung zu schützen. Eine Schaltung, die diese Aufgabe übernehmen kann, sollte unter Umständen auch bei Antrieben mit Endabschaltung eingesetzt werden, da diese – wie die Praxis zeigt – vor allem in Verbindung mit Gleiskontakten nicht immer mit der erforderlichen Zuverlässigkeit arbeitet.

Die ohmschen Widerstände R_{sp} von Spulenantrieben liegen im Bereich von 5 Ω ... 20 Ω. Bliebe der Taster dauernd geschlossen, etwa durch eine auf dem Kontaktgleis stehende Lok oder einen fehlerhaften Taster, würde bei einer Spannung U = 14 V und R_{sp} = 10 Ω ein Strom 1 von

$$I = \frac{14\ \text{V}}{10\ \Omega} = 1{,}4\ \text{A}$$

fließen, der in der Regel zur Zerstörung der Spule führt. Schaltet man nach Abb. 3.20 aber einen Widerstand R in Reihe mit Spule und Kontakt, beträgt der Strom I bei R = 220 Ω nur

$$I = \frac{14\ \text{V}}{230\ \Omega} = 0{,}06\ \text{A},$$

die Verlustleistung nur noch einen Bruchteil des ursprünglichen Wertes.

Bei geöffnetem Schaltkontakt wird der Kondensator C über den Widerstand R aufgela-

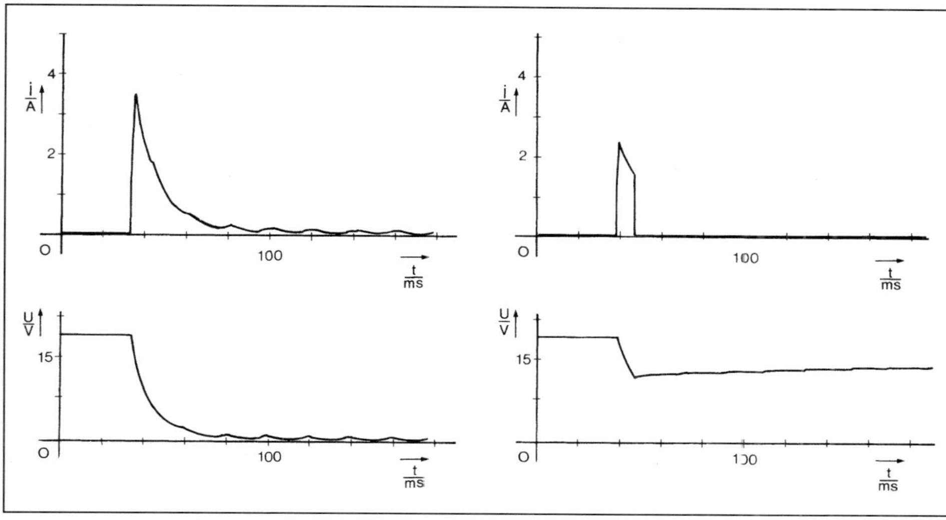

Abb. 3.21 Zum Vergleich mit Abb. 3.14: Gemessene Zeitverläufe von Schaltstrom (oben) und Kondensatorspannung (unten) an einem Antrieb ohne (links) bzw. mit (rechts) Endabschaltung

den. Mit den in Abb. 3.13 gemachten Angaben wurde bei C = 2200 µF der Ladevorgang mit einer Zeitkonstanten

$$\tau = R \cdot C = 0{,}5\ s$$

ablaufen, so daß nach etwa 3 s wieder die volle Spannung zur Verfügung steht. Eine positive Nebenerscheinung bei Einsatz der Schaltung ist, daß sie das Flackern der aus der gleichen Spannungsquelle gespeisten Beleuchtungseinrichtungen unterdrückt, das sonst bei jedem Schaltvorgang auftritt. Wegen des geringen Stromes (0,06 A) können an einem handelsüblichen Modellbahn-Trafo viele Schaltungen nach Abb. 3.20 (b) gleichzeitig betrieben werden, im Gegensatz zu Schaltung (a).

In Abb. 3.21 sind die gemessenen zeitlichen Verläufe des Schaltstromes und der Kondensatorspannung an einem Antrieb ohne bzw. mit Endabschaltung wiedergegeben. Man sollte vergleichsweise die Abb. 4.4 heranziehen, die das Verhalten der Antriebe an Wechselspannung zeigt. Während beim Antrieb ohne Endabschaltung der Kondensator praktisch vollkommen entladen wird, sorgt die Endabschaltung der Antriebe dafür, daß mit Beendigung des Schaltvorganges auch der Schaltstrom unterbrochen wird. Die Spannung am Kondensator geht deshalb nur auf ungefähr 60 % des Anfangswertes zurück. Somit steht nach bereits kurzer Aufladezeit wieder die volle Energie für den nachfolgenden Schaltvorgang zur Verfügung.

Zusammenfassung

Spulen und Kondensatoren sind Bauelemente, deren Funktionsweise zu erfassen nicht ganz einfach ist. Sie sind jedoch für den Betrieb jeder Modellbahn unentbehrlich, so daß sie in vielen Formen auf jeder Anlage im Einsatz sind. Weiß man erst, nach welchen Gesetzen die physikalischen Vorgänge in einer Spule ablaufen, hat man auch die notwendigen Kenntnisse für das Verständnis der Transformatoren und Motoren.

4 Magnetische Kräfte schalten und stellen

Dieses Kapitel zeigt, wie die nützlichen Kräfte des Magnetismus in den sogenannten Magnetartikeln der Modellbahn-Hersteller zur Fernbedienung von Weichen und Signalen benutzt werden. Neben dem Umlegen der Weichenzungen und Heben der Signalflügel gibt es noch eine Menge weiterer Funktionen zur Steuerung und Sicherung des Zugbetriebes. Einige Begriffe, die in den Katalogen der Hersteller erscheinen und die technische Funktion eher umnebeln, müssen geklärt werden. Will man Produkte unterschiedlicher Hersteller kombinieren, hilft die beigelegte Einbauanleitung nicht unbedingt weiter. Dann muß man das Funktionsprinzip verstanden haben.

Der Doppelspulenantrieb für Weichen und Signale

Diesen Begriff findet man in jedem Katalog, und was wäre die Modellbahn ohne die Möglichkeit, mit seiner Hilfe Weichen und Signale mit Tastern oder sogar durch den fahrenden Zug ferngesteuert zu bedienen? So einfach das Prinzip auch ist, einige Tücken hat er schon, und manche Modellbahner hat er schon zur Verzweiflung gebracht.

In Kapitel 3 wurde gezeigt, daß eine Spule einen Eisenkern anzieht, so daß das magnetische Feld möglichst wenig durch Luft verläuft. Beim Doppelspulenantrieb sitzen zwei Spulen nebeneinander, in deren Innern ein beweglicher Eisenkern lagert, den man auch als Anker bezeichnet, genau wie den drehbaren Teil eines Motors. Speist man nun abwechselnd die eine oder die andere Spule mit Strom, so wird der Anker in die gerade stromführende Spule hineingezogen. Der Eisenkern wird durch Kunststoffteile nach außen verlängert und bewegt mit einer geschickten Mechanik die Weichenzungen. Oft sorgt eine zusätzliche Feder dafür, daß die Weichenzungen fest in ihre Stellung gedrückt werden, was für zusätzliche Entgleisungssicherheit sorgt. Die Schaltung des Doppelspulenantriebs zeigt Abb. 4.1. Hier wird gerade der linke Taster gedrückt, die

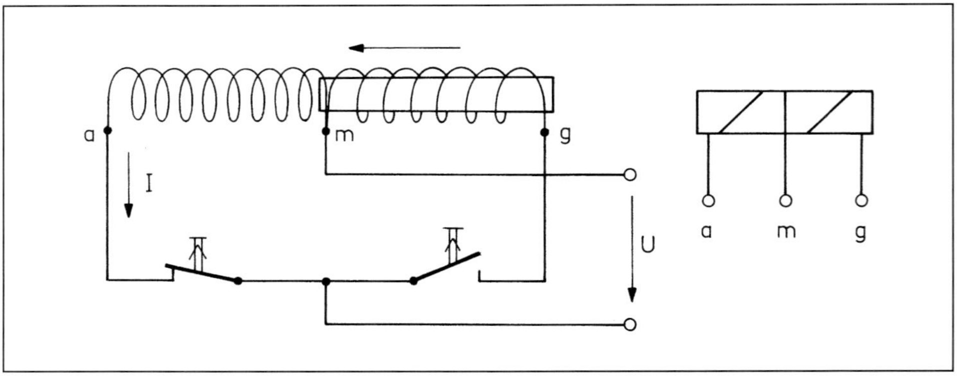

Abb. 4.1 Die Grundschaltung des Doppelspulenantriebes; im Augenblick wird der linke Taster gedrückt. Das vereinfachte Schaltbild ist rechts im Bild

linke Spule führt Strom und zieht den Anker aus der rechten Spule heraus.

Der Doppelspulenantrieb hat drei Anschlüsse: Der mittlere Anschluß, der mit beiden Spulen verbunden ist, wird direkt an eine Klemme des Trafoausgangs für Magnetartikel gelegt. Die beiden freien Wicklungsenden gehen an zwei Taster, danach in gemeinsamer Leitung an die andere Trafoklemme.

Der mittlere Anschluß wird mit m gekennzeichnet. Der Spulenanschluß, mit dem die Weichenzungen in Geradeausfahrt gebracht werden, heißt g, der andere a wie Abbiegen.

In Abb. 4.2 sind zwei Möglichkeiten gezeigt, wie man den Weichenantrieb mit den Stelltastern anschließen kann. Beide Varianten funktionieren gleich gut – es ist egal, ob der Mittelanschluß m am gemeinsamen Rückleiter liegt, oder ob die Spulenanschlüsse a und g über die Stelltaster an den Rückleiter angeschlossen werden.

Wie später noch gezeigt wird, braucht man bei vielen Gleiskontakten, mit deren Hilfe Weichen und Signale vom fahrenden Zug umgelegt werden können, einen gemeinsamen Rückleiter für den Fahrstromkreis und

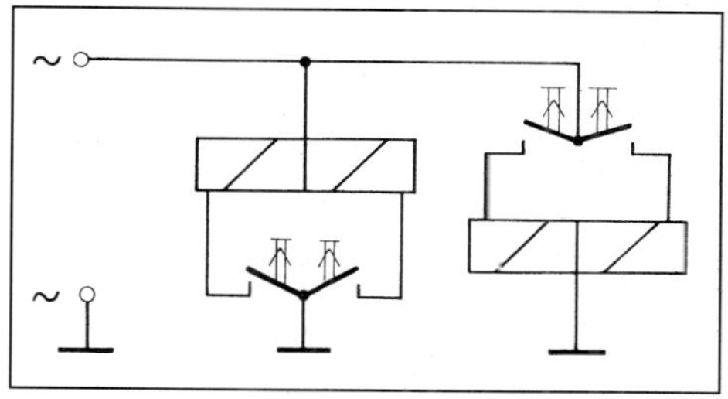

Abb. 4.2
Die beiden Anschlußmöglichkeiten des Doppelspulenantriebs

den Licht- bzw. Magnetartikel-Stromkreis. In diesem Falle (und nur dann) müssen die Spulenanschlüsse a und g über Taster bzw. Gleiskontakte mit dem gemeinsamen Rückleiter verbunden werden.

Hat man mehrere Weichen zu versorgen, kann der Kabelaufwand ganz erheblich reduziert werden, wenn nun alle Weichen- und Signalantriebe in gleicher Weise verschaltet werden. So geht man vom Trafo mit einer einzigen Leitung an einen Verzweigungspunkt, der sich auf der Anlage in der Nähe der Weichen befindet, und von dort aus kann man die jeweiligen Mittelanschlüsse der Weichenspulenpaare anschließen. Ebenso lassen sich die Taster im Stellpult an einem Ende zusammenfassen. Die Stellpulte

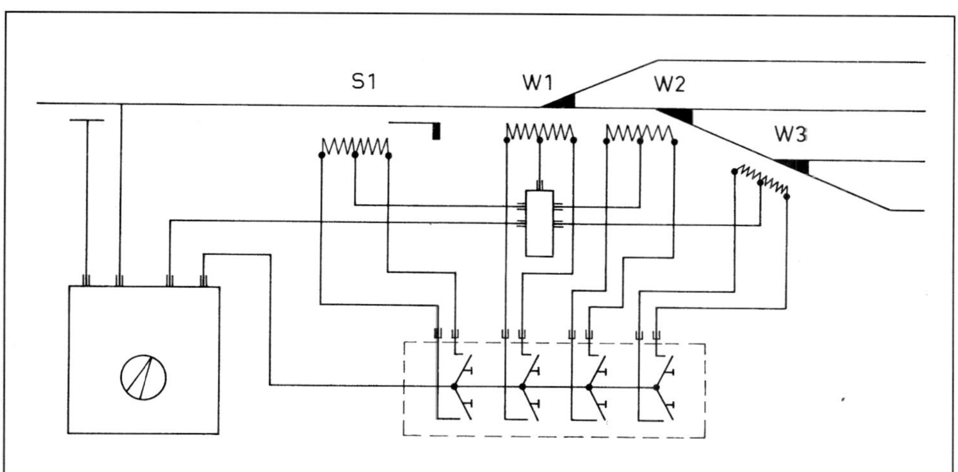

Abb. 4.3
So werden Weichenantriebe und Schalter auf der Anlage verschaltet

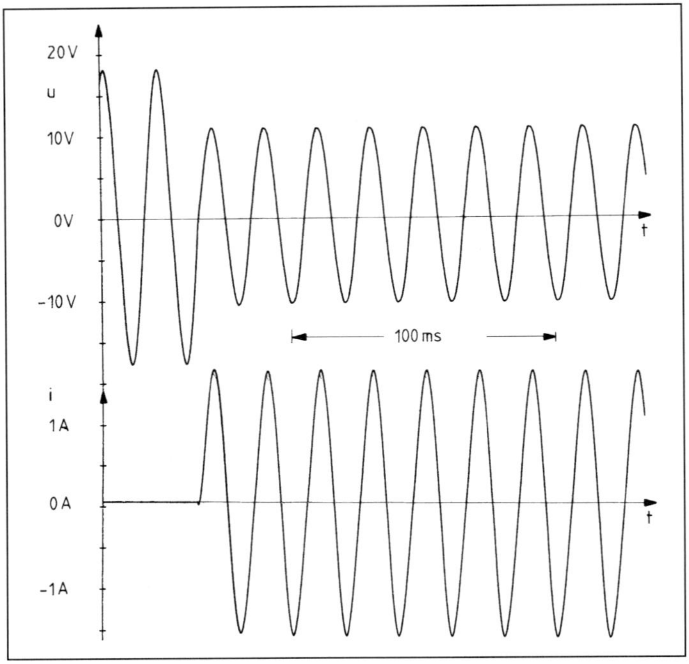

Abb. 4.4
Oszillogramm beim Betätigen eines Doppelspulenantriebs (LGB): oben die Wechselspannung des Transformators, unten der Spulenstrom, der während des Tastendrucks fließt

der Modellbahn-Hersteller lassen sich über diesen gemeinsamen Anschluß zusammenstecken, so daß man zwischen einer Stellpultreihe und dem Transformator nur eine einzige Kabelverbindung braucht.

Beim Doppelspulenantrieb ohne Endabschaltung – dazu später noch mehr – kann man mit einem Widerstandsmeßgerät leicht herausfinden, wie die drei Anschlüsse verschaltet werden, auch wenn man den firmeneigenen Farbcode nicht kennt und nicht ins Innere des Antriebs schauen möchte. Jede der beiden Spulen hat einen bestimmten Widerstand, und je nachdem zwischen welchem der unbekannten Anschlüsse man geraten ist, liest man den Widerstand einer Spule (z. B. 10 Ohm) oder beider zusammen (20 Ohm) ab. In diesem letzten Fall hat man die beiden Anschlüsse für die Stellpulttaster herausgefunden; die Schaltfunktion Geradeaus (g) oder Abbiegen (a) muß man dann durch Probieren finden.

Um den Anker von einer in die andere Stellung zu bringen, muß ein erheblicher mechanischer Widerstand überwunden werden. Damit der Anker mit Sicherheit seine Stellung wechselt, muß eine recht große elektromagnetische Kraft aufgebracht werden, und dies ist nur mit einem entsprechend großen Strom möglich.

Die Modellbahn-Weichenantriebe sollen möglichst klein sein, und die Gleisgeometrie erzwingt eine schlanke Bauform; die Weichenantriebe sollen den benachbarten Gleisen ja nicht den Weg versperren. Bei allen Doppelspulenantrieben liegt der Spulenstrom im Bereich von etwa 1 Ampere. Ein Strom dieser Größe kann nicht beliebig lange fließen, denn die durch ihn entstehende Wärme kann im kleinen Antrieb nicht richtig abgeleitet werden. Nach einiger Zeit beginnen die Kunststoffteile sich zu verziehen, und schließlich schmilzt alles zu einer zähen Masse zusammen, bis irgendwann der Wicklungsdraht abbricht: der Antrieb ist durchgeschmort. Man mache sich einmal klar, daß die Verlustwärme von 14 Volt x etwa 1 Ampere = 14 Watt der Leistung eines kleinen Lötkolbens entspricht!

Bei kleinen Spurweiten kommt man mit kleineren Schaltströmen aus, doch die winzigen Antriebe sind wesentlich wärmeempfindlicher als z. B. der Antrieb in den Märklin-Blechweichen.

Hersteller	*Widerstand*
Arnold	25 Ω
Roco H0	21 Ω
Märklin (Signal)	43 Ω
LGB (alt)	7 Ω

Tabelle 4.1
Spulenwiderstände einiger Doppelspulenantriebe

Ein weiteres Problem des großen Spulenstromes bemerkt man, wenn man mit einem Taster gleich mehrere Weichen gleichzeitig umlegen will: Die Antriebe geben ein schwächliches Geräusch von sich, die Weichenzungen bleiben regungslos liegen. Legt man zu viele Antriebe an den Trafo, so bricht die Spannung so stark zusammen, daß der notwendige Strom nicht mehr fließen kann. Bei kleinen Trafos mit 14 VA wird man schon bei mehr als zwei Weichen Probleme bekommen. Wenn der Trafo noch eine Vielzahl von Glühbirnen zu versorgen hat, kommt irgendwann der Zeitpunkt, wo der Umschaltstrom bei nur einem Weichenantrieb nicht mehr reicht – dann sollte man auf einen eigenen Trafo nur für Magnetartikel ausweichen.

Wie sicherlich viele Leser wissen, kann man Ströme und Spannungen mit einem sogenannten Oszillographen sichtbar machen und mit einem geeigneten Schreibgerät zu Papier bringen. Ein solches Oszillogramm vom Einschalten eines Doppelspulenantriebs zeigt Abb. 4.4.

Die obere Kurve zeichnet dabei den Verlauf der Wechselspannung am Trafoausgang, die untere Kurve stellt den Strom dar, der mit Beginn des Tastendrucks fließt und den Anker in seine neue Stellung bringt. Wie man sieht, bricht die Spannung rechts stark zusammen, bedingt durch den großen Spulenstrom. Reicht die Stromabgabe des Transformators nicht aus, so läßt sich der Anker aus seiner alten Lage nicht wegreißen.

Spulenschutz durch Endabschaltung

Leider kann man nie ausschließen, daß die Weichen- oder Signalantriebe versehentlich längere Zeit an Spannung liegen und dabei Dauerstrom führen. Mit geschickt am Anker des Doppelspulenantriebs angebrachten Schaltern kann man nun erreichen, daß der Anker selbst seine elektrische Zuleitung unterbricht, sobald er seine Endstellung erreicht hat. Inzwischen sind fast alle Antriebe der Spur N, aber auch viele in H0 mit Endabschaltung ausgerüstet. Ob ein Doppelspulenantrieb Endabschaltung besitzt, kann man wiederum leicht mit einem Widerstandsmeßgerät herausfinden: zwischen zwei bestimmten Klemmen mißt man den

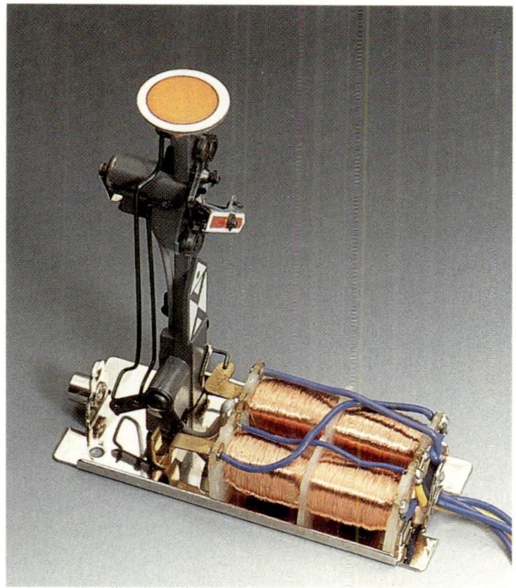

Abb. 4.5
Zwei Doppelspulen erlauben die ungekoppelte Funktion von Signalscheibe und Zusatzflügel bei Märklins Vorsignal

Spulenwiderstand, zwischen den anderen besteht keinerlei elektrische Verbindung.

Das Prinzip der Endabschaltung ist in Abb. 4.6 zu sehen. Am Anker sind dabei zwei Schleifer befestigt, die den Ankerstrom von zwei Metallschienen abnehmen, die kurz vor Ende der Bahn unterbrochen sind. Das ganze verhält sich etwa wie ein Abstellgleis, bei dem die letzten 20 Zentimeter vor dem Prellbock elektrisch isoliert sind.

Neben der Endabschaltung mit Schleifkontakten, bei denen die Spulenanschlüsse a und g unterbrochen werden, kann man auch den Mittelanschluß m auftrennen und durch einen vom Anker bedienten Wechsel-

Abb. 4.6
So funktioniert ein Doppelspulenantrieb mit Endabschaltung

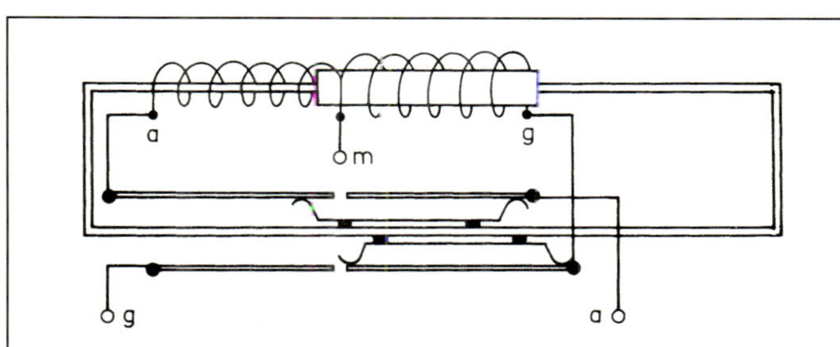

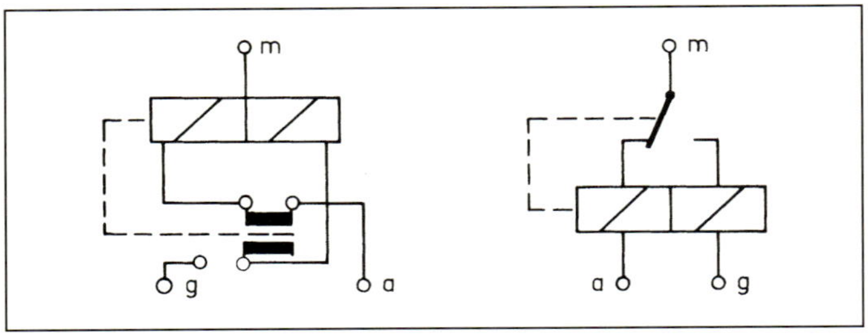

Abb. 4.7 Unterschiedliche Endabschalt-Möglichkeiten

schalter ersetzen. Beide Möglichkeiten zeigt das Schaltbild in Abb. 4.7.

Prinzipiell kann man endabgeschaltete Weichen auch mit Wechselschaltern anstelle von Tastern ansteuern, da sie den Spulenstrom von selbst abschalten. Schalter sind zwar etwas teurer als Taster, aber sie geben durch ihre Stellung an, in welche Lage man sie zuletzt gebracht hat, was bei verdeckten Weichen von Vorteil ist. Es gibt aber Fälle, wo auch die Endabschaltung keinen hundertprozentigen Schutz bietet. Wird z. B. ein Schaltimpuls durch den fahrenden Zug ausgelöst und ist dieser zu kurz, wird der Anker zwar kurz bewegt, erreicht aber seine Endstellung nicht; damit ist aber keiner der beiden Endabschalter geöffnet.

Beim nächsten Dauer-Zuschalten reicht die Kraft nicht, den Anker aus seiner „toten" Mittelstellung in die Endposition zu reißen, und damit ist sein baldiges Ende besiegelt. Zur Sicherheit sollte man daher endabgeschaltete Weichen, die auch vom fahrenden Zug angesteuert werden, stets mit Tastern bedienen, sofern keine Weichenschutzschaltung vorgesehen ist.

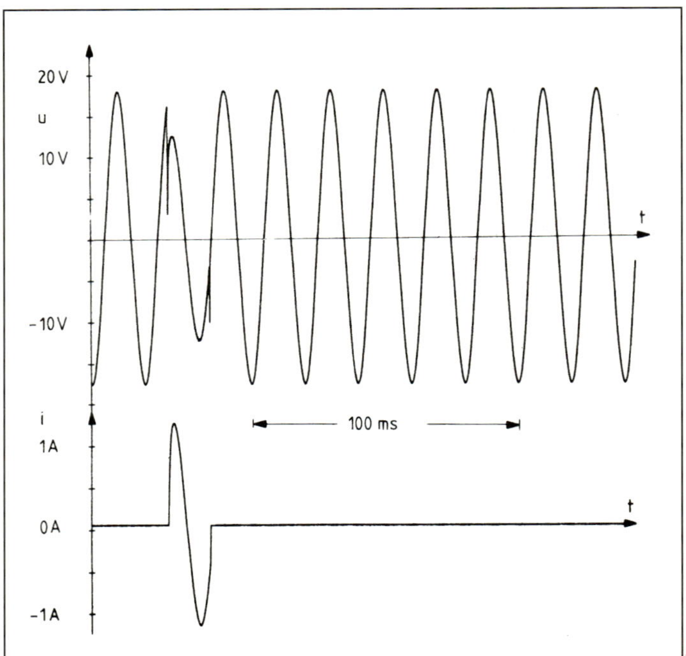

Abb. 4.8: Oszillogramm beim Betätigen eines end-abgeschalteten Roco-H0-Antriebes; der Spulen-Wechselstrom (unten) fließt nur eine knappe Periode (20 Millisekunden!), dann ist die Weiche schon umgelegt, der Stromkreis ist unterbrochen

Polarisierbare Herzstücke vermeiden unerwünschten Stillstand

Das Herzstück, die Stelle wo sich die äußere abbiegende Schiene mit der gegenüberliegenden geraden Schiene kreuzt, ist bezüglich der Stromaufnahme der Lokomotiven stets die kritischste Stelle, denn die sich kreuzenden Schienen müssen elektrisch voneinander isoliert bleiben. Die häufig praktizierte Lösung, ein Herzstück aus Kunststoff einzusetzen, stellt für kurze zwei- oder dreiachsige Lokomotiven ein fast unüberwindliches Hindernis dar.

Eine aufwendigere Lösung besteht darin, die Herzstücke aus Metall zu fertigen, sie isoliert von den vier sie berührenden Schienen einzusetzen, und über einen Wechselschalter abwechselnd je nach Weichenstellung elektrisch mit der richtigen Schiene zu verbinden. Roco spricht von polarisierbaren Herzstücken, beim englischen Hersteller Peco heißt das Electro-Frog.

Der Wechselschalter zum Umschalten der Herzstückspannung läßt sich ähnlich wie der Endabschalter am Anker anbringen.

Polarisierbare Herzstücke haben eine große Tücke. Wenn man eine Weiche „aufschneiden" will, d. h. die Lok kommt vom Gleisabzweig auf die Weiche zu, die falsch, also auf Geradeausfahrt liegt, gibt es einen satten Kurzschluß, sobald die Lok das Herzstück erreicht. Man muß also stets dafür sorgen, daß sich die Lok nicht auf eine Weiche zubewegen kann, wenn sie nicht in der richtigen Stellung liegt. Eine Möglichkeit, dies zu erreichen, zeigt der nächste Abschnitt.

Die Stoppweiche „denkt" mit

Die Überschrift dieses Abschnittes enthält gleich zwei Schlagwörter der Kataloge, das erste, sachlichere findet man bei Trix und Arnold, das andere bei Fleischmann. Gemeint ist zunächst einmal ein und dasselbe, ein Stück Sicherheit und Schaltungsvereinfachung für den Abstellbahnhof. Die denkende Weiche schaltet automatisch das Gleis von der Fahrspannung ab, das bei entsprechender Stellung der Weichenzungen nicht befahren wird.

Das „Denkprinzip" ist sehr einfach. Die beiden inneren Schienen, die in die Weichenzungen übergehen, sind elektrisch isoliert. Wird die Weichenzunge an die eine oder andere Schiene gelegt, wird gleichzeitig auch ein elektrischer Kontakt aufgebaut, der die nachführende Schiene mit Strom versorgt.

Die Weichenzunge ist hier also Trennstelle und Schalter in einem. Für Schattenbahnhöfe kann das ungemein praktisch sein: viel Aufwand ist gespart, und das ungewollte Fahren zweier Züge mit anschließender Flankenfahrt ist unmöglich, da ja nur der Zug fährt, dessen Weichenstraße richtig steht.

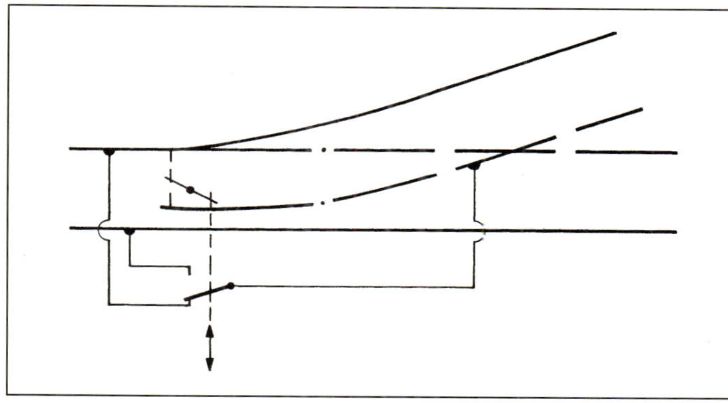

Abb. 4.9
So wird das polarisierbare Herzstück elektrisch verschaltet

Bei den Firmen Trix und Fleischmann läßt sich mit kleinen Drahtbrücken, mit denen man die beiden inneren Schienen elektrisch dauernd mit den entsprechenden äußeren Schienen verbinden kann, die Stoppweichenfunktion ganz oder nur z. B. für die geradeausführende Gleisrichtung aufheben.

Will man durch Stoppweichen abgeschaltete Abstellgleise mit einer Gleisbesetztanzeige ausrüsten, wie sie z. B. an anderer Stelle dieses Bandes beschrieben ist, so muß man auf der Hut sein. Je nach Lage der Weiche – ob abzweigend oder geradeausführend – ist

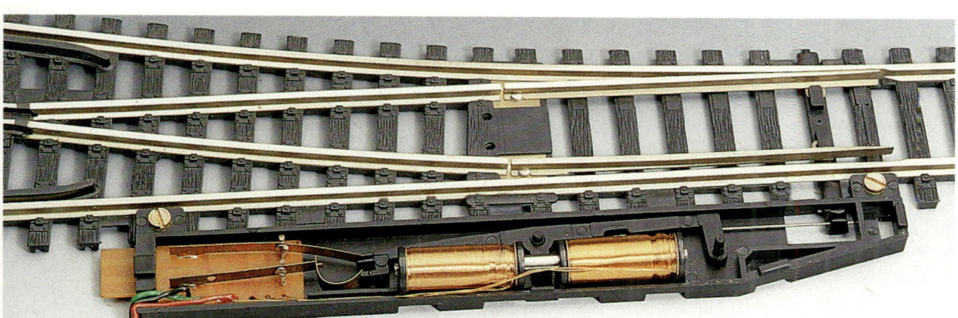

Abb. 4.10
Das Innere eines Roco-H0-Antriebes mit Endabschaltung und Herzstückpolarisierung

entweder die eine oder die andere Schienenseite unterbrochen. Bei der Gleisbesetztanzeige braucht man aber einen gemeinsamen Rückleiter für alle Gleise, der nicht unterbrochen sein darf. Das heißt, bei jedem Gleis muß stets die gleiche Schienenseite getrennt werden, während die andere Seite bei allen Gleisen durchverbunden sein muß. Hier kann man also die Stoppweichenfunktion nicht gebrauchen.

Alle eben genannten Nachteile treten nicht auf, wenn der Weichenantrieb einen frei verdrahtbaren Wechselschalter besitzt, wie er z. B. bei der Herzstückpolarisierung benötigt wird.

Die elektrische Verbindung ist wesentlich zuverlässiger, und bei der Wahl der Trennstelle ist man absolut frei, wenngleich man die nötige Anschlußverkabelung eben selbst durchführen muß.

Leider besitzt von den „großen" Herstellern nur der alte Roco-Unterflurantrieb gleich drei solcher freier Wechselschalteranschlüsse, von denen allerdings einer für die Herzstückpolarisierung benötigt wird. Er wird aber bald aus dem Katalog verschwinden, da er wegen mechanischer Schwächen seinen Besitzern nicht immer Freude macht. Die bewährten Weichenantriebe, z. B. von Peco und Repa, bieten ebenfalls freie Schaltkontakte.

Abb. 4.11 Rückmeldung mit einem Wechselschalter mit Weichenantrieb

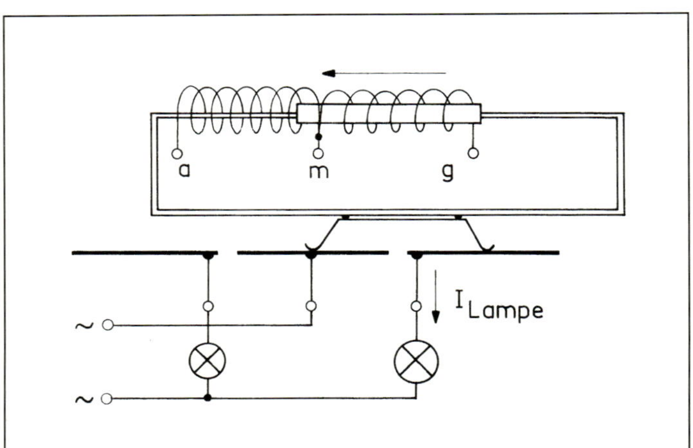

Rückmeldung an den Fahrdienstleiter

Nicht immer kann man die Stellung der Weichenzungen sehen. Man braucht – gerade beim Schattenbahnhof – eine Anzeige am Stellpult, die die Weichenstellung angibt.

Die einfachste Möglichkeit, bei endabgeschalteten Antrieben statt Taster Schiebeschalter zu verwenden, wurde bereits genannt. Dies ist aber keine echte Rückmeldung, sondern allenfalls eine Gedächtnisstütze. Eine Rückmeldung muß stets von der Weiche selbst ausgehen. Sie muß mitteilen, daß sie den Befehl, in eine andere Stellung zu gehen, richtig ausgeführt hat. Hierfür wäre ein weiterer Wechselschalter im Weichenantrieb notwendig, der je nach erreichter Endstellung die eine oder andere Lampe an Spannung legt – oder auch nicht, wenn er aus irgendwelchen Gründen nicht richtig geschaltet hat. Dieser Komfort kostet allerdings pro Weiche zwei weitere Anschlußkabel zum Stellpult – ein Aufwand, den man gerade bei größeren Anlagen nicht unterschätzen sollte.

Eine einfache Möglichkeit der Rückmeldung ohne Mehraufwand an Kabelverlegung ergibt sich, wenn man hierzu den Spulenendschalter mitbenutzt. Die beleuchteten Schalter des Arnold-Gleisbildstellwerkes funktionieren nach diesem Prinzip. Nach Erreichen einer neuen Endstellung schaltet die Endabschaltung diese Spule ab, die andere nicht – sie soll ja bereit sein für die nächste Umschaltung zurück. Über diese andere Spule kann man dauernd den Strom einer kleinen Lampe schicken. Dieser Strom ist so klein, daß er den Weichenantrieb weder umschaltet noch erwärmt.

Als Anzeigelämpchen lassen sich 14- bis 16-Volt-Birnchen mit kleiner Stromaufnahme (20...40 mA) verwenden. Wird die Weiche umgelegt, so überbrückt der Taster die Anzeigelampe (die ja für die entgegengesetzte Stellung gilt!). Der Anker löst sich, öffnet den vorher offenen Abschaltkontakt, huscht in die entgegengesetzte Endstellung und öffnet den anderen Endabschaltkontakt. Nun brennt nur noch die andere Lampe, die vorher dunkel war. Wenn der Antrieb seine Endlage nicht erreicht und beide Endabschalter geschlossen bleiben, leuchten auch beide Anzeigelämpchen auf – ein sicheres Alarmsignal.

Will man Modell-Lichtsignale mit der Weichenstellung koppeln, so läßt sich das leicht realisieren, indem man die Signalbirnchen oder Leuchtdioden des betreffenden Signals elektrisch parallel zu den Anzeigelämpchen schaltet. Deren Strom ist ebenfalls so gering, daß er den Weichenspulen nichts anhaben kann.

Der Arnold-Katalog erweckt den Eindruck, als wären bei dieser Methode echte, zusätzliche Rückmeldekontakte im Weichenantrieb vorhanden. Dies ist natürlich nicht der Fall. Man kann mit dieser Methode allenfalls eine Anzeige realisieren, doch weitere Schaltfunktionen, so z. B. das Ansteuern weiterer Weichen oder An- und Abschalten von Gleisabschnitten lassen sich dabei nicht erreichen.

Die Tabelle 4.2 stellt die am meisten verbreiteten Doppelspulenweichenantriebe zusammen und vergleicht ihre Eigenschaften.

Zugbeeinflussung durch Signale

Dieser Begriff taucht in fast allen Katalogen auf, wenn Formsignale vorgestellt werden.

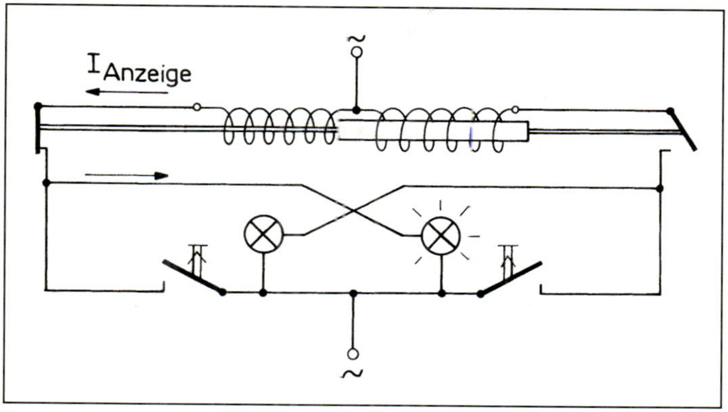

Abb. 4.12 Weichenrückmeldung mit Hilfe der Endabschalter

Wenn das Signal auf Halt steht, trennt es automatisch einen beliebigen Gleisabschnitt vor dem Signal vom Fahrstromkreis ab, und eine heranfahrende Lok bleibt stehen. Das Prinzip ähnelt in etwa dem der Stoppweichen, wobei hier nur ein Schließkontakt – abhängig von der Ankerstellung des Antriebes – bedient wird. Neben den drei Anschlüssen für den Doppelspulenantrieb gibt es noch zwei weitere für den Anschluß der Unterbrechungsstelle sowie einen zum Anschluß der Signallampe, die beim Formsignal von einer roten oder grünen Blende bedeckt wird.

Die meisten Lichtsignale besitzen keinen Doppelspulenantrieb, denn dort gibt es

Tabelle 4.2 Elektroweichen verschiedener Modellbahn-Hersteller

Hersteller	*Endabschaltung*	*Stoppfunktion*	*Schaltkontakte*
Arnold	+	+	–
Minitrix	+	abschaltbar	–
Roco (neu)	+	–	–
Trix Express	–	–	zum Teil
Fleischmann	+	abschaltbar	–
Conrad	+	–	+
Märklin K	+	–	–
Märklin Blech	–	–	–
LGB (alt)	–	–	–
Peco	–	–	nur mit Zusatz!
Repa	–	–	+

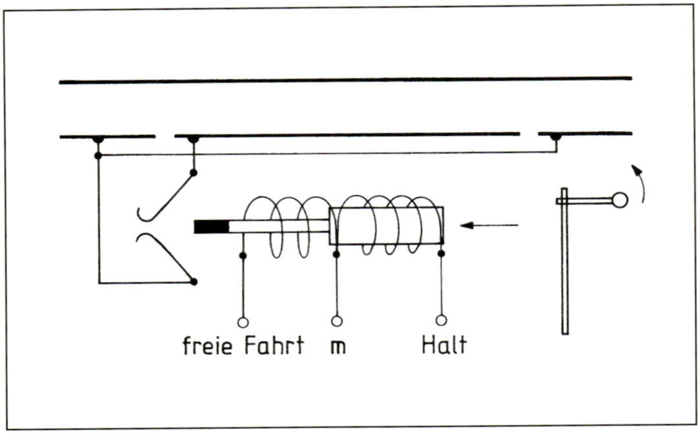

Abb. 4.13
Die Elektrotechnik eines Formsignals mit Zugbeeinflussung

ja mechanisch nichts zu bewegen. Die verschiedenfarbigen Signallampen müssen vielmehr mit Wechselschaltern an Stelle von Wechseltastern angesteuert werden. Die Zugbeeinflussung läßt sich dabei relativ einfach dadurch realisieren, daß man zweipolige Wechselschalter verwendet und bei Grün den elektrisch isolierten Gleisabschnitt vor dem Signal mit Fahrspannung versorgt.

Nur Märklin steuert seine Lichtsignale mit Doppelspulenantrieben und entsprechenden Umschaltkontakten an. Das hat den Vorteil, daß sich Lichtsignale wie Formsignale verhalten und mit den Impulsen eines fahrenden Zuges angesteuert werden können.

Weichenstellen im Langsamgang

Eine elektrisch betriebene Weiche des großen Vorbildes ändert ihre Stellung nicht im Bruchteil einer Sekunde mit einem heftigen Klack. Die Weichenzungen werden durch einen elektrischen Motor langsam (man zähle 21, 22, Schluß) verschoben. Mit einem Doppelspulenantrieb ließe sich die notwendige Kraft gar nicht aufbringen. Motorische Weichenantriebe erfreuen sich bei den Individualisten unter den Modellbahnern steigender Beliebtheit. Besonders bei Kleinstanlagen sollen sich schließlich die wenigen Weichen auch in ihrem Bewegungsablauf möglichst vorbildgetreu verhalten. Motorische Weichenantriebe haben auch den elektrotechnischen Vorteil, daß der Trafo nicht durch hohe, plötzliche Schaltströme wie beim Doppelspulenantrieb belastet wird.

Bei den motorischen Weichenantrieben, wie sie z. B. von Bemo und Fulgurex angeboten werden, verschiebt ein Gleichstrommotor mit einem Schneckengetriebe eine Gewindezahnstange, die über eine Drahtstange mit den Weichenzungen zu verbinden ist. Eine Endabschaltung schaltet den Motor selbstverständlich ab, wenn die gewünschte Verschiebung erreicht ist. Darüber hinaus verfügen diese Weichenantriebe über weitere frei verwendbare Wechselschalter, z. B. für Herzstückpolarisierung, Stoppgleisfunktion und vieles andere. Der Weichenmotor entspricht

Abb. 4.14
Zugbeeinflussung beim Lichtsignal mit Hilfe eines zweipoligen Schiebeschalters

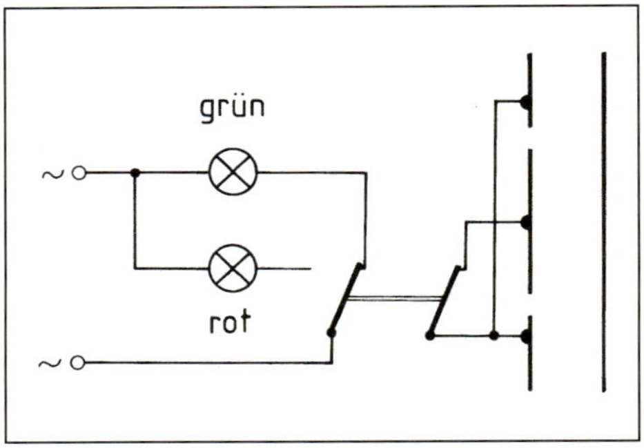

Abb. 4.15
Der Weichenmotor im Großbetrieb

nach Bauart und Größe in etwa einem Gleichstrom-Lokmotor. Er braucht ebenfalls Gleichstrom und kann vom Transformator-Wechselstromausgang nur über gleichrichtende Dioden versorgt werden (siehe zu den Dioden das nächste Kapitel).

Der motorische Weichenantrieb besitzt nur zwei Anschlußklemmen. Das Umlegen der Weichen erfolgt durch Umpolen des ankommenden Gleichstroms – genauso wie der Fahrtrichtungswechsel beim Gleichstrom-Lokmotor. Mit zwei Dioden kann man die üblichen Modellbahn-Stellpulte, d. h. zwei Taster zum Ansteuern des Weichenmotors verwenden. Die Dioden müssen unterschiedlich gepolt sein, so daß je nach Tastendruck die positive Halbwelle der Wechselspannung an den Weichenmotor gelegt wird oder die negative Halbwelle.

Die Endabschalter werden durch geschickte Diodenschaltungen so überlistet, daß der Antrieb nur in die entgegengesetzte Stellung loslaufen kann. Das technische Innenleben eines Weichenantriebes zeigt Abb. 4.16.

Was die Mechanik angeht, so läßt sich der motorische Weichenantrieb nicht „einfach anstecken", wie dies bei normalen Doppelspulenantrieben der Fall ist. Unterflureinbau ist bei seinen Abmessungen selbstverständlich.

Ein neuer Dreh für die Gartenbahn

Unter den Namen EPL gibt es seit kurzem bei der LGB einen neuen Weichenantrieb, der wie ein Weichenmotor angesteuert werden muß, also mit je nach Schaltrichtung unterschiedlich gepoltem Gleichstrom. Die Mechanik ist dabei so ausgelegt, daß sich der Anker nur eine knappe halbe Umdrehung zu drehen braucht, um über Zahnrad und Zahnstange den notwendigen Verstellweg der Weichenzungen zu erzielen. Dabei kann man, im Gegensatz zum normalen Gleichstrommotor, den Dauermagnet drehbar lagern, und die Spule kann stillstehen. Wenn man durch Umpolen des Spulenstromes die Richtung des Magnetfeldes ändert, dreht sich auch der dauermagnetische Anker um. Führt die Spule keinen Strom, so hält dessen Magnetfeld den Anker wie mit einer Feder in der augenblicklichen Stellung fest.

Der EPL (Elektrisch Polarisierter Linearantrieb) ist dank geringer Stromaufnahme (250 mA) dauerstromfest. Die Ansteuerung kann wie beim Weichenmotor in Abb. 4.16 mit zwei Dioden erfolgen; man braucht nicht gleich das teuere LGB-„Spezialstellpult" zu kaufen.

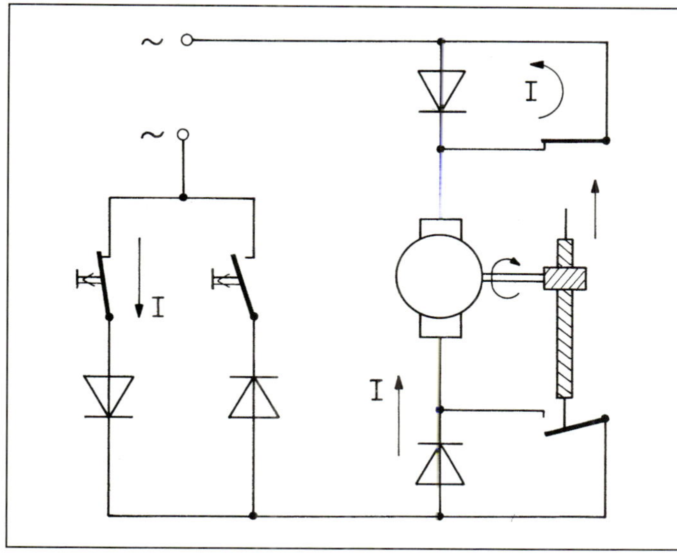

Abb. 4.16 Die elektrische Schaltung eines motorischen Weichenantriebes

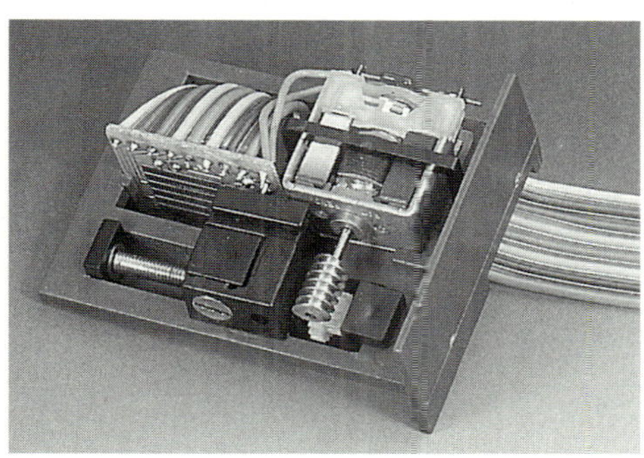

Abb. 4.17 Das Innere eines Pilz-Antriebes für H0-Weichen, der auch für N-Weichen brauchbar ist

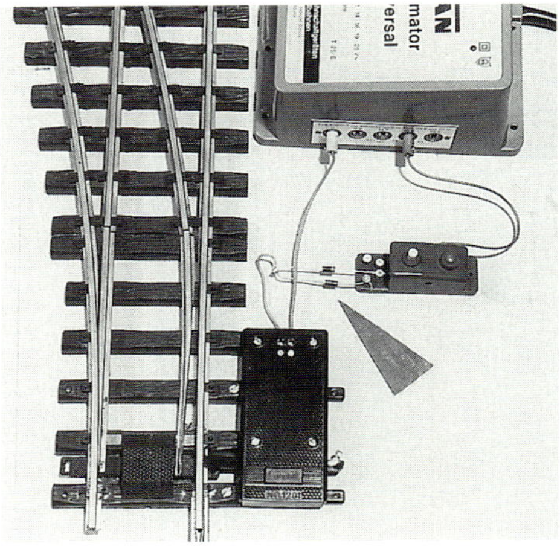

Abb. 4.18
Mit zwei Dioden (Pfeil) läßt sich für weniger als 50 Pfennige der EPL mit jedem beliebigen Weichenstellpult bedienen

Sollte sich der EPL bei kleinen Spurweiten durchsetzen, dann allenfalls als Unterfluranantrieb, da eine extrem schlanke und flache Ausführung nicht möglich sein wird.

Auf drei Wegen

Bisher wurden nur einfache Weichen betrachtet. Die mechanisch wesentlich komplizierteren Doppelkreuzungsweichen (DKW) verhalten sich elektrisch ganz genauso. Sie sind auch nur mit einem einzigen Doppelspulenantrieb ausgestattet. Ein wenig anders verhält es sich mit den symmetrischen Dreiwegweichen, die über zwei Doppelspulenantriebe verfügen. Von der Stellung links abbiegen kann man nicht direkt in die Stellung rechts abbiegen überwechseln. Dazwischen muß erst die Stellung geradeaus eingeschaltet werden, um Zungensalat zu vermeiden. Ein typischer Fall, wo Rückmeldung nottut.

Eine Besonderheit stellen Formsignale mit zwei Signalflügeln dar, die die Stellung Halt, Freie Fahrt und Langsamfahrt annehmen können. Dazu benötigen sie einen Dreispulenantrieb, wobei die dritte Spule den unteren, bei „Halt" senkrecht stehenden Signalflügel ansteuert. Ihr Anker ist mit dem Anker der benachbarten Doppelspule nicht fest verbunden, drückt diesen aber weg, so daß sich der obere Flügel ebenfalls bewegt. Bei „Halt"-Befehl schiebt der Doppelspulenanker den Anker der dritten Spule in die Ausgangsstellung zurück.

Abb. 4.19
Der Antrieb eines Signals mit zwei ungekoppelten Flügeln

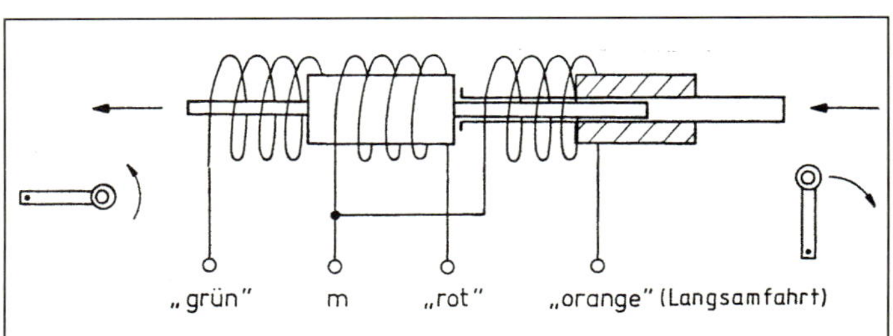

Zusammenfassung

Die meisten Signale und Weichen besitzen einen Doppelspulenantrieb, bei dem der bewegliche Anker zwischen zwei Spulen hin- und her bewegt wird. Wegen der hohen Ströme müssen die Spulen rasch abgeschaltet werden, um ein Durchschmoren zu vermeiden. Viele Doppelspulenantriebe machen das automatisch durch Endabschaltung. Viele Weichen und ihre Antriebe ermöglichen weitere Schaltfunktionen zum Abschalten von Gleisabschnitten, zur Verbesserung der Stromabnahme und zur Rückmeldung der Weichenstellung an das Stellpult. Weichen und Signalflügel lassen sich auch mit Elektromotoren über Gewindestangen vorbildgetreu langsam bewegen. Sie belasten den Trafo weit weniger als die Stromstöße der Doppelspulenantriebe, sind aber mechanisch schwieriger einzubauen. Lichtsignale sind technisch viel unkomplizierter als Formsignale, denn man braucht nur die richtigen Lampen ein- und umzuschalten. Eine Zugbeeinflussung kann allerdings nur über entsprechende Schalter vom Stellpult aus erfolgen.

5 Elektronisch: Dioden

Mit der Vorstellung des Bauelementes Diode wird das Gebiet der klassischen Elektrotechnik verlassen, denn die „Einkristall-Halbleiterdiode" – so die genaue Bezeichnung – ist ein elektronisches Bauelement. Es stellt für alle mit Gleichstrom betriebenen Bahnen ein unverzichtbares Element dar, das in großer Zahl verwendet wird. Seine wichtigste Funktion für die Modellbahn liegt in der Erzeugung von Gleichspannung aus Wechselspannung. Die großen Vorzüge des Gleichstromfahrbetriebes können erst mit Hilfe von Dioden genutzt werden, der Umgang mit ihnen sollte deshalb jedem Modellbahner vertraut sein.

Die Diode als elektronischer Schalter

Auf eine eingehende Erklärung des Stromflußmechanismus in Halbleitermaterialien soll im Rahmen dieser Einführung verzichtet werden. Er ist im Band „Modellbahn–Elektronik" der Reihe „Alba-Modellbahn-Praxis" ausführlich dargestellt, hier soll nur ihr Verhalten beschrieben werden.

Die Diode wirkt wie ein Ventil. Die grundlegende Eigenschaft, die sie von allen anderen bisher vorgestellten Bauelementen unterscheidet, ist die Abhängigkeit ihrer elektrischen Kennwerte von der Strom- bzw. Spannungsrichtung. Ihr Widerstand ist in erster Näherung null oder unendlich, bestimmt durch die Strom- bzw. Spannungsrichtung, man kann die Diode also als Schalter verstehen. Ist die Spannung U_d an der Diode größer als Null, d. h. der mit A (Anode) bezeichnete Anschluß gegenüber dem mit K (Kathode) bezeichneten positiv, wird der Schalter geschlossen, $U_d = 0$, es fließt ein Strom $I = U/R$. Wird die Spannungsquelle umgepolt, gilt $U_d = -U$, der Schalter öffnet, also gilt $I = 0$.

Auf den mit Gleichstrom betriebenen Modellbahnen gibt es eine eindeutige Zuordnung zwischen der Polarität der Fahrspannung und der Fahrtrichtung (vgl. Abb. 2.7). Mit Hilfe von Dioden ist deshalb eine einfache fahrtrichtungsabhängige Zugbeeinflussung möglich, sie soll am Beispiel des automatischen Haltens von Zügen vor Halt zeigenden Signalen erläutert werden.

Formsignale (Flügelsignale) werden durch einen elektromagnetischen Doppelspulenantrieb bewegt, der auch den Schalter S betätigt.

Er ist bei geschlossenem Signal geöffnet, in Fahrtstellung des Signals geschlossen. In Höhe des Signalstandortes ist die rechte Fahrschiene (vgl. Abb. 2.8) für ca. 30 cm durch zwei Trennstellen isoliert. Dieser Ab-

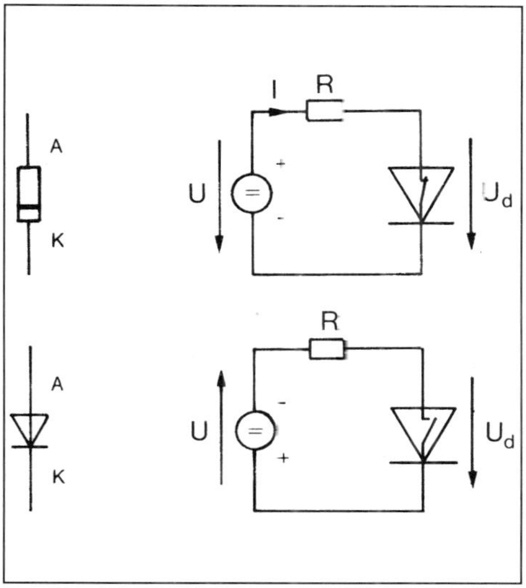

Abb. 5.1 Bauform, Schaltzeichen und einfaches Ersatzschaltbild (Schalter) einer Diode

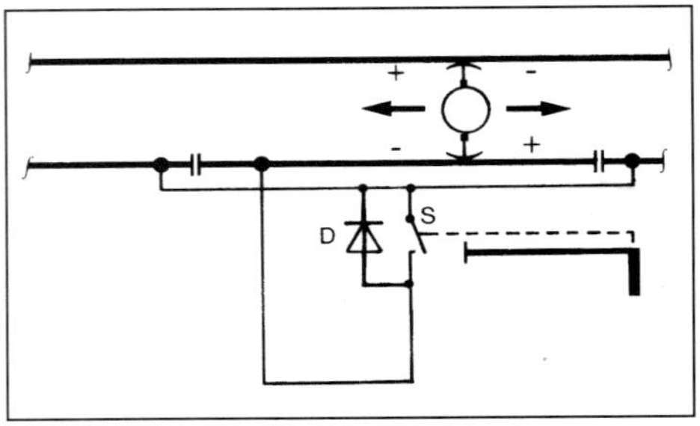

Abb. 5.2 Fahrtrichtungsabhängige Zugbeeinflussung vor einem Signal

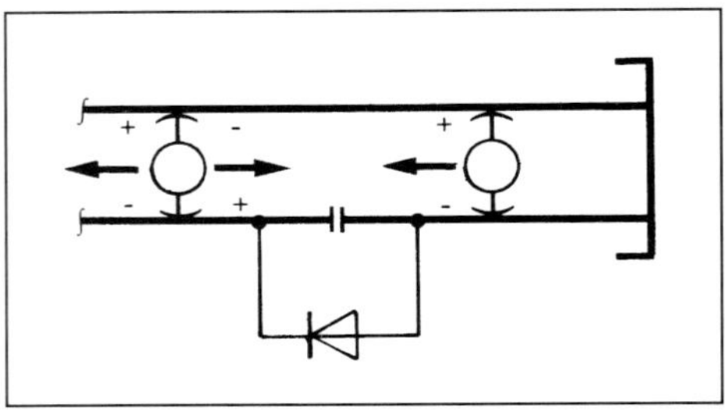

Abb. 5.3 Stumpfgleis- oder Prellbocksicherung

schnitt ist bei geschlossenem Signal (S offen) spannungslos, so daß ein Fahrzeug selbsttätig anhält, sobald es vollständig in diesen Abschnitt eingefahren ist.

Leider geschieht das gleiche, wenn sich der Zug dem Signal aus der Fahrtrichtung nähert, für die es keine Gültigkeit besitzt, in obiger Abbildung ist das die Fahrt von rechts nach links. Auf einfache Art und Weise schafft hier die Diode D Abhilfe. Sie überbrückt automatisch den Schalter S, da der Diodenstrom an dem geöffneten Schalter vorbeifließen kann. In der Gegenrichtung, Fahrt von links nach rechts, ist dagegen die Fahrspannung so gepolt, daß sie als Sperrspannung anliegt, Schalter und Diode sind stromlos und damit auch der isolierte Gleisabschnitt. Man kann die Diode unmittelbar am Signalschalter befestigen, aber auch eine der Trennstellen am Gleis damit überbrücken.

So einfach und elegant die Schaltung ist, so weist sie doch bedauerlicherweise einen Schönheitsfehler auf: Wird die Fahrspannung umgepolt, um einen anderen Zug in Betrieb zu setzen, wird auch der im Halteabschnitt vor dem Signal abgestellte in Gegenrichtung davonfahren. Kann diese Situation im Betriebsablauf auftreten, ist auf die Schaltung zurückzugreifen, wie sie auch bei Wechselstrombetrieb verwendet wird (s. S. 87).

Ersetzt man in der Schaltung nach Abb. 5.2 den Schalter S durch einen Widerstand, erhält man die um die Diode D erweiterte Schaltung nach Abb. 1.13. Sie diente zur Verringerung der Fahrgeschwindigkeit, beispielsweise in Gefällestrecken. Mit Hilfe der Diode ist es nun möglich, auf eingleisigen Strecken bergauf mit voller Spannung zu fahren, während bei Talfahrt Spannung und Geschwindigkeit automatisch reduziert werden.

Für die mit Wechselstrom betriebenen Fahrzeuge ist der Aufwand für die Schaltungen zur fahrtrichtungsabhängigen Zugbeeinflussung sehr viel größer (vgl. Abb. 8.24). Eine weitere einfache Schaltung für Gleichstrombahnen zeigt Abb. 5.3. Sie wirkt auf Stumpfgleisen wie ein elektrischer Prellbock. Sie läßt nämlich im Gleisabschnitt zwischen (wirklichem) Prellbock und Trennstelle nur die Fahrt in der Richtung zu, die vom Prellbock weg führt. Man kann dieser Abbildung auch entnehmen, daß unter den getroffenen Vereinbarungen ein einfacher Zusammenhang zwischen Fahrtrichtung und Polung der Diode besteht: Ihr Schaltsymbol zeigt in Fahrtrichtung!

Die Beleuchtung der mit Gleichstrom betriebenen Fahrzeuge wechselt oft automatisch mit der Fahrtrichtung; wo dies nicht der Fall

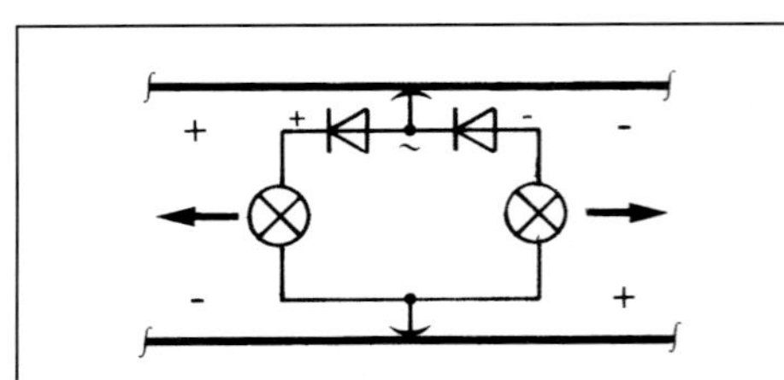

Abb. 5.4 Schaltung zur fahrtrichtungsabhängigen Spitzenbeleuchtung von Triebfahrzeugen und Steuerwagen

sein sollte, kann man mit einfachen Mitteln dies nachträglich einbauen. Die beiden dazu benötigten Dioden sind oft zu einem Bauelement zusammengefaßt, dessen drei Anschlüsse die Bezeichnungen wie in Abb. 5.4 tragen. Die Schaltung wird als Mittelpunktschaltung bezeichnet, ein aus einem Großserienfahrzeug ausgebautes Element findet man auch in Abb. 5.5, die eine Auswahl von Dioden bzw. Gleichrichtern für die Modellbahn zeigt.

Ein Anwendungsgebiet der Dioden, das sich nicht nur auf Gleichstrombahnen beschränkt, ist Reduzierung der Fahrspannung auf dem Fahrzeug selbst. Bei Betrieb mit fester Fahrspannung, wie er auf Anlagen mit automatischem Betrieb üblich ist, wirkt die stark unterschiedliche Geschwindigkeit zweier Lokomotiven bei gleicher Spannung sehr störend. Abhilfe könnte hier der Einbau eines Vorwiderstandes R bringen, er ist jedoch für die erforderliche Leistung (ca. 1–2 W) relativ groß. Zudem ist die wirksame Spannungsabsenkung lastabhängig ($U = R \cdot I$). Besser geeignet erscheinen deshalb Dioden, die diese Abhängigkeit (fast) nicht aufweisen. Um dies verstehen zu können, ist das Ersatzschaltbild der Diode etwas genauer zu bestimmen.

Legt man an eine Reihenschaltung, die aus einer Diode und einem Widerstand R zur Strombegrenzung besteht, eine veränderliche Gleichspannung U und mißt jeweils den Strom I und den Spannungsabfall U_d an der Diode, erhält man die in der Abb. 5.6 unten angegebene Kennlinie. Ihr Verlauf entspricht für negative Spannungen ($U_d < 0$) dem bekannten Verhalten eines Schalters, denn unabhängig von der Spannung gilt: $I = 0$. Bei positiver Spannung läßt sich jedoch ein Effekt feststellen, der bisher nicht bekannt war. Wäre die Diode ein idealer Schalter, so müßte dieser, falls U_d größer als Null wird, schließen, und der Strom könnte keinen Spannungsabfall U_d bewirken. In Wirklichkeit aber beginnt der Strom erst zu fließen, wenn die Spannung ungefähr 0,5 V erreicht hat, steigt dann aber sehr steil an. Dieser steile Anstieg der Kennlinie bedeutet andererseits, daß der Spannungsabfall an einer Diode näherungsweise unabhängig vom Strom ist.

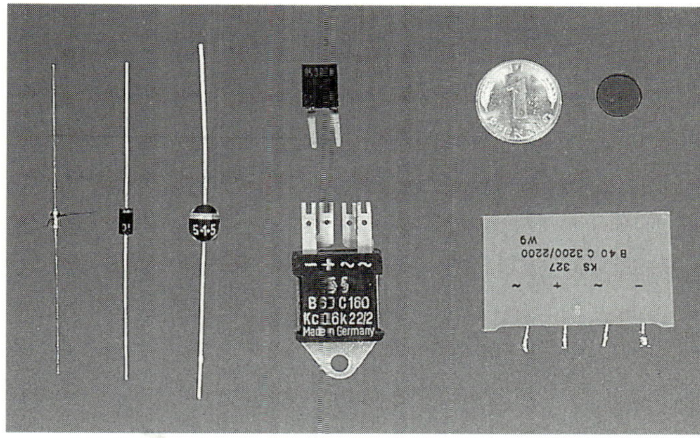

Abb. 5.5 Dioden und Gleichrichter

Die als Durchlaß-(oder Diffusions-)spannung bezeichnete Größe U_D ist einer der drei wichtigen Kennwerte einer Diode. Ihr Wert beträgt für die bei der Modellbahn aus-

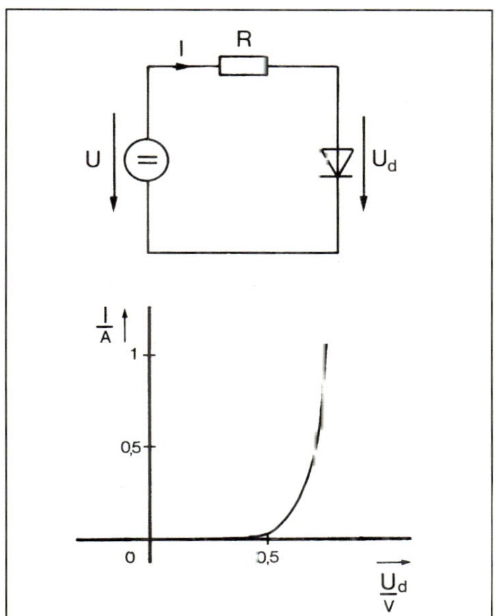

Abb. 5.6 Kennlinie und Schaltung zur Aufnahme der Diodenkennlinie

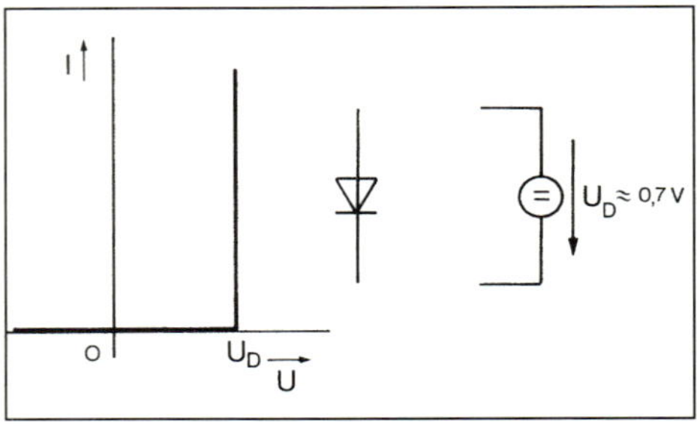

Abb. 5.7
Kennlinie und Ersatzschaltbild der Diode (Näherung)

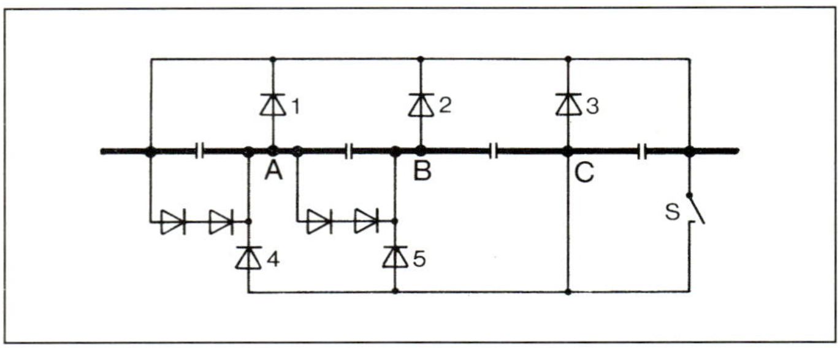

Abb. 5.8
Stufenweise Absenkung der Fahrspannung mit Dioden

schließlich verwendeten Siliziumdioden 0,5...0,8 V. Ein weiterer Kennwert ist der des zulässigen Durchlaßstromes I, denn die in der Diode auftretenden Verluste

$$P_v = U_D \cdot I$$

dürfen bestimmte, für den jeweiligen Typ gültige Werte nicht überschreiten, soll eine zu starke Erwärmung und damit die Zerstörung des Bauelementes vermieden werden. Schließlich bleibt die Spannung zu nennen, die in Sperrichtung höchstens anliegen darf, ohne den Durchschlag des Halbleiters zu bewirken, sie wird als zulässige Sperrspannung bezeichnet. Aus den Angebotslisten sind die Dioden entsprechend der erforderlichen Sperrspannung (100 V oder höher) und der zulässigen Stromstärke auszusuchen.

An Dioden und Widerständen fällt also eine Spannung ab, wenn sie von einem Strom durchflossen werden. Beim ohmschen Widerstand R ist der Spannungsabfall vom Strom I abhängig: $U = R \cdot I$, die Richtung des Stromes ist dabei bedeutungslos. Dagegen tritt bei der Diode nur in Durchlaßrichtung ein näherungsweise stromunabhängiger Spannungsabfall $U = U_D = 0{,}7$ V auf, in Sperrichtung wirkt die Diode wie eine Unterbrechung. Bei gleichem Strom und Spannungsabfall sind die Verlustleistungen in beiden Bauelementen natürlich gleich groß.

Schaltet man mehrere Dioden in Reihe, so vervielfacht sich der resultierende Spannungsabfall, an einer Reihenschaltung von z. B. vier Dioden fallen

$$U = 4 \cdot U_D = 4 \cdot 0{,}7\ \text{V} = 2{,}8\ \text{V}$$

ab. Man kann dies ausnutzen, um die Spannung vor dem Gleisabschnitt, der bei einem Halt zeigenden Signal spannungslos geschaltet ist, stufenweise abzusenken. In Abb. 5.8 ist die zugehörige Schaltung dargestellt, die in Fahrtrichtung links liegende, als gemeinsamer Rückleiter dienende Schiene ist der Übersichtlichkeit halber nicht dargestellt. Vor dem eigentlichen Halteabschnitt C sind zwei weitere Trennstrecken A und B einge-

Abb. 5.9
Die nach obigem Plan aufgebaute Schaltung vor einem „ortsbedienten" Hauptsignal

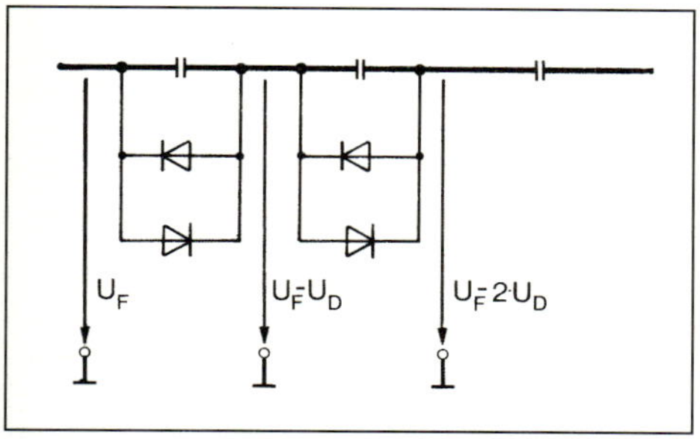

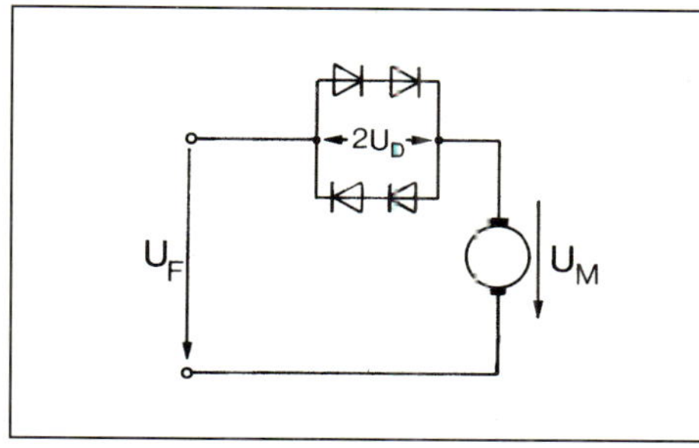

Abb. 5.10 Spannungsabsenkung durch antiparallele Dioden bei Wechselstromspeisung

Abb. 5.11 Spannungsabsenkung am Fahrmotor: $U_M = U_F - 2 \cdot U_D$.

fügt. Die erste Trennstrecke wird bei geöffnetem Signalschalter S mit der Spannung

$U_A = U_F - 2 \cdot U_D = U_F - 1{,}4$ V

versorgt. Mit dieser Spannung abzüglich zweier weiterer Durchlaßspannungen U_D wird der Abschnitt B gespeist:

$U_B = U_A - 2 \cdot U_D = U_F - 2{,}8$ V.

Bei einer Fahrspannung von z. B. 7 V wären dies noch $U_B = 4{,}2$ V. Die Dioden 1, 2 und 3 haben die Aufgabe, bei Fahrt in Gegenrichtung die Gleisabschnitte mit der nur geringfügig abgesenkten Spannung $U_F = 0{,}7$ V zu versorgen. Die Dioden 4 und 5 verhindern, daß bei Fahrt zeigendem Signal (S geschlossen) die stufenweise Spannungsabsenkung wirksam ist.

In Gefällestrecken unterschiedlicher Neigung kann man vom gleichen Prinzip Gebrauch machen. Ist die Fahrspannung eine Wechselspannung, ist jede Diode durch eine antiparallel geschaltete zu ergänzen, die Richtungsabhängigkeit entfällt (Abb. 5.10).

Es bereitet keine Schwierigkeiten, die gesamte Schaltung unter der Oberfläche verschwinden zu lassen.

Wie schon erwähnt, kann man den Durchlaßeffekt der Dioden auch nutzen, um unterschiedliche Fahrgeschwindigkeiten von Lokomotiven einander anzugleichen. Hierzu sind auch bei Gleichstromanwendungen Dioden antiparallel geschaltet zu verwenden, es sei denn, man möchte die Absenkung der Motorspannung fahrtrichtungsabhängig machen.

Leider lassen sich keine allgemeingültigen Regeln für die Auslegung der Schaltungen, die Zahl der in Reihe zu schaltenden Dioden geben. Wie bei der Anwendung von Vorwiderständen ist man auch hier auf Versuche mit den zum Einsatz kommenden Fahrzeugen angewiesen.

Dioden in Wechselstromkreisen

Wie eingangs bereits erwähnt, liegt das Haupteinsatzgebiet der Dioden in der Verwendung als Gleichrichter für Wechselspannungen. Die Abb. 5.12 zeigt die einfachste Gleichrichterschaltung und den zeitlichen Verlauf von Wechselspannung u_W und gleichgerichteter Spannung u_d. Wenn die Wechselspannung größer als Null ist, leitet die Diode, ist sie negativ, sperrt sie. Es fließt dann kein Strom durch den Widerstand, der Spannungsabfall ist null. Die Spannung am Widerstand ist stets größer oder gleich Null, besitzt also nur eine Polarität und stellt demnach eine Gleichspannung dar. Sie unterscheidet sich aber von einer reinen Gleichspannung (Abb. 2.1a) denn sie ist zeitlich nicht konstant. Dies ist bei den Anwendungen in der Modellbahn-Elektrotechnik auch nicht erforderlich, im Abschnitt über die Fahrmotoren wird sogar gezeigt werden, daß ein Betrieb mit pulsierender Gleichspannung sich auf das Verhalten des Antriebs günstig auswirken kann.

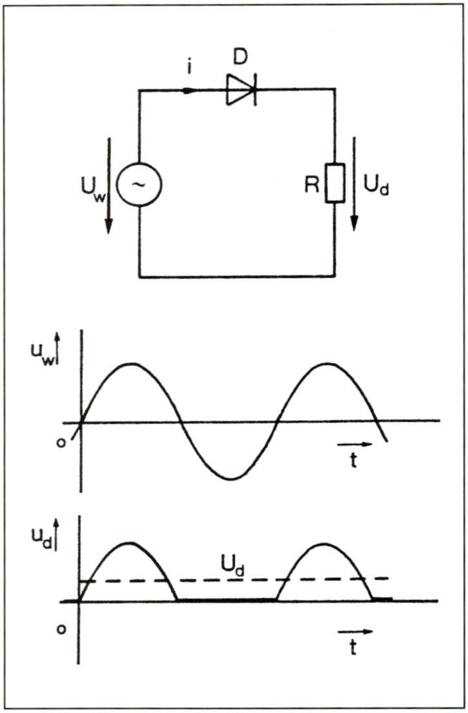

Abb. 5.12 Einweg-Gleichrichter: Schaltung und zeitlicher Verlauf der Spannungen (U_d = Mittelwert der gleichgerichteten Spannung)

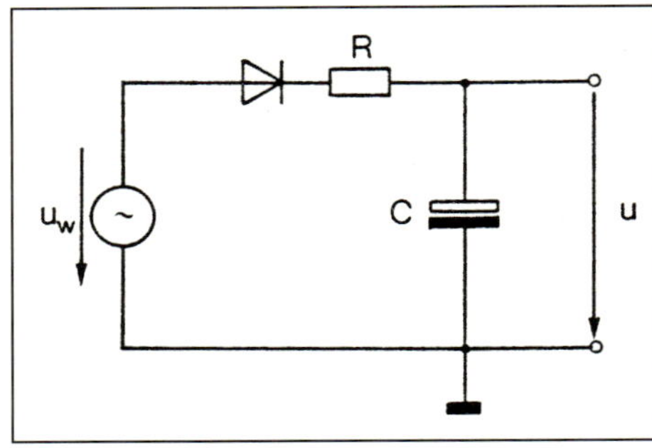

Abb. 5.13 Einweg-Gleichrichter zur Versorgung der Spulenschutzschaltung

Nachteilig an der als Einweg-Gleichrichter bezeichneten Schaltung ist die geringe Ausnutzung der Wechselspannung. Der Mittelwert U_d der gleichgerichteten Spannung beträgt lediglich

$$U_d = \frac{2}{\pi} U_w = 0{,}46\ U_w$$

(U_w: Effektivwert der Wechselspannung).

Man kann die Einweg-Gleichrichterschaltung benutzen, um die Schutzschaltung für Spulenantriebe (S. 38) zu versorgen.

Während der positiven Halbwelle der Wechselspannung wird der Kondensator auf deren Scheitelwert aufgeladen, im Idealfall ist nun der Mittelwert der gleichgerichteten Spannung

$$U_d = \sqrt{2}\ U_w.$$

Man kann die Durchlaßspannung U_D der Diode noch durch einen Abzug von 0,7 V berücksichtigen, für U_w = 14 V wäre dann

$$U_d = \sqrt{2} \cdot 14\ \text{V} - 0{,}7\ \text{V} = 19{,}2\ \text{V}.$$

Gegenüber der Einweg-Gleichrichterschaltung weist die Mittelpunktschaltung (Abb. 5.4 und 5.5) die doppelte Anzahl von Dioden auf. Ihr Verhalten soll an Hand der Abb. 5.14 vorgestellt werden. Ein Pol der Wechselspannungsquelle (Trafo) ist mit dem Eingang der Mittelpunktschaltung verbunden, deren Ausgänge einerseits mit entsprechend gepolten Elektrolytkondensatoren verbunden sind, andererseits aber auch die Ausgänge der Schaltung (P, N) bilden. Der Anschluß der anderen Pole der Elkos schließt die Stromkreise, die grundsätzlich nichts an-

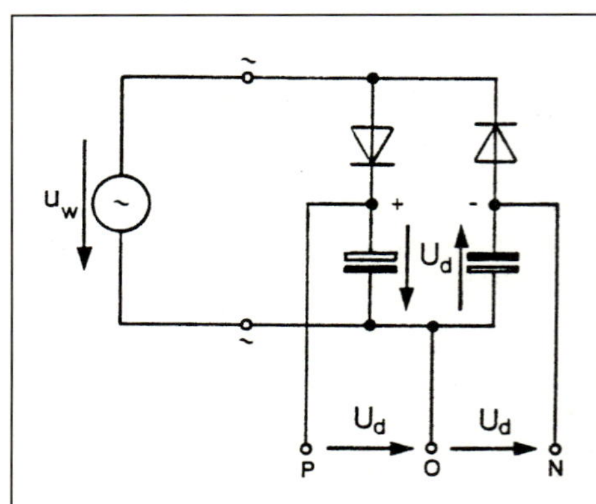

Abb. 5.14 Gleichrichter-Mittelpunktschaltung an Wechselspannung (bipolare Spannungsquelle)

deres als die bekannte Einweggleichrichtung darstellen.

Unter idealen Bedingungen werden beide Kondensatoren auf die Spannung $U_d = \sqrt{2}\, U_w$ aufgeladen, so daß sich zwischen den Punkten P und N der Schaltung eine Spannung U_{PN} von

$$U_{PN} = 2\, U_d = 2\sqrt{2}\, U_w$$

abgreifen läßt, damit hat sich die Ausgangsspannung, verglichen mit der Einweggleichrichtung, verdoppelt. Man nennt diese Schaltung deshalb auch Spannungsverdopplungsschaltung. Sie kann zur Erzeugung des Überspannungsimpulses für das Umschaltrelais von Wechselstromloks benutzt werden, wenn auf einer Anlage Gleich- und Wechselstromfahrzeuge fahren und die Versorgung nur aus einem Gleichstromfahrpult erfolgt. Auch Telex-Kupplungen (der Fa. Märklin) werden zuweilen in Gleichstromloks eingebaut, sie könnten ebenfalls aus der beschriebenen Schaltung versorgt werden.

Gleichstrombetrieb für Spulenantriebe

Die gleiche Schaltung kann auch in anderer Funktion gewinnbringend eingesetzt werden. Beim normalerweise üblichen Anschluß der Doppelspulenantriebe führen drei Kabel vom Stellpult zum Verbraucher (Abb. 5.15).

Solange der Taster durch Drücken einen der beiden Kontakte schließt, ist eine der Antriebsspulen mit der Wechselspannungsquelle verbunden, der Antrieb schaltet und legt eine Weiche um oder stellt ein Signal.

Hat man auf der Anlage einen gemeinsamen Rückleiter eingeführt, entfällt prinzipiell einer der drei Leiter (b). Mit Einsatz der Schaltung nach Abb. 5.14 kann ein weiterer Leiter entfallen (c), dazu muß jedoch vor jede Spule eine Diode geschaltet werden. Wird der Taster betätigt, schließt er die Klemme P an die Leitung zum Antrieb an. Es wird nur die Spule p ansprechen, denn der Punkt P besitzt gegen Null (Masse) eine positive Spannung U_d. Der Punkt N dagegen ist gegenüber dem gemeinsamen Rückleiter negativ ($-U_d$), so daß bei Schließen des Kontaktes N die Spule n anspricht.

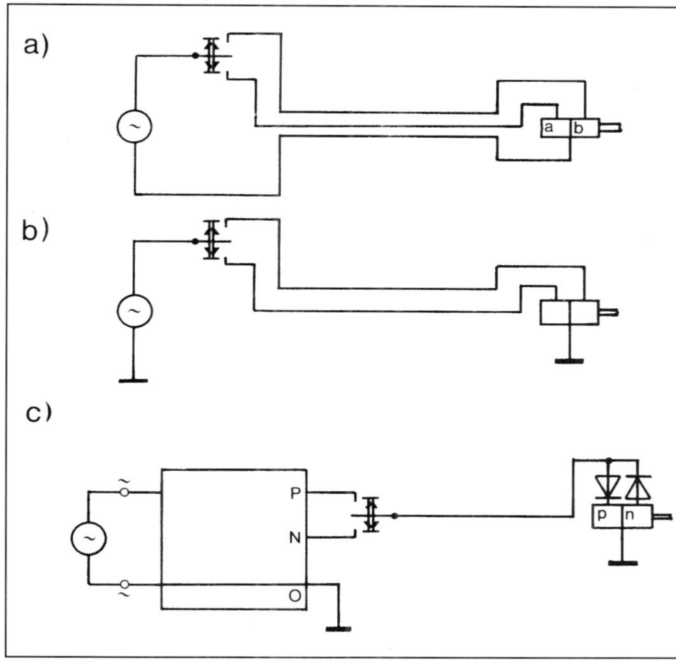

Abb. 5.15 Anschluß von Doppelspulenantrieben

Es ist also möglich, mit nur einer Zuleitung einen Doppelspulenantrieb zu stellen. Man kann so etliche Meter Leitung sparen, hat allerdings zusätzlichen Aufwand an Dioden am Antrieb, vom Preis her entsprechen etwa 2 m Kabel den beiden Dioden. Schließlich trägt die Maßnahme noch ganz erheblich dazu bei, den Drahtverhau unter der Anlagenoberfläche klein zu halten und den Arbeitsaufwand bei Bau und Fehlersuche zu verringern. Fügt man in die Schaltung noch einen Widerstand zwischen Wechselspannungsquelle und dem ~-Pol des Gleichrichters ein, erhält man gleichzeitig die Schutzschaltung nach Abb. 3.20, die eine Überlastung der Spulen sicher verhindert.

Für die Auslegung der Schaltung ist die Belastung maßgeblich. Bei kleinen Spulenantrie-

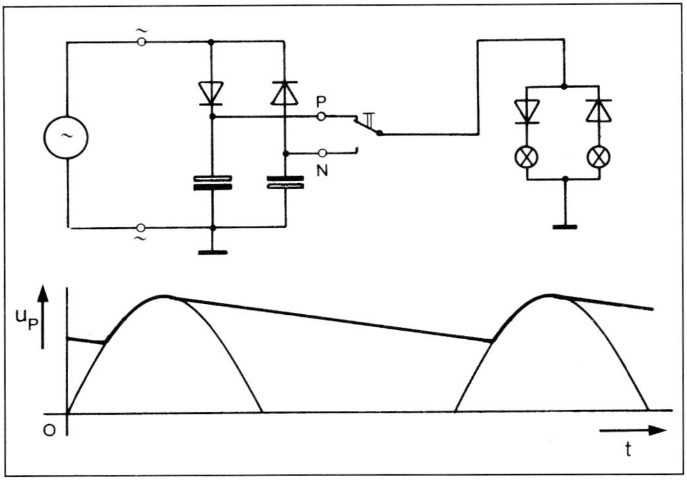

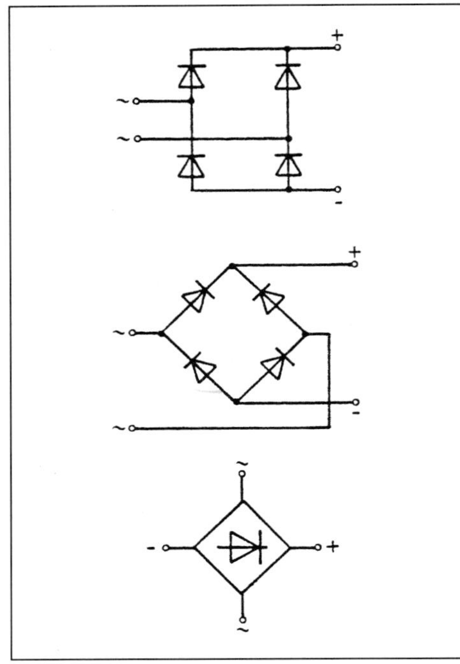

Abb. 5.16: Anschluß eines Lichtsignals bei einpoliger Leitungsführung

Abb. 5.17: Gleichrichter in Brückenschaltung: zwei der zahlreichen Schaltbildvarianten und Schaltsymbol

Abb. 5.18: Brückenschaltung: Leitschema der Dioden und zeitlicher Verlauf der Spannungen

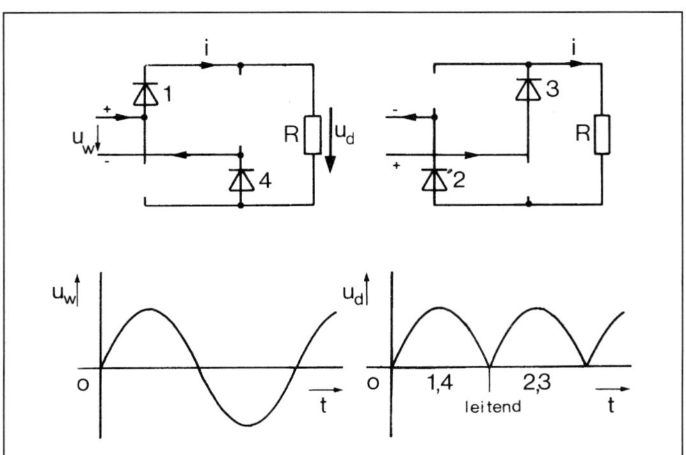

ben mit geringem Energiebedarf genügt die in einem Elektrolytkondensator von 1000 µF gespeicherte Energie, um den Antrieb sicherzustellen. Hier ist ein relativ großer Vorwiderstand (180 Ω) erforderlich, da solche Antriebe nur geringe Dauerströme vertragen. Sind mehrere solcher Antriebe parallelgeschaltet (Weichenstraßen) oder handelt es sich um einen Antrieb für große Spurweiten, muß der Kondensator größer gewählt werden (bis zu 4700 µF). Der Schutzwiderstand kann gleichzeitig niederohmiger gemacht werden (47 Ω), so daß für beide RC-Glieder in etwa gleiche Zeitkonstanten wirksam sind. Mit Hilfe von Leuchtdioden kann die Schaltung noch mit einer Anzeige versehen werden, die ihre Betriebsbereitschaft signalisiert (s. S. 121).

Die Zahl der Leitungen läßt sich natürlich auch beim Anschluß von Verbrauchern verringern, die dauernd mit der Spannungsquelle verbunden sind wie etwa die

Glühlampen eines Lichtsignals. Die Kondensatoren entladen sich dabei über die Glühlampen, wenn der Augenblickswert der Wechselspannung kleiner als die Kondensatorspannung ist. Damit wird auch der Mittelwert U_d der gleichgerichteten Spannung kleiner, im Grenzfall kann man die Kondensatoren sogar vollkommen weglassen und erhält damit vielleicht eine vorbildgetreue Leuchtstärke der Signallampen. Der Spannungsverlauf entspricht dann dem in Abb. 5.12 angegebenen (Halbwellenbetrieb).

Häufiger als die bisher vorgestellten Gleichrichterschaltungen wird die sogenannte Brücken-(Grätz-)Schaltung verwendet, die aus vier Dioden gebildet wird.

Die Brückenschaltung ist ein Zweiweggleichrichter, mit ihm ist es möglich, beide Halbwellen einer Wechselspannung zur Bildung der Gleichspannung zu nutzen. Der Mittelwert der gleichgerichteten Spannung ist deshalb auch doppelt so groß wie bei der Einweggleichrichtung:

$$U_d = 2 \cdot \frac{\sqrt{2}}{\pi} \cdot U_w = 0{,}91\ U_w.$$

Soll der Einfluß der Diodendurchlaßspannung berücksichtigt werden, sind 2 U_D = 1,4 V abzuziehen.

In der Regel werden Brückenschaltungen nicht aus einzelnen Bauelementen aufgebaut, sondern sie sind als fest verschaltetes Bauelement erhältlich (vgl. Abb. 5.5). Auf dem Gehäuse findet man Angaben über die zulässige Belastbarkeit in der Form B 40 C 5000/3300. Dabei bezeichnet der erste Buchstabe die Schaltungsart (B = Brücken-, M = Mittelpunktschaltung), die erste Zahl den Effektivwert der zulässigen Eingangswechselspannung (Nennanschlußspannung). Der Buchstabe C gibt an, daß der Gleichrichter mit einem Kondensator beschaltet werden darf, wichtiger ist jedoch das zuletzt angegebene Zahlenpaar. Es bezeichnet den zulässigen Gleichstrom (Nenngleichstrom) in mA bei Montage des Bauelementes auf ein Kühlblech bzw. bei freitragender Montage. Das oben angegebene Zahlenbeispiel beschreibt also einen Brückengleichrichter, der an eine Wechselspannung von maximal 40 V angeschlossen ohne besondere Maßnahmen einen Gleichstrom von 3,3 A liefern könnte.

Zusammenfassung

Dioden sind elektronische Schalter, deren Schaltzustand von der anliegenden Spannung abhängt. Ihre Einsatzmöglichkeiten sind so zahlreich, daß sie auf vielen Anlagen neben den mechanischen Schaltern das am häufigsten verwendete Bauelement sein dürften. Für wenig Geld erhältlich ermöglichen sie den Aufbau wirkungsvoller, aber dennoch einfacher Schaltungen.

6 Mechanisch: Schalter und Taster

Schalter und Taster sind elektrische Schaltgeräte, die die Aufgabe haben, Stromkreise zu schließen oder aufzutrennen. Ohne sie ist der Betrieb auf der Modellbahn-Anlage unmöglich, denn mit ihnen werden Weichen und Signale gestellt, Gleisabschnitte ein-, aus- oder umgeschaltet. Den vielfältigen Aufgaben entspricht das umfangreiche Angebot, aus dem man die richtige Auswahl treffen muß.

Einfach und schwierig: Funktion und Typenvielfalt

Während Schalter nach der Betätigung in der neuen Schaltstellung verbleiben, kehren Taster mit Ende der Betätigung in ihre Ausgangslage (Ruhelage) zurück. Aufgrund dieser Eigenschaft werden sie zur Ansteuerung von Verbrauchern verwendet, die nur für Kurzzeitbetrieb ausgelegt sind, ein für die Modellbahn typisches Beispiel sind die elektromagnetischen Spulenantriebe ohne Endabschaltung. Der Schalter S schließt oder öffnet einen Stromkreis mit der Betätigung, der Taster T kehrt selbsttätig in seine Ruhelage zurück.

Taster (Tastschalter) werden überwiegend als Drucktaster gebaut, d. h. ihre Betätigung erfolgt durch Drücken eines Knopfes. Die Kontakte, die mit Betätigung schließen, werden Schließer oder Arbeitskontakte genannt, diejenigen, die dabei öffnen, Öffner oder Ruhekontakte.

Schalter (Stellschalter) werden in vielen Ausführungen angeboten, sie sind als Kipp-, Druck-, Schiebe- und Drehschalter erhältlich. Kipp- und Schiebeschalter, insbesondere aber Stufenschalter (Drehschalter) werden mit mehr als zwei möglichen Schaltstellungen angeboten. Durch Kombination eines Öffners mit einem Schließer erhält man einen Umschalt- oder Wechselkontakt.

Ordnet man mehrere, elektrisch voneinander getrennte Kontakte so an, daß sie gemeinsam betätigt werden, spricht man von mehrpoligen Schaltern.

Von besonderer Bedeutung ist dabei der zweipolige Umschalter für die Gleichstrombahnen. Er wird so verschaltet, daß mit seiner Betätigung die Polarität der Fahrspannung am Gleis wechselt (Polwender) und damit auch die Fahrtrichtung der Triebfahrzeuge. Mehrpolige Drucktaster eignen sich besonders für die gleichzeitige Ansteuerung von mehreren elektromagnetischen Antrie-

Abb. 6.1 Typische Beispiele für die Verwendung von Schaltern (S) bzw. Tastern (T) auf der Modellbahn

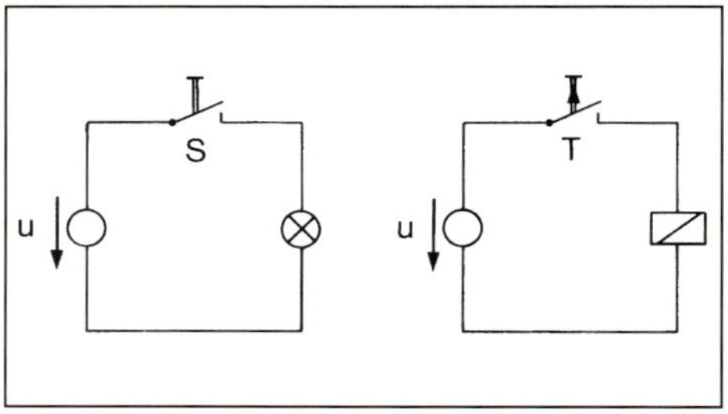

Abb. 6.2 Schaltzeichen und Bezeichnung von Schaltern. (Stell-)Schalter: a) Schließer, b) Öffner, c) Umschaltkontakt, Taster (Tastschalter): d) Schließer, e) Öffner

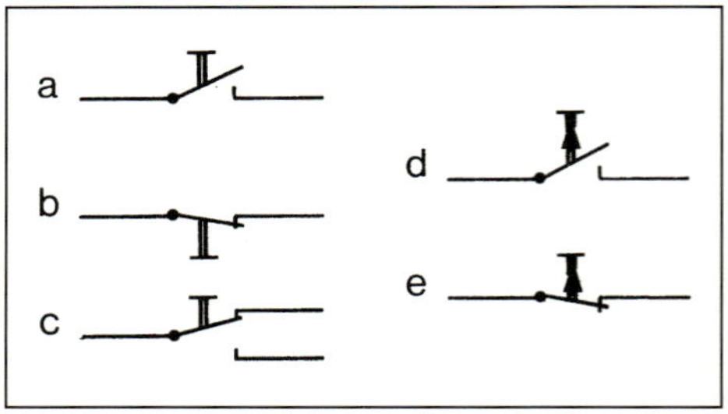

ben, so etwa zur Einstellung von Weichenstraßen oder einer Kombination von Signal- und Weichenantrieben.

Für die Modellbahn geeignete Schalter und Taster werden nicht nur von Modellbahn-Herstellern angeboten, sondern auch vom allgemeinen Fachhandel. Bei diesen Artikeln handelt es sich fast ausschließlich um Bauelemente, die für den Einbau vorgesehen sind. Der Anschluß der Kabel erfolgt mit einer Lötverbindung. Der Einsatz solcher Schalter erfordert also einigen zusätzlichen Arbeitsaufwand, gestattet andererseits die individuelle Gestaltung von Stellpulten und Gleisbildstellwerken bei deutlich verringerten Materialkosten (Abb. 6.5 a–d).

Die von der Modellbahn-Industrie angebotenen Schalter sind – sieht man von den Elementen für die Gleisbildstellwerke der einzelnen Hersteller ab – für den selbständigen Aufbau vorgesehen. Hier findet man auch im allgemeinen ungewöhnliche Kontakt-

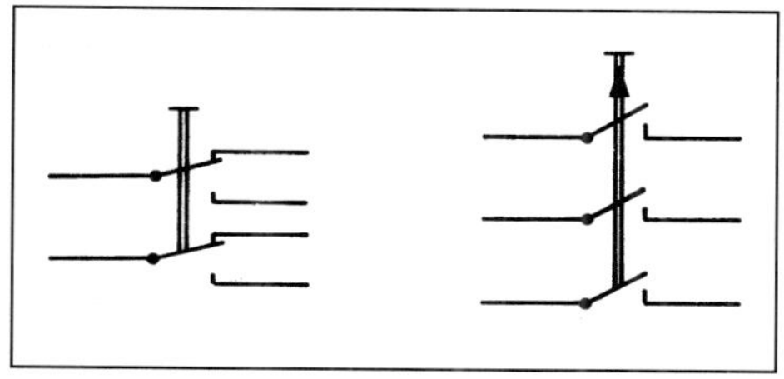

Abb. 6.3 Mehrpolige Schalter: a) zweipoliger Umschalter, b) dreipoliger Drucktaster

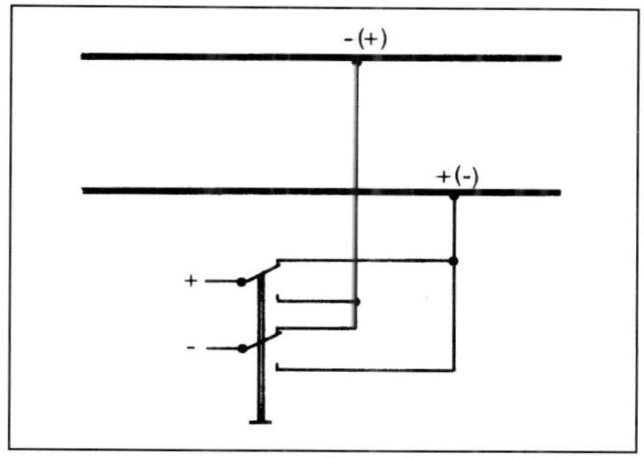

Abb. 6.4 Zweipoliger Umschalter als Polwender

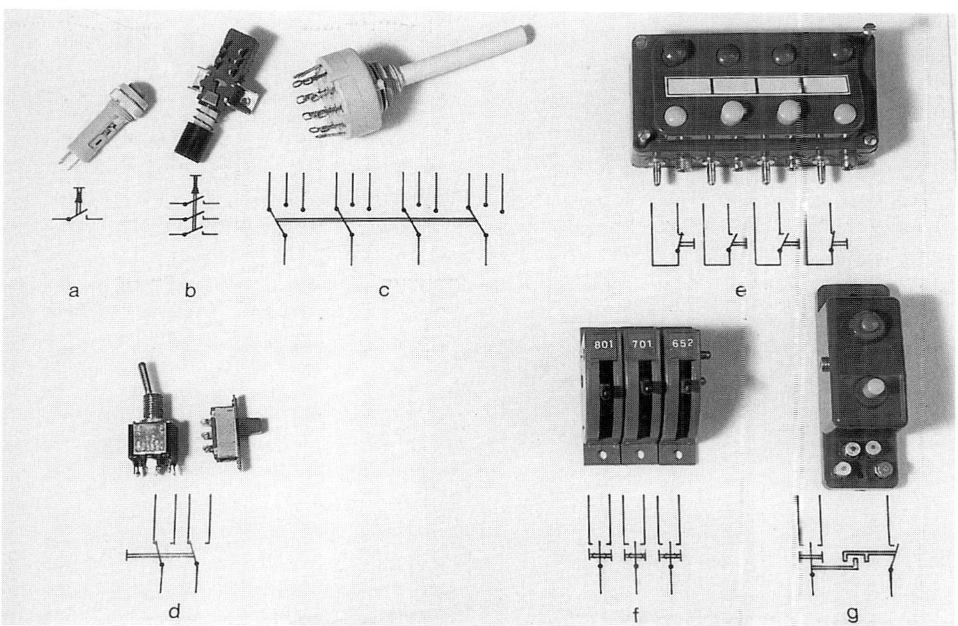

Abb. 6.5 Schalter und Taster für die Modellbahn

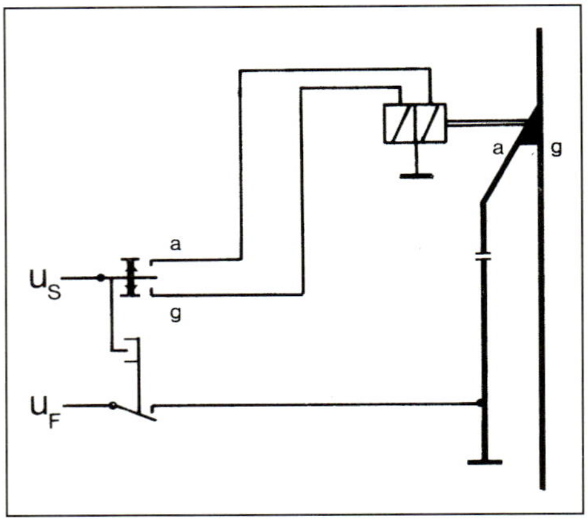

Abb. 6.6
Doppelfunktionsschalter: Taster mit Umschaltkontakt und Schließer. Die Fahrspannung (U_F) des Stumpfgleises wird in Abhängigkeit von der Weichenstellung geschaltet

kombinationen, z. B. die eines Wechseltasters mit einem Schalter. Dieser ändert seinen Schaltzustand mit der Betätigung des Tasters. Der Einsatz eines solchen Doppelfunktionsschalters empfiehlt sich immer dann, wenn ein Antrieb mit Impulsbetätigung nicht mit zusätzlichen Schaltkontakten ausgerüstet ist (Abb. 6.5 e–g).

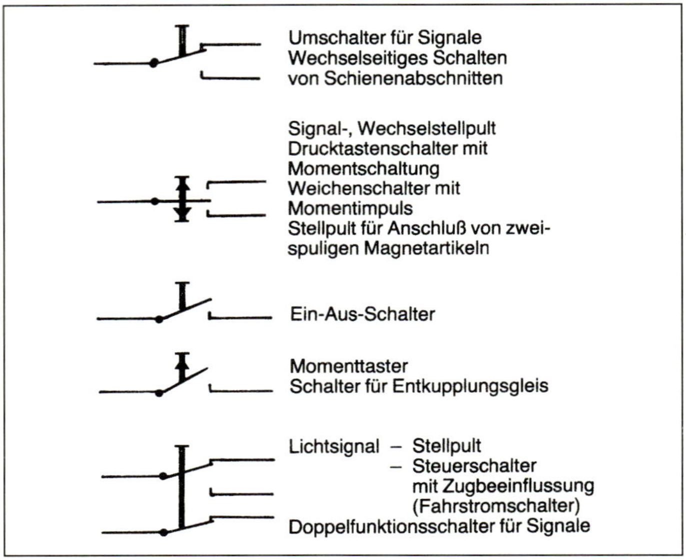

Abb. 6.7
Schaltzeichen und Bezeichnungen von Modellbahn-Schaltern und -Tastern

Einzelne Modellbahn-Schalter können oft aneinandergereiht werden. Die mechanische Verbindung stellt dann gleichzeitig eine elektrische Verbindung her. Die Schaltspannung U_S muß dann nur einmal angeschlossen werden. Oft werden auch mehrere Schalter oder Taster in einem Gehäuse vereinigt, diese Anordnung wird dann als Stell- oder Schaltpult bezeichnet.

Wie bei anderen elektrischen Bauelementen sind auch bei Schaltern elektrische Grenzwerte zu beachten, von praktischer Bedeutung ist dabei in erster Linie der zulässige Strom. Beim Kauf von nicht speziell für die Modellbahn hergestellten Schaltern ist auf eine ausreichende Belastbarkeit zu achten (ca. 1 A), wenn die Kontakte nicht übermäßig schnell abgenutzt werden sollen.

Von A bis Z: Fahrstromkreise

In der Modellbahn-Literatur werden drei Methoden der Fahrstromversorgung einer Modellbahn-Anlage unterschieden: die A(b)-, die Ü(bergangs)- und die Z(u)-Schaltung. Sie ermöglichen einen – angesichts der auf den Markt drängenden Digitalsteuerungen – eher bescheiden anmutenden Mehrzugbetrieb. Sie beruhen auf dem Prinzip der Aufteilung der Gleisanlage in elektrisch getrennte Abschnitte, erlauben also nicht den unabhängigen Betrieb zweier Triebfahrzeuge in einem gemeinsamen Stromkreis.

Auch ohne den Begriff der A-Schaltung zu kennen, wird sie von den meisten Modellbahnern benutzt, stellt sie doch einfach die Verwendung abschaltbarer Gleise dar. In Abb. 6.8 ist die Methode auf den kleinen, am Anfang des Bandes vorgestellten Bahnhof angewendet worden. Alle Trennstellen liegen dabei in der nicht als gemeinsamer Rückleiter genutzten Schiene.

Eine Erweiterung der A-Schaltung stellt die Ü(bergangs)-Schaltung dar. Sie wird an der Verbindungsstelle zweier Gleisbereiche, die nach der Methode der A-Schaltung betrieben sein können, eingesetzt. Sie arbeitet mit

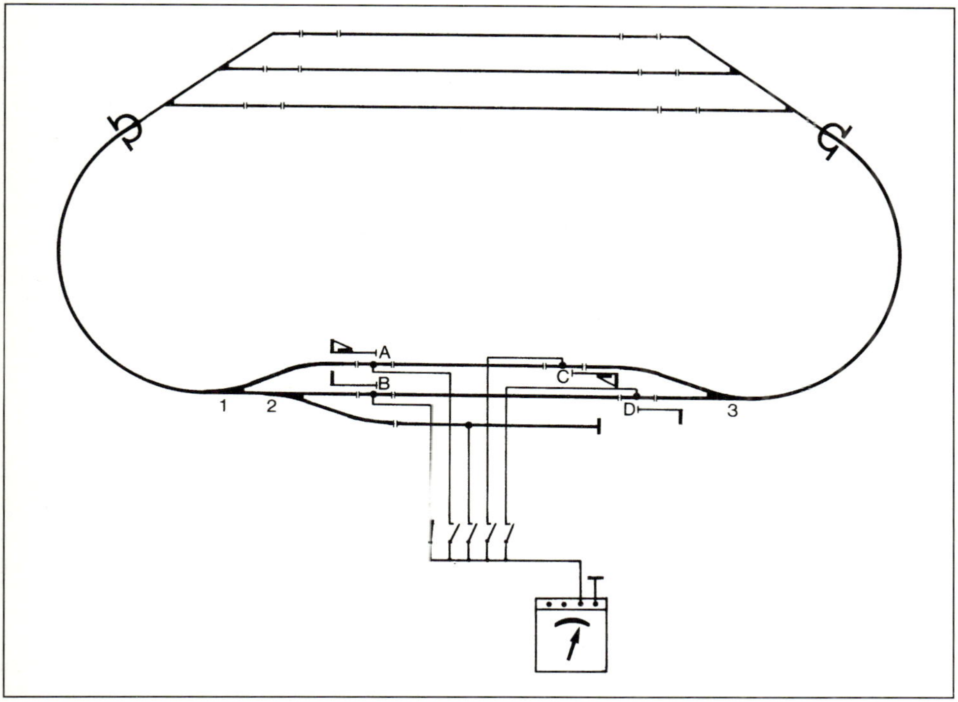

Abb. 6.8
A-Schaltung

mindestens zwei Gleisbereichen, die – elektrisch voneinander getrennt – von einem eigenen Fahrpult versorgt werden. Damit ist ein unabhängiger Betrieb von Zügen möglich, ihre Zahl entspricht der der selbständigen Gleisbereiche und Fahrpulte. Um einen abwechslungsreichen Fahrbetrieb zu ermöglichen, muß der Übergang zwischen den einzelnen Bereichen möglich sein.

Die vorhandenen Gleisverbindungen sind dazu einpolig zu unterbrechen. Soll ein Triebfahrzeug von einem Gleisbereich in einen anderen wechseln, ist sicherzustellen, daß die Fahrspannungen in beiden – durch das Fahrzeug während des Übergangs elektrisch verbundenen – Bereichen gleich groß sind und gleiche Polarität besitzen. Sonst kann der Fall eintreten, daß die Lok zwischen beiden Fahrstrombereichen hin- und herpendelt. Man benötigt also für den Wechsel der Versorgungsbereiche ein Anzeigeinstrument, das signalisiert, daß die Fahrspannungen nach Betrag und Polarität gleich sind.

Leider ist dies nicht mit nur einer Glühlampe zu erreichen, die über die Trennstelle ge-

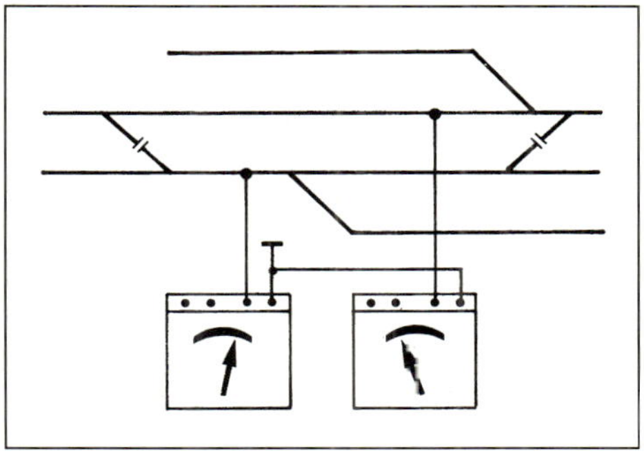

Abb. 6.9
Ü-Schaltung

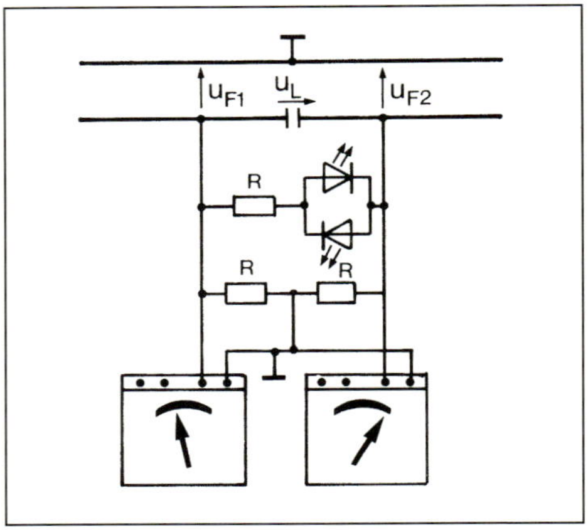

Abb. 6.10
Spannungsüberwachung an der Trennstelle zwischen zwei Fahrstrombereichen

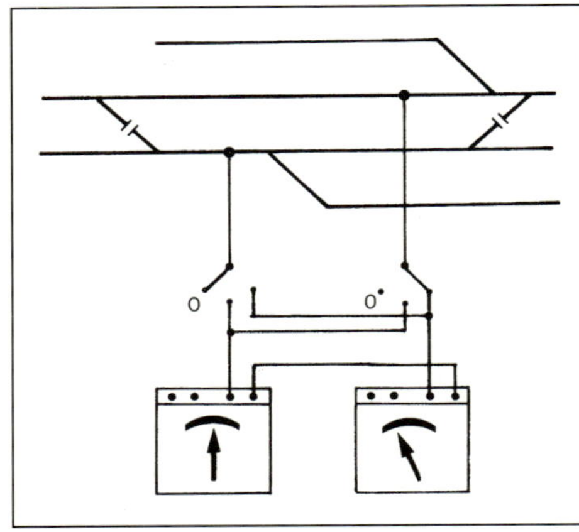

Abb. 6.11
Z-Schaltung

schaltet wird. Der Grund hierfür liegt in den Gleichrichtern, die in die Gleichstromfahrpulte eingebaut sind (vgl. Abb. 9.13). Abhilfe bringt die Verwendung von Leuchtdioden anstelle der Glühlampe, Abb. 6.10 zeigt die zugehörige Schaltung. ihre Funktion wird mit dem, was im Kapitel 11 über die Leuchtdioden gesagt wird, verständlich. Es empfiehlt sich der Einsatz der besonders gut wahrnehmbaren grünleuchtenden Dioden. Die den Fahrspannungsquellen parallelgeschalteten Widerstände (1 kΩ) überbrücken diese für den durch die Leuchtdiode fließenden geringen Strom (max. 30 mA), ohne die Fahrstromkreise merklich zu belasten. Welche der beiden antiparallel geschalteten Leuchtdioden in Betrieb ist, entscheidet die Polarität (Vorzeichen) der Differenz der beiden Fahrspannungen.

Im Gegensatz zur Ü-Schaltung besteht bei der Z(u)-Schaltung keine feste Zuordnung der auch hier vorhandenen Fahrstrombereiche zu den Fahrpulten. Man kann vielmehr mit einem Fahrpult einen Zug in allen Gleisbereichen betreiben, also Zug und Fahrpult einander zuordnen. Die Zuschaltung der Fahrpulte zu den Gleisbereichen muß ausschließen, daß gleichzeitig mehrere Fahrpulte einen Bereich versorgen, Stufen-(Dreh-) Schalter sind hierfür gut geeignet.

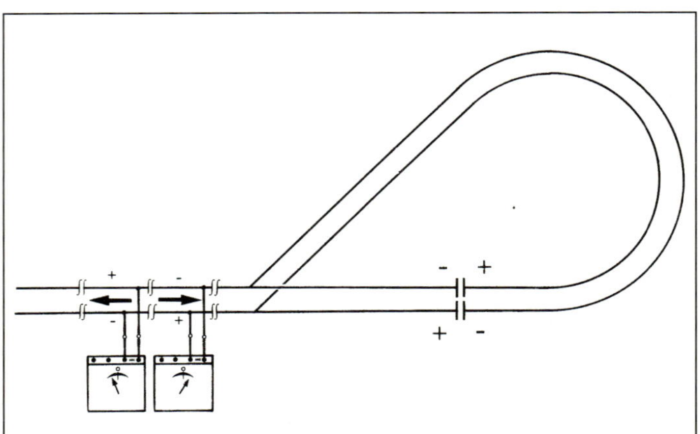

Abb. 6.12
Das Kehrschleifenproblem: Ohne Trennstelle würde die Fahrspannung zwangsläufig kurzgeschlossen

Lösbar: das leidige Kehrschleifenproblem

Gedanken über Kehr- oder Wendeschleifen müssen sich nur diejenigen Modellbahner machen, die ihre Anlage mit dem Zweischienen-Zweileitersystem (vgl. Abb. 2.3) ausgerüstet haben. Bei Anlagen, die nach dem Dreischienen-Zweileitersystem aufgebaut sind, treten diese Probleme nicht auf, gleichgültig ob sie mit Gleich- oder Wechselstrom (Märklin) betrieben werden.

Abhängig von den an eine Kehrschleifenschaltung gestellten Forderungen können sehr aufwendige Schaltungen erforderlich werden, insbesondere dann, wenn auch der Oberleitungsbetrieb einbezogen werden soll. Andererseits sind aber auch sehr einfache Schaltungen möglich, die einen reibungslosen Betrieb gestatten.

Der unmittelbare Anschluß der Fahrspannung kann außerhalb oder innerhalb der Kehrschleife erfolgen. Wird er innerhalb der Schleife gemacht, kann sie in beiden Richtungen ohne großen Schaltungsaufwand befahren werden. Der Nachteil dieser Schaltungsart ist, daß dann die Polarität der Spannung und damit die Fahrtrichtung außerhalb der Kehrschleife vom Polwender PW *und* Fahrpult bestimmt werden.

Damit gibt es aber für den größeren Teil der Anlage keine eindeutige Zuordnung mehr zwischen der Stellung des Drehknopfes am Fahrpult und der Fahrtrichtung. Während sich der Zug im Kehrschleifenabschnitt befindet, ist nämlich die Fahrspannung mittels des Polwenders PW umzupolen. Man kann diesen Vorgang automatisieren, indem man den Polwender durch ein entsprechend verschaltetes Relais ersetzt, das über einen Gleiskontakt vom Zug angesteuert wird.

Soll die Zuordnung zwischen Drehknopfstellung und Fahrtrichtung erhalten bleiben, muß der Bereich außerhalb der Kehrschleife direkt angeschlossen werden. Das Durchfahren der Wendeschleife ist dann mit einem Anhalten des Zuges in der Schleife verbunden, da die Fahrtrichtung am Fahrpult durch Verstellen des Drehknopfes über die zentrale Nullstellung erfolgen muß.

Man kann den notwendigen Wechsel der Fahrspannungspolarität in der Kehrschleife wiederum durch einen mechanischen Schalter allein vornehmen, größeren Bedienungskomfort erhält man bei der Verwendung von zwei zusätzlichen Dioden.

Die Halbleiterbauelemente werden zwischen Polwender und Fahrstromzuleitung eingebaut. Ihre Polung wird so gewählt, daß sie

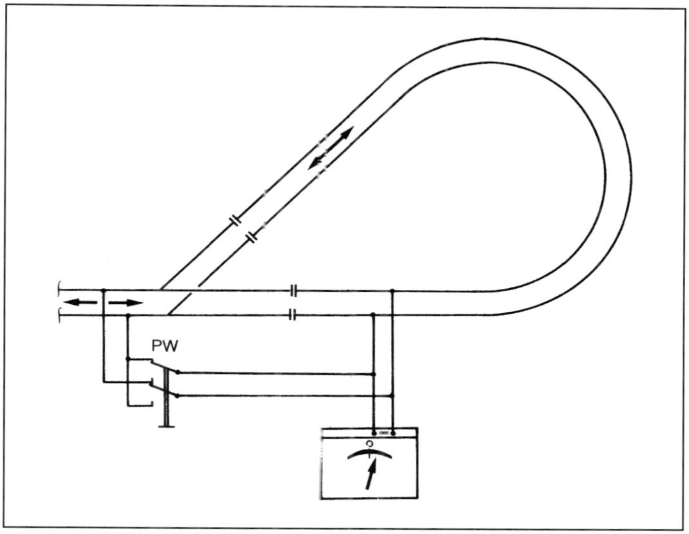

Abb. 6.13: Schaltung bei Anschluß der Fahrspannung innerhalb der Kehrschleife

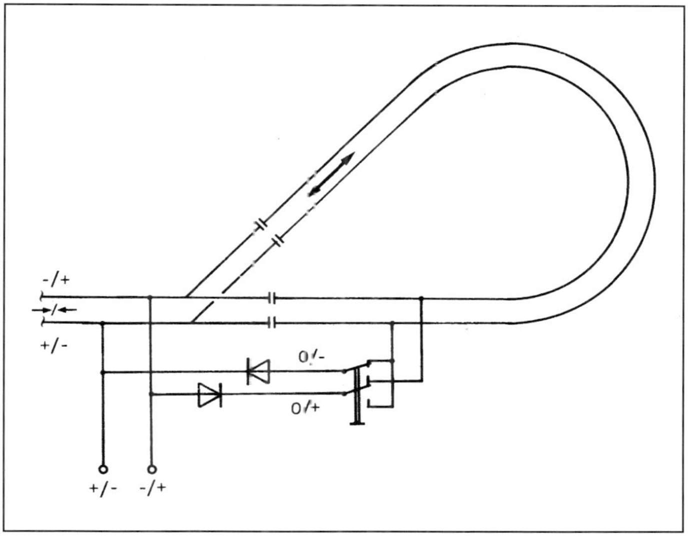

Abb. 6.14: Schaltung zum Befahren der Kehrschleife in beiden Richtungen

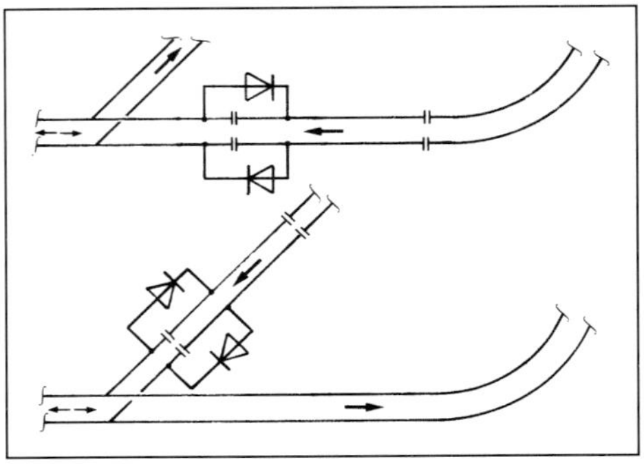

Abb. 6.15 Zwei Dioden genügen für den Einrichtungsverkehr in der Kehrschleife

die Trennstrecke nur dann an Spannung legen, wenn diese so gepolt ist, daß eine Lok aus der Schleife heraus bzw. von ihr weg fährt. Der Polwender bestimmt die Fahrtrichtung innerhalb der Trennstrecke.

Fährt ein Fahrzeug in den Abschnitt ein, bleibt es stehen, bis die Spannung am Fahrpult umgepolt wird. Gleichgültig in welcher Richtung die Lok den Abschnitt verläßt – zur Fahrt durch die Kehrschleife muß die ursprüngliche Richtung natürlich beibehalten werden – sie trifft auf die „richtige" Polung hinter den Trennstellen.

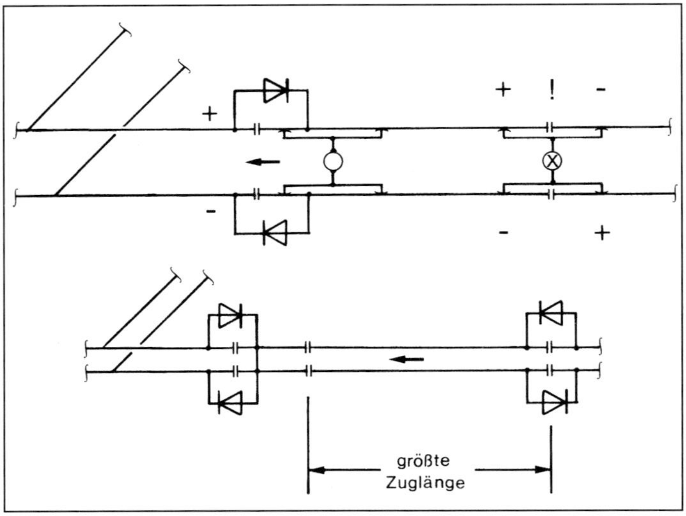

Abb. 6.16 Kurzschluß durch Wagen mit Beleuchtungseinrichtung (oben) und eine Lösung des Problems

In Anwendungsfällen, in denen die Kehrschleife nur in einer Richtung befahren wird, kann der Polwender entfallen. Die Dioden können dann einfach unmittelbar am Gleis, die Trennstellen in einer Richtung überbrückend, angelötet werden. Ein in den Halteabschnitt innerhalb der Kehrschleife eingefahrener Zug hält dort so lange an, bis die Fahrspannung umgepolt worden ist.

Zusätzliche Probleme ergeben sich allerdings – und das gilt nicht nur für die zuletzt vorgestellte Schaltung –, wenn Züge mit beleuchteten Wagen die Kehrschleife benutzen sollen. Eine flackerfreie Beleuchtung ist auch bei vierachsigen Wagen nur durch eine Stromabnahme über alle Räder zu erreichen. Solange sich dieses Konstruktionsprinzip nicht durchsetzt, kann man sich dadurch behelfen, daß man jeweils zwei Wagen miteinander fest kuppelt und eine zweipolige elektrische Verbindung zwischen ihnen herstellt. Nützlich kann dabei die Verwendung von elektrisch leitfähigen Kurzkupplungen sein. Doch zurück zur Kehrschleife: Die mit einer Beleuchtungseinrichtung und zugehörigen Radstromabnehmern ausgerüsteten Wagen überbrücken die Trennstellen und verursachen bei Ausfahrt aus der Kehrschleife einen Kurzschluß der Fahrspannung. Man kann dieses Problem durch Einrichten eines zusätzlichen Trennabschnittes – in Fahrtrichtung vor dem eigentlichen Halteabschnitt gelegen – lösen. Er ist mit Hilfe von zwei Dioden so zu polen, daß er nur bei Fahrt in die Kehrschleife Spannung führt.

Der in der Wendeschleife liegende Trennabschnitt ist unabhängig von der wechselnden Polarität der Fahrspannung außerhalb stets mit *einer* bestimmten, die Fahrtrichtung festlegenden Polarität zu versorgen. Es bietet sich deshalb der Einsatz einer Gleichrichterschaltung, und zwar der Brückenschaltung an (vgl. S. 58). Bei dieser Lösung gibt es keinen bestimmten Haltepunkt. Die Verwendung dieser Schaltung bietet sich für Anlagen an, auf denen die Wendeschleife im sichtbaren Teil der Anlage liegt. Die Umpolung der Fahrspannung kann zu einem beliebigen Zeitpunkt vorgenommen werden, zu dem sich jedoch alle mit Stromabnehmern ausgerüsteten Fahrzeuge in der Trennstrecke befinden müssen.

Bei Gleisdiagonalen und -dreiecken ist die Problematik die gleiche wie bei den Kehrschleifen. Hier treten ebenfalls – durch die Gleisführung bedingt – Schienen unterschiedlicher Polarität zwangsläufig aufeinander. Deshalb lassen sich die bereits vorgestellten Lösungen auf die genannten Gleisbilder übertragen. Die Trennstellen sind in der Diagonalen bzw. in einer der Dreiecksseiten anzuordnen.

Es ist jedoch keineswegs erforderlich, die Umpolung der Fahrspannung von Hand vorzunehmen, denn mit wenigen Bauelementen läßt sich dieser Vorgang automatisieren. Man benötigt dazu lediglich ein bistabiles Relais, das von einem Gleiskontakt gesteuert wird. Beide Bauelemente sind in Abschnitt 8 beschrieben. Dioden sind bereits vorgestellt worden. Verwendet wird vorteilhaft ein gepoltes, bistabiles Relais. Das ist ein Typ, der je nach Polarität der angelegten Spannung (+ oder –) die eine oder andere Ruhelage einnimmt und nach Abschalten der Spannung beibehält.

Auf der Grundlage der Schaltung nach Abb. 6.17 ist die erweiterte Ausführung in Abb. 6.18 dargestellt. Das Relais wird als Polwender verschaltet. Um eindeutige Verhältnisse herzustellen empfiehlt es sich, die Fahrtrichtung nur noch mit Hilfe des Relais zu ändern. Dazu dienen die Taster T1 und T2 in Verbindung mit den Dioden D1 und D2. Die Diode D (3A-Typ) sorgt dafür, daß am Relais die Fahrspannung stets mit der gleichen Polarität anliegt.

Zur näheren Erläuterung der Schaltung soll angenommen werden, daß das Relais die gezeigte Stellung einnimmt, wenn positive Spannung an der Spule angelegt worden ist, also Taster T1 betätigt wurde. Der Gleiskontakt, der hier mit einem SRK (s. S. 85 f.) realisiert wurde, muß die gleiche Funktion ausüben, damit ist die Einbaurichtung der Diode D3 festgelegt.

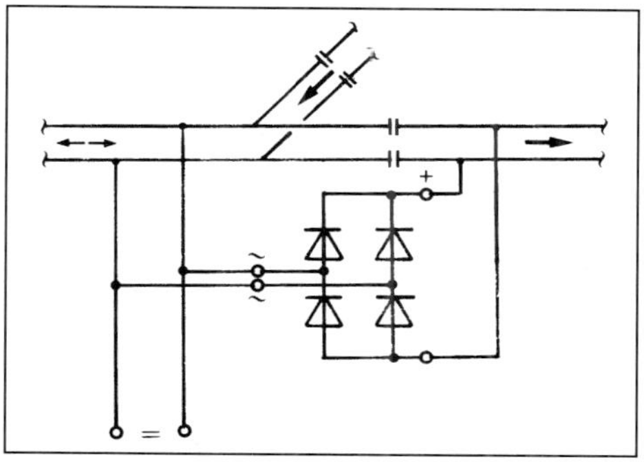

Abb. 6.17: Kehrschleifenschaltung mit Brückengleichrichter

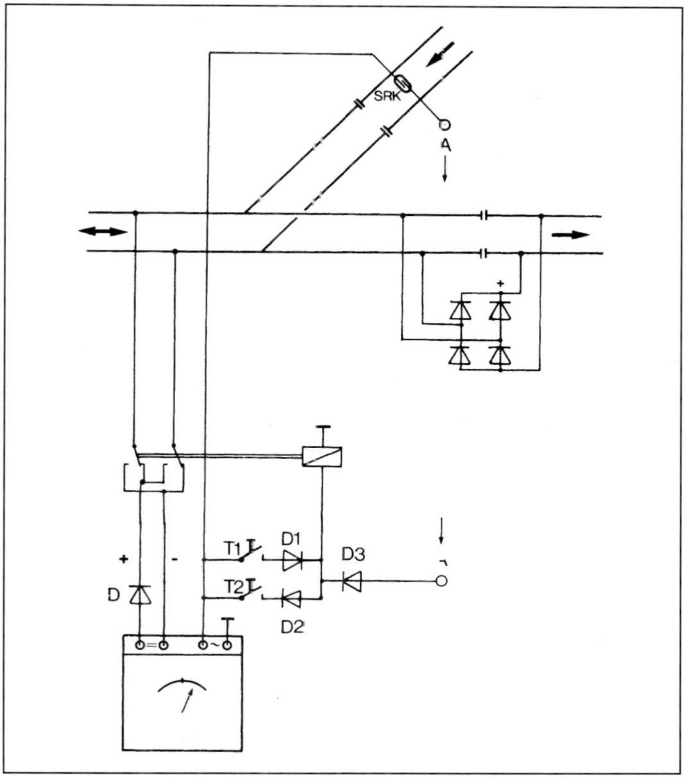

Abb. 6.18: Schaltung zum vollautomatischen Betrieb einer oder mehrerer Kehrschleifen

Es ist direkt einzusehen, daß den gezeigten Umschaltkontakten (T1/D1, T2/D2, D3/SRK) beliebig weitere durch Parallelschaltung hinzugefügt werden können. Die Schaltung ist also sehr einfach um weitere Kehrschleifen- oder Wendezugautomatiken zu erweitern.

Der Einbauort des Gleichrichters ist zwar beliebig, wie aber die Abb. 6.18 andeutet, ist die direkte Montage an einer der Trennstellen der Kehrschleifen besonders wenig aufwendig. Zweckmäßigerweise verwendet man eine Brückenschaltung der Bauform, wie sie in Abb. 5.5 rechts oben wiedergegeben ist.

Zusammenfassung

Die mechanischen Schalter sind einfach in ihrer Funktion, doch schwierig in ihrer Typenvielfalt zu überschauen. Sie sind für Schaltvorgänge und die Aufteilung der Anlage in einzelne elektrische Abschnitte unentbehrlich. Das Kehrschleifenproblem läßt sich mit Hilfe von Schaltern und Dioden lösen, die Auswahl der geeigneten Schaltung sollte unter Berücksichtigung der jeweiligen Betriebsbedingungen erfolgen.

7 Die Praxis: Tips für den Einstieg

Die elektrischen Arbeiten beim Bau einer Modellanlage bestehen darin, Verbindungen zwischen Gleisen, Schaltern, Weichen und vielen anderen so aufzubauen, daß alles funktioniert wie geplant. Die Verdrahtung soll zuverlässig und frei von „Wackelkontakten" sein, und sie muß übersichtlich bleiben, damit man einen einmal eingeschlichenen Fehler auch herausfinden und beseitigen kann. Die folgenden Seiten wollen dabei behilflich sein.

Das Werkzeug: eine Grundausstattung

Der größte Teil der anfallenden Arbeiten besteht im Zuschneiden, Anklemmen und Verlöten von Kabeln. Viele Modellbahn-Hersteller wollen ihren Kunden den Umgang mit dem Lötkolben ersparen und bieten Kabelanschlüsse zum Anklemmen an. Wer aber einmal den Schritt zum Lötkolben getan hat, merkt rasch, wieviel Platz, Zeit und Geld man mit ihm sparen kann.

Gutes Werkzeug ist nicht billig. Gerade als Anfänger braucht man gutes Werkzeug, da man damit wesentlich besser zurechtkommt. Eine Mindestausstattung ist in Abb. 7.1 zu sehen. In der unteren Reihe, von links nach rechts, liegt zunächst eine Abisolierzange, mit der man die Isolierschicht an Kabelenden ablösen kann. Wenn man zufällig eine passend ausgeleierte Schere hat, kommt man vielleicht auch damit zurecht: die Scherenblätter stehen so weit auseinander, daß sie die Isolation abzerren, das Kabel aber nicht durchtrennen. Eine Pinzette und Flach-(Telefon-)Zange braucht man zum Kabelführen und -festhalten (siehe Titelbild), einen Seitenschneider mit kleinem „Schnabel" zum Abtrennen von Kabel und Draht auch an schwer zugänglichen Stellen; dazu zwei Schraubendreher mit nicht zu kurzem Schaft, Spitzenbreite 2,5 mm für Lüsterklemmen und 5 mm für Holzschrauben.

Eine flache Schlüsselfeile und ein Bastelmesser (im Bild quer darüberliegend) können von Nutzen sein beim Zuschneiden von Isoliermaterial und Säubern von Lötstellen am Modellgleis.

Nun aber zum Lötwerkzeug. Für Modellbahn-Arbeiten ist eine Lötleistung von 30 Watt sinnvoll. Das Gerät ist einerseits für feinste Arbeiten klein und handlich genug, die Leistung reicht aber auch aus, um etwas größere Teile, z.B. Modellschienen schnell genug zu erhitzen. Um Beschädigungen oder gar Verbrennungen zu vermeiden, braucht man unbedingt einen passenden Ablageständer.

Grundsätzlich sollte man nur Lötkolben mit einer Dauerlötspitze kaufen, die nicht besonders gepflegt werden muß. Die wesentlich billigeren Kupferlötspitzen „verzundern"

Abb. 7.1
Eine Werkzeuggrundausstattung für etwa 150,– DM

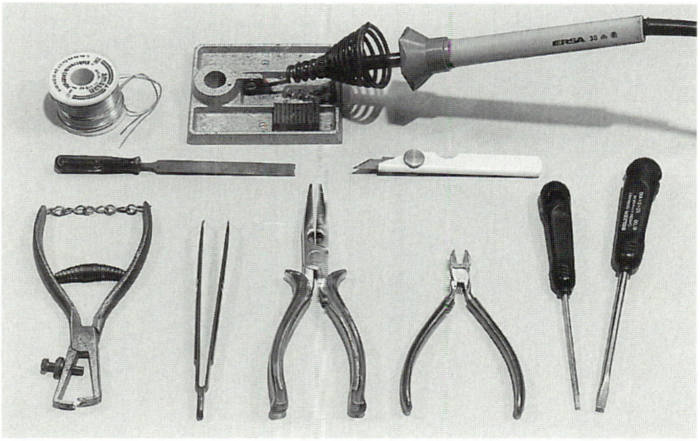

und müssen dauernd nachbehandelt werden. Der Lötdraht ist eine Legierung von Zinn und Blei; er enthält ein Flußmittel, das das geschmolzene Lot dünnflüssig macht und auch in kleine Ritzen eindringen läßt. Man sollte nur Lötdraht bester Qualität verwenden (Elektroniklot, 1 mm Drahtstärke), das einen Anteil von 60 % (teuerem!) Zinn enthält und besonders gute Schmelzeigenschaften hat.

Beim Löten bilden die zu verlötenden Teile, durch den Lötkolben auf eine Temperatur von etwa 300°C erhitzt, mit dem flüssigen Lot eine Oberflächenlegierung, das heißt, das flüssige Lot dringt untrennbar in deren Oberfläche ein.

Ist eines der zu verlötenden Teile nicht heiß genug, kommt die Oberflächenlegierung nicht zustande; dann entstehen die berüchtigten „kalten" Lötstellen, wobei der elektrische Kontakt mehr oder weniger zufällig ist.

Verlöten kann man Kupfer, wie es in Kabeln zu finden ist, sowie Kupferlegierungen wie Messing und Neusilber, beides für Modellgleise gebräuchlich. Messing ist eine Kupfer-Zink-Legierung; Neusilber hat zusätzlich einen hohen Nickelanteil. Entgegen der Behauptung in vielen Modellbahn-Katalogen ist die Stromleitfähigkeit von Neusilber geringer als bei Messing, nur bildet sich bei Neusilber keine schlechtleitende Oberfläche wie bei Messing und Kupfer, was die Stromabnahme durch die Lokräder entscheidend verbessert.

Aus dem gleichen Grund sind oft auch Modell-Lokräder vernickelt.

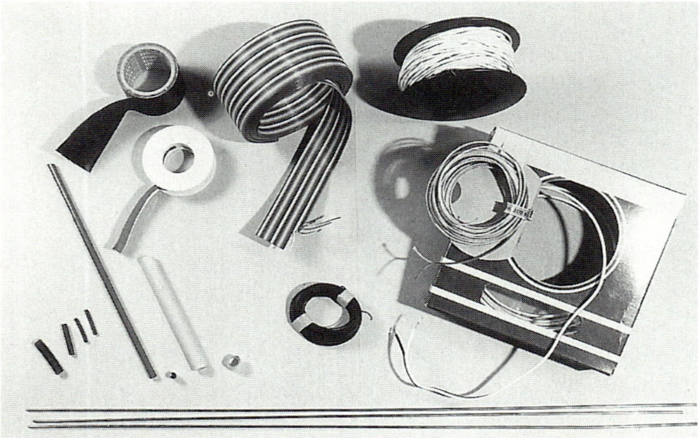

Abb. 7.2
Kabel (rechts) und Isoliermaterial (links) für den Modellbahn-Bedarf

Der richtige Umgang mit Draht und Kabel

Zum Aufbau elektrischer Verbindungen sollte man nur Litzenkabel verwenden. Es besteht aus feinen Kupferfäden, die sich leicht und ohne zu brechen biegen lassen. Ein Litzenquerschnitt von 0,15 bis 0,25 mm^2 ist empfehlenswert; dickeres Kabel ist schwieriger zu verarbeiten und zur Stromführung nicht notwendig – mit Ausnahme von Sammelschienen. Bei „massivem" Kupferdraht (Schaltdraht), wie er z. B. von Trix angeboten wird, muß man aufpassen: er neigt nach mehrmaligem Hin- und Herbiegen zum Brechen – die Isolierung verhindert, daß man es sofort merkt.

Rechts in Abb. 7.2 sieht man verschiedene Verpackungsformen von Kabeln. Bei größerem Bedarf sind Kabeltrommeln besonders praktisch. Neben dem „Original-Zubehör" sollte man sich auch bei Elektronikhändlern umsehen – man bekommt dort oft bessere Qualität für weniger Geld.

Beim Flachbandkabel (Abb. 7.2 oben Mitte) werden verschieden farbige Kabel parallel geführt, die man an beliebigen Stellen abzweigen lassen kann. Mit einem einzigen Flachbandkabelstrang kann man damit z. B. die Trennstellen und Weichen eines Schattenbahnhofs mit dem Gleisbildstellpult verbinden – das spart Zeit und bringt Übersichtlichkeit.

Generell sollte man alle Kabelverbindungen nach einem einheitlichen Farbschema ausführen, auch das steigert die Übersicht. So kann man z. B. rot/blau für den Fahrstrom, rosa oder orange für die Versorgung von Gleistrennstellen verwenden, weiter gelb/

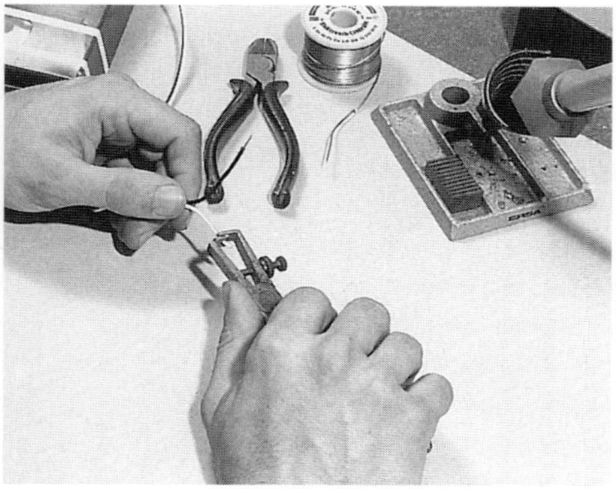

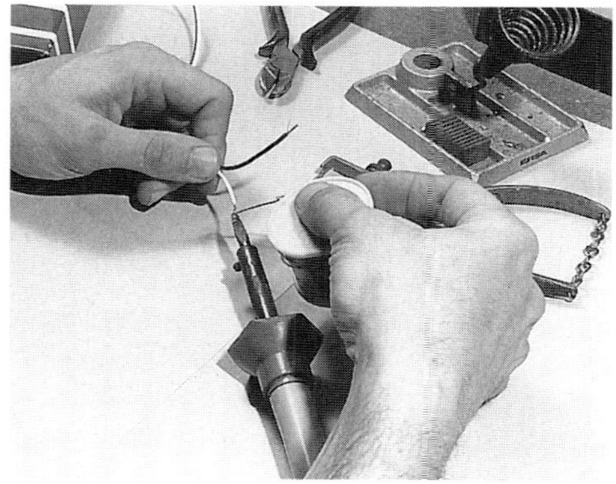

Abb. 7.3
Abisolieren des Kabels

Abb. 7.4
Verzinnen eines Kabelendes

grün für Weichen-Stellpult-Verbindungen und schwarz/weiß für den Lichtstrom.

Praktisch ist auch verkupferter Stahldraht (Abb. 7.2 unten), den man als Versorgungsschiene in die Nähe mehrerer Lampen oder Spulen verlegen kann; deren Anschlußkabel lassen sich überall leicht anlöten (Abb. 7.10 oben). Für Verbindungen z. B. auf der Rückseite von Gleisbildstellpulten eignet sich oft unisolierter Silberdraht (0,8 mm^2), ein sehr gut verlötbarer Kupferdraht mit dünner Silberschicht (Abb. 11.13f.).

Zum Schutz vor unerwünschter Berührung müssen Lötstellen und Silberdraht oft mit einer nachträglichen Isolation umgeben werden. In der linken Seite von Abb. 7.2 sind einige Möglichkeiten zu sehen: Das Isolierband wird um die zu isolierende Stelle gewickelt, Isolationsschlauch (Meterware) oder -tüllen, erhältlich in verschiedenen Durchmessern, werden über den Draht bzw. die Lötverbindung geschoben. Praktisch sind besonders die sehr dehnbaren Gummitüllen, die einen festen Sitz über der zu isolierenden Verbindungsstelle garantieren.

Nun zu einigen immer wieder vorkommenden Lötarbeiten; zunächst soll das Ende von Litzenkabel verzinnt werden, damit man es leicht z. B. in die Klemmen eines Fahrpultes stecken kann. Zuerst ist das Kabelende auf etwa 5 mm abzuisolieren, die feinen Litzenfäden werden zwischen Daumen und Zeigefinger verdrillt, damit sie nicht nach allen Seiten wegstehen.

Inzwischen ist der Lötkolben heiß geworden, und mit einem feuchten Schwamm oder Leintuch wischt man die Lötspitze blank, damit alle Lötrückstände verschwinden. Mit wenig Lötzinn wird nun die Lötspitze benetzt. Zum eigentlichen Verzinnen des Drahtes bräuchte man nun drei Hände – für Draht, Lötzinn und -kolben; bei dieser Arbeit läßt man am besten den Lötkolben auf seinem Ablagering liegen, wie es Abb. 7.4 zeigt. Zunächst wird das verdrillte Drahtende auf die frisch verzinnte Lötspitze gehalten, so daß sich eine möglichst große Berührungsfläche ergibt und die Lötspitzenhitze auf das Kabelkupfer rasch übergeht; nach zwei bis drei Sekunden führt man den Lötdraht so heran, daß das Lötdrahtende das Kabelende und die Lötspitze möglichst gleichzeitig berührt; wenn die richtige Temperatur da ist, saugt die verdrillte Kabellitze das geschmolzene Lot augenblicklich auf wie ein trockenes Tuch das Wasser. Kabel sofort wegnehmen, kurz darauf blasen, fertig.

Das Kabelende muß vollkommen vom Lötzinn umgeben sein, kein Litzenfaden darf seitlich herausschauen.

Jetzt wird das Kabel verlängert. Die beiden auf 10–15 mm abisolierten, verdrillten Kabelenden werden untereinander verdrillt (halb

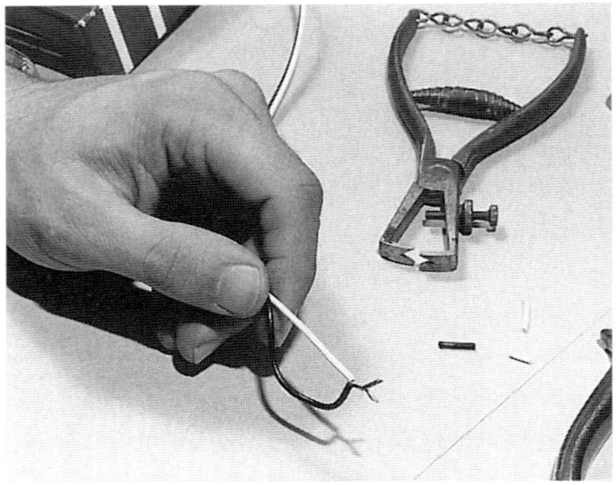

Abb. 7.5
Verdrillen zweier Kabelenden

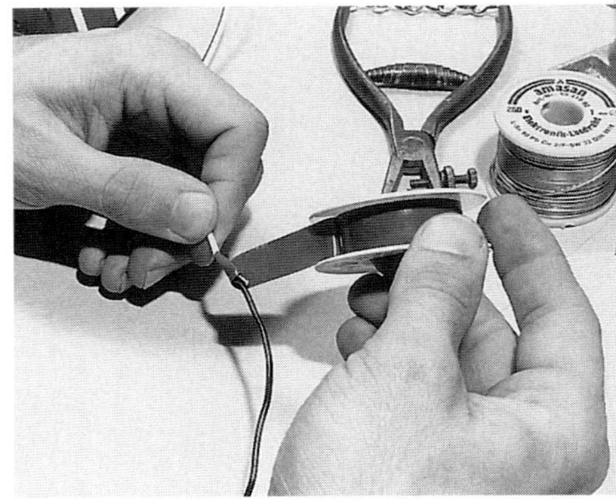

Abb. 7.6
Isolieren der verlöteten Kabelverbindung

fertig in Abb. 7.5), verzinnt, erkalten lassen und kontrollieren wie oben. Die Kabelverbindung ist mechanisch normal belastbar. In Abb. 7.6 wird das abgeknickte verzinnte Kabelende gerade mit Isolierband umwickelt. Verwendet man Isolierschlauch, so denke man daran, diesen vor dem Zusammenlöten über eines der Kabel zu streifen.

Eine weitere wichtige Tätigkeit ist das Verdrahten z. B. der Unterseite eines Gleisbildstellpults: Viele Anschlüsse von Tastern haben kleine Ösen, in die man Anschlußkabel oder -draht stecken kann.

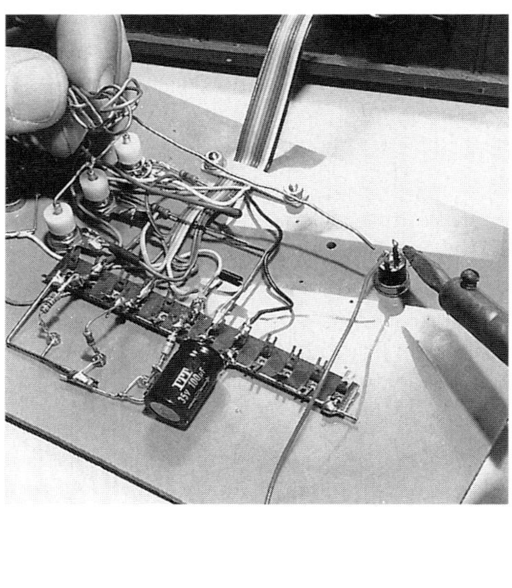

Abb. 7.7
Ein Drucktaster wird angeschlossen

Der Arbeitsgang: Gleichzeitiges (!) Erhitzen von Anschlußöse und eingestecktem, verzinnten Kabel mit der frisch gereinigten und leicht verzinnten Lötspitze, Heranführen des Lötdrahtes, dessen Ende Draht, Öse und Lötspitze berühren sollte; ist die richtige Temperatur erreicht, legt sich das Lot wie ein Wachstropfen um Kabelende und Öse. Lötspitze weg, kurz warten (blasen beschleunigt das Erhärten), und wenn die Lötstelle eine glatte, silbrigglänzende Oberfläche hat, ist alles in Ordnung.

Löten muß schnell gehen. Fummelt man zu lange herum, verdampft das Flußmittel; das Lot ist nicht dünn-, sondern zähflüssig, und beim Wegnehmen der Lötspitze bleibt kein Tropfen, sondern sie „zieht" einen Stachel mit einer matten Oberfläche.

Altlot, das noch an gebrauchten Anschlüssen hängt, ist zum neuerlichen Verlöten mangels Flußmittel unbrauchbar und führt gerne zu kalten Lötstellen, daher vor dem Wiedereinbau erhitzen und abschütteln.

Besonderes Geschick verlangt das Anlöten von vezinntem Kabel an Modellschienen.

Bis die vergleichsweise dicken Schienen lötfähige Temperatur erreicht haben, muß man merklich länger „anheizen", aber ohne die Kunststoffschwellen zum Schmelzen zu bringen. Das frische, flüssige Lötzinn vergrößert die Kontaktfläche zwischen Lötspitze und

Schiene und ermöglicht so einen guten Wärmeübergang. Schaut man genau hin, ist der Zeitpunkt gut zu erkennen, an dem das Lötzinn an die Schiene fließt und nicht mehr von ihr abzuperlen scheint. Dann soll der Lötkolben sofort entfernt werden.

In Abb. 7.8 unten sind die Kabel an der Unterseite des Schienenverbinders, bzw. nach Wegschneiden der Kunststoff-Schwellenverbindung mit dem Bastelmesser, unter dem Schienenfuß angelötet. Erst ohne Kabel einen winzigen Lötzinntropfen aufbringen, dann läßt sich das Kabel leicht dranlöten. Bei fertig verlegtem Gleis bleibt nur die Schienenseite (Abb. 7.8 oben). Vorsichtiges Vorverzinnen verhindert auch hier einen häßlichen Lötklumpen; bei N-Gleisen muß man oft die Schienenlauffläche glattfeilen. Beim Märklin-K-Gleis kann man nur seitlich an die Schienenverbinder gehen – die Schienen selber sind aus Aluminium, das sich nicht löten läßt.

Wohin mit den Bauelementen?

Bei vielen in diesem Band vorgestellen Schaltungen kommen Dioden, Widerstände und Kondensatoren zum Einsatz. Diese Bauelemente müssen sauber angeordnet sein, um gute elektrische Verbindung zu ermöglichen und Kurzschlüsse zu verhindern. Eine erste Möglichkeit bieten die Lötleisten wie in Abb. 11.14 (Rückseite eines Gleisbildstellpultes). Auch Lüsterklemmen kann man hierzu verwenden, wie die Schaltung zur Halb-/Vollwellengleichrichtung in Abb. 7.9 zeigt.

Sehr vorteilhaft lassen sich auch die in der Elektronik vielfach bewährten Leiterbahnplatinen einsetzen. Sie werden meist im Europakartenformat angeboten (100 mm x 160 mm) und besitzen 39 getrennte Kupferbahnen.

Die Bauteile werden auf der nicht verkupferten Platinenseite angeordnet und ihre Anschlußdrähte so durch die im Abstand von 2,5 mm eingestanzten Rasterlöcher gesteckt, daß die rückseitigen Kupferbahnen

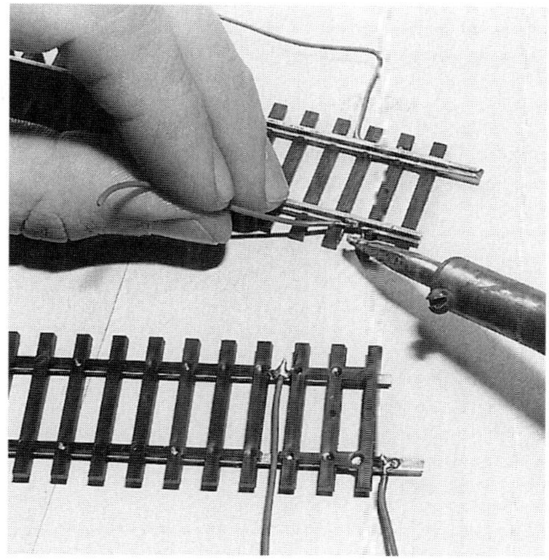

Abb. 7.8 Kabelanschlüsse am Modellgleis

möglichst viele der nötigen elektrischen Verbindungen herstellen. Anschlußdraht und Kupferbahn müssen sauber miteinander verlötet werden, wobei man aufpassen muß, daß nicht ungewollt durch überstehendes Lötzinn benachbarte Bahnen miteinander verbunden werden. Leiterbahnplatten kann man leicht auf kleineres Format zurechtsägen.

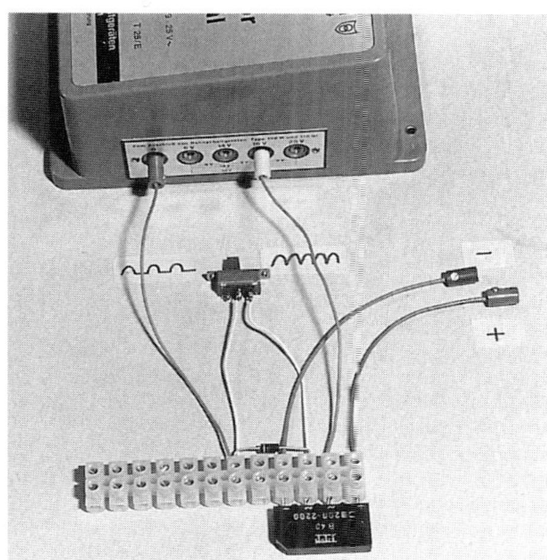

Abb. 7.9 Die Schaltung in Abb. 9.18 an einer Lüsterklemmenreihe

Übersicht statt Kabelwirrwarr

Es ist nicht ratsam, Kabel von einem zum anderen Punkt auf direktem Wege, in Luftlinie zu verlegen. Man baut sich dann ein „Spinnennetz", bei dem es keinen Durchblick mehr gibt. In Abb. 7.10 ist ein Stück Anlagenunterseite zu sehen, das verschiedene Möglichkeiten übersichtlicher Kabelführung zeigt.

Oben im Bild liegt zunächst der bereits besprochene verkupferte Stahldraht (vermessingte Ösen ins Holz eindrehen, Draht durchstecken, anlöten, hält), der als Strom-Sammelschiene dient. Von dort geht es, wo man gerade will, an den Verbraucher – eine Glühbirne oder den Mittelanschluß eines Relais. Die anderen Anschlüsse – nun kommt das Problem der Kabelübersicht – müssen alle zum Stellpult oder zu Gleiskontakten. Bei Relais und Weichen ist es sinnvoll, die Anschlüsse zunächst mal an eine 3polige Lüsterklemme oder Lötleiste zu legen, anstatt die Anschlüsse sofort im Kabelkanal verschwinden zu lassen. Man kann so leicht prüfen, ob die Umschaltspannung beim Betätigen von Tastern oder Gleiskontakten auch tatsächlich an den Spulen ankommt. Ein späterer eventueller Ausbau wird ebenfalls dadurch erleichtert.

Die abgehenden Kabel werden zweckmäßigerweise zu Kabelsträngen zusammengefaßt und auf einem geradlinigen Weg zum Stellpult geführt. Mit dicken Isoliertüllen lassen sich mehrere Kabel zu einem Kabelbündel zusammenfassen, und mit Kabelklipsen – selbstklebend oder zum anschrauben – wird der Kabelstrang befestigt. Solche Kabelklipse gibt es z. B. bei Roco und Arnold im Zubehör, aber auch im Elektronikhandel. Eine Bezifferung der Kabel kann im Störungsfall viel Zeit sparen – es geht mit sog. Nummern- oder Zifferntüllen (z.B. bei Brawa erhältlich), die jeweils am Kabelanfang und -ende aufzustecken sind. Es geht aber auch – nicht so schön – mit einer angeklebten Fahne aus Isolierband, mit Kuli beschriftet.

Wenn alle Anschlüsse eines Anlagenteils zusammengekommen sind, sollte man, bevor man den Kabelstrang auf seine vielleicht 2 bis 3 m lange Reise zum Stellpult schickt, alle Kabel noch einmal auf eine Lötleiste legen (Abb. 7.10 links); auch das erleichtert die eventuelle Fehlersuche.

Das gleiche gilt für das Stellpult. Außerdem ergibt sich der Vorteil, daß alle Kabelstücke für die Verbindungsstrecke gleich lang sind.

Man sollte nicht alle Verbindungen gleichzeitig legen und hoffen, daß nachher alles funktioniert; man wird mit Sicherheit enttäuscht – und bei der Fehlersuche entnervt. Statt dessen: Kabel legen, Funktion des angeschlossenen Relais, Lämpchens usw. prüfen und alles zuvor bereits Angeschlossene nochmals testen, dann erst weiterarbeiten; nur so kann man Schaltfehler sogleich erkennen und beseitigen.

Abb. 7.10 Übersichtliche Kabelführung

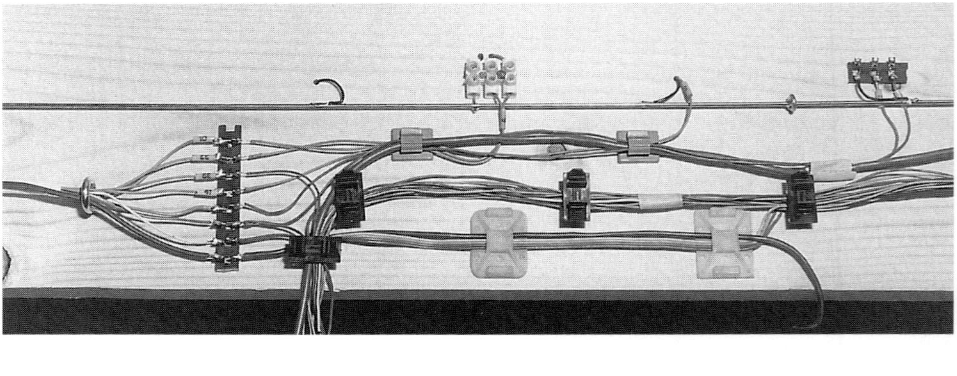

Stecken und klemmen

Soll die Anlage in mehrere Teile zerlegbar sein, so müssen auch die Kabelstränge mit Hilfe von Vielfachsteckverbindern getrennt werden können. Sie brauchen nicht besonders kompakt zu sein, wie es die Elektroniker wünschen – der Modellbahner achtet auf den Preis und einfache Anlötmöglichkeit. Bewährt sind z. B. die bis zu 30poligen Messersteckverbindungen; die vielen Kabel lassen sich auch vom Lötanfänger sauber anlöten. Für wenige Verbindungen eignen sich auch die billigen Lüsterklemmen.

Nun zu Steckern und Buchsen: In der Elektronik und Meßtechnik herrscht ein Durchmessermaß von 4 mm vor; die beim Modellbau üblichen Stecker und Buchsen haben 2,6 mm Durchmesser und werden bei Elektronikhändlern als Miniatur-(Spielzeug-)Bananenstecker geführt.

Für einen Versuchsaufbau zum Testen einer neuen Schaltung, aber auch zum Prüfen und Messen muß man schnell und einfach provisorische elektrische Verbindungen herstellen können. Am Beispiel „Messen der Schienenspannung" zeigt Abb. 7.11 verschiedene Möglichkeiten. Unten sind die sehr bewährten Klemmprüfspitzen zu sehen, sie sind in Verbindung mit 4-mm-Steckern anzuschließen. Links klemmen Miniaturprüfspitzen; die Prüfspitzen oben sind ideal zum Abtasten verschiedener Lötstützpunkte. Sehr praktisch zum Experimentieren sind Kabel, an deren Ende Krokodilklemmen angelötet sind (Abb. 7.11 Mitte); das sind federnde Klemmen mit zackigem Maul, ähnlich wie Wäscheklammem zu handhaben.

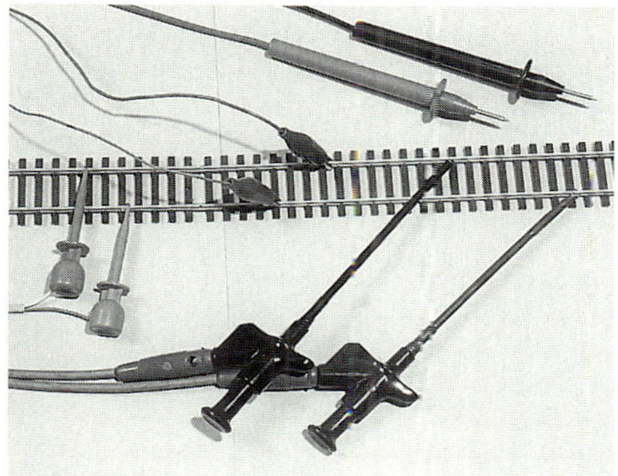

Abb. 7.11 Prüfklemmen am Modellgleis

Meßtechnik: Was man wissen muß und braucht

Wenn man sich näher mit der Modellbahn-Elektrotechnik beschäftigt, will man oft wissen, wie groß denn der vom Trafo abgegebene Strom ist, bei welcher Spannung ein Lokmodell anfährt, welchen Widerstand eine unbekannte Relaisspule hat. Auch zum verstehen lernen ist nichts besser als das eigene Experiment.

Hierzu braucht man in jedem Fall ein geeignetes Meßgerät; es braucht kein besonderes Präzisionsinstrument zu sein, aber man sollte die bei Modellbahnen vorkommenden Gleich- und Wechselspannungen und -ströme, aber auch Widerstände messen können.

Bei Strom- bzw. Spannungsmessung muß man das Gerät unterschiedlich anschließen. Der zu messende Strom muß durch das Meßgerät fließen, bei der Spannungsmessung wird das Gerät an die Trafoklemmen, an die Spule oder die Gleise geklemmt – man mißt dann die Spannung zwischen beiden Punkten.

Da bei Strommessung ein recht großer Strom das Gerät durchfließen kann, sind hierfür oft eigene Anschlußbuchsen vorgesehen. Bei allen Meßgeräten muß man

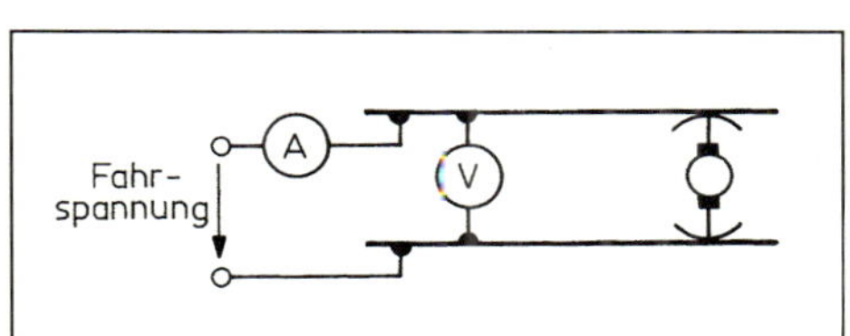

Abb. 7.12 Hier wird der Strom eines Lokmotors und die Spannung zwischen den Schienen gemessen

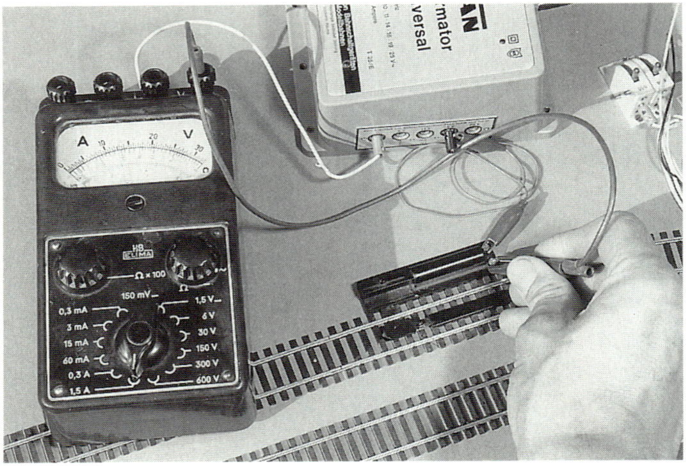

Abb. 7.13
Messung des Spulenstromes des Entkupplungsgleises mit analogem Zeigerinstrument

Abb. 7.14
Hier wird digital die Kondensatorspannung der Weichenschutzschaltung überprüft

durch Knopfdruck vorgeben, ob man Gleich- oder Wechselgrößen mißt – man braucht dabei ein etwas unterschiedliches Meßprinzip. Bei der Widerstandsmessung wird das zu prüfende Bauelement (z. B. eine Spule) an eine eingebaute Batterie angeschlossen. Der dabei fließende Strom (Ohmsches Gesetz!) ist ein umgekehrtes Maß für den Widerstand.

Grundsätzlich unterscheidet man analoge Meßgeräte – sie haben einen beweglichen Zeiger und eine Zahlenskala – und digitale Geräte, bei denen das Meßergebnis wie beim Taschenrechner in Zahlenform angezeigt wird. Einfache analoge Zeigerinstrumente für Bastelzwecke (50–70 DM) sind heute (noch!) billiger als Digitalgeräte, aber auch schlechter abzulesen. Bei Gleichspannungen wechselnder Polarität muß man auch stets die Meßkabel umklemmen; bei falscher Meßgerätpolung knallt der Zeiger an den linken Anschlag (er verhält sich ähnlich wie ein Lokmotor).

Digitalinstrumente sind da wesentlich bequemer zu handhaben und abzulesen. Die komplizierte Meßelektronik der Digitalgeräte hat sich in den letzten Jahren stetig verbilligt, so daß man ein gutes Gerät heute schon für 130–150 DM bekommt.

Für den Meßanfänger ist der Zeigerausschlag der „Analogen" leichter zu „begreifen"; vor allem, wenn die Meßkabel keinen sauberen Kontakt haben, gibt der Zeiger wegen seiner Trägheit immer noch einen in etwa richtigen ablesbaren Wert an, während die „Digitalen" in diesem Fall ein unverdauliches Zahlenpuzzle von sich geben. Nach einer gewissen Zeit der Eingewöhnung und des Erfahrungsammelns wird man aber sein Digitalinstrument kaum mehr gegen ein analoges eintauschen wollen.

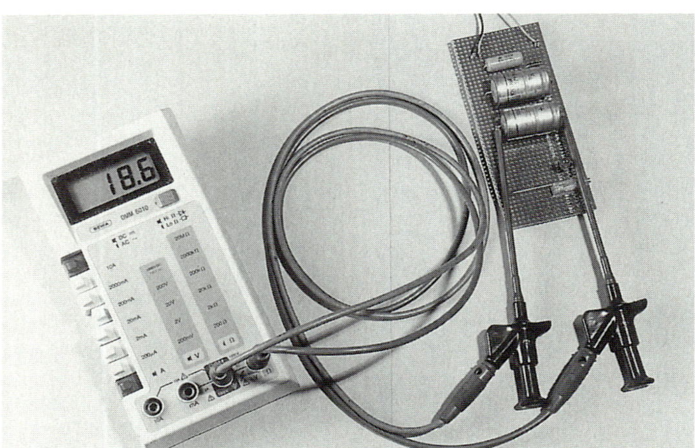

Praxis für die Praxis: ein Spannungsprüfer selbst gebaut

Oft braucht man die Spannung nicht nach Betrag genau zu kennen, man will lediglich wissen, ob Spannung z. B. zwischen zwei Lötpunkten anliegt oder nicht. Dazu reicht ein einfacher Spannungsprüfer, den man mit zwei Leuchtdioden und einem Widerstand (Warenwert etwa 1 DM) selbst bauen kann.

Abb. 7.16 zeigt die Schaltung: Eine rote und eine grüne Leuchtdiode sind antiparallel zu verschalten und mit gemeinsamem Vorwiderstand (1 Kiloohm) zu versehen. Bei positiver Gleichspannung leuchtet die rote

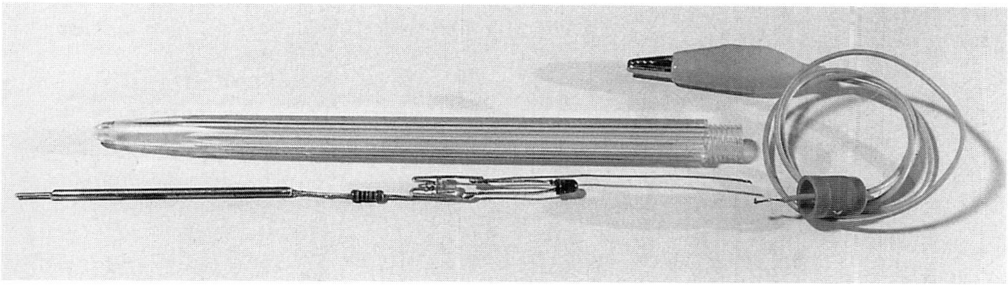

Abb. 7.15
Vom Kugelschreiber zum Spannungsprüfer

Leuchtdiode, bei negativer die grüne, bei Wechselspannung leuchten beide. Ob man die Leuchtdioden richtig verlötet hat, probiert man am besten an einer Batterie oder einem Gleichstromfahrpult bei kleiner Spannung aus. Die Antiparallelschaltung verhindert auch, daß die niedrige Sperrspannung von 5 V überschritten wird, daher erst vorsichtig ausprobieren!

Wie man die Schaltung in die Praxis umsetzen kann, zeigt Abb. 7.15; sie findet Platz in einem durchsichtigen Kuli-Gehäuse, statt der Mine steckt ein zugespitzter 2-mm-Messingstab drin, der als Prüfspitze dient. Den anderen Anschluß stellt zweckmäßigerweise ein Kabel mit Krokodilklemme her, die man z. B. an den Rückleiter klemmt.

Um die Schaltung so kompakt und freitragend wie in Abb. 7.15 aufzubauen, bedarf es schon einigen Lötgeschicks; das Vorgehen: Anschlußdrähte vorverzinnen, die eine Leuchtdiode z. B. in eine Wäscheklammer klemmen und hinlegen; Lötkolben mit frisch verzinnter Lötspitze in die eine Hand, die andere Leuchtdiode in die andere (die Beinchen sind natürlich schon zurechtgebogen), anlöten. Nun beide verbundene Leuchtdioden festklemmen und Vorwiderstand, danach die Anschlußdrähte anlöten.

Nimmt man sich noch eine 4,5-V- oder 9-V-Batterie zu Hilfe, wird aus dem Spannungsprüfer ein Durchgangsprüfer, der anzeigt, ob zwischen zwei Punkten eine elektrische Verbindung besteht.

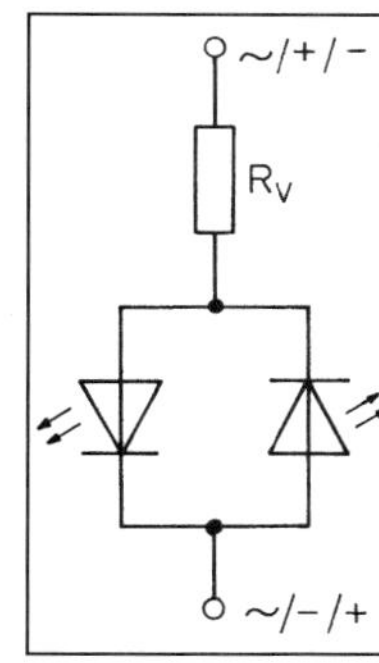

Abb. 7.16
Spannungsprüfer mit Leuchtdioden

Zusammenfassung

Die oft umfangreichen Verdrahtungsarbeiten bei Modellbahn-Anlagen verlangen eine Grundausstattung an gutem Werkzeug und eine saubere, übersichtliche Vorgehensweise beim Verlegen der Kabelverbindungen. Richtiger Umgang mit dem Lötkolben und die Verwendung nur guter Materialien gewährleisten eine einwandfreie und dauerhafte Funktion. Um Verdrahtungsfehler aufzuspüren sind Meß- und Prüfgeräte unentbehrlich, meist reicht ein einfacher Spannungs- und Durchgangsprüfer. Mehr Möglichkeiten bietet ein Vielfachmeßgerät, beim eigenen Meßexperiment lernt man die Elektrotechnik am besten kennen.

8 Bausteine für den Automatik-Betrieb

Für den automatischen Betriebsablauf auf der Modellbahn-Anlage sind zwei Elemente besonders wichtig: da ist einmal das Relais, ein Schalter, der auf elektrischen Strom reagiert. Diesen Strom, den Steuerstrom, muß der fahrende Zug an bestimmten Stellen auslösen. Dies geschieht mit speziellen Schaltkontakten im Modellgleis. Dieses Kapitel nimmt Relais und Gleiskontakte unter die Lupe.

So funktioniert ein Relais

Zur Zeit der Postkutschen war ein Relais eine Station, an der ermüdete Pferde gegen frische ausgetauscht wurden. In der Frühzeit der Morse-Telegraphie übernahm man diesen Ausdruck, denn mit Hilfe des elektrischen Relais kann man ankommende Morsezeichen auffrischen, d. h. verstärken und auf den nächsten Leitungsabschnitt schicken.

Beim Relais baut der Steuerstrom in einer Spule ein Magnetfeld auf, das ein bewegliches Eisenteil, den Anker, anzieht und dadurch Kontakte öffnet oder schließt. Steuerstromkreis und Schaltstromkreis haben keinerlei elektrische Verbindung. In Abb. 8.1 schaltet ein Relais eine Glühlampe am 220-V-Netz ein. Der Steuerstrom wird aus einer Batterie entnommen. Der Drucktaster kommt mit der hohen Spannung keinesfalls in Berührung.

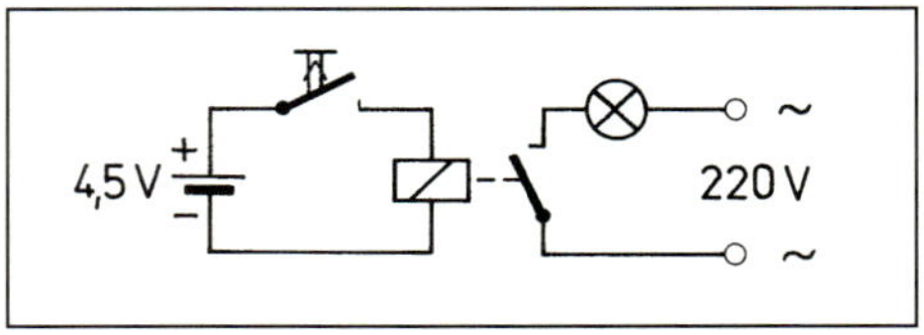

Abb. 8.1 Relaissteuerung einer Glühlampe am 220-V-Netz

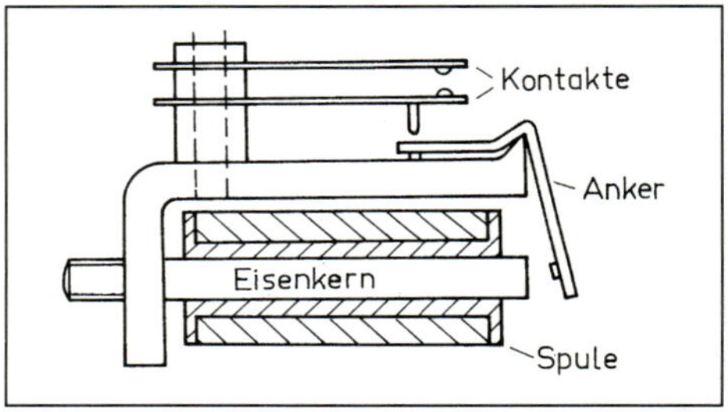

Abb. 8.2 Monostabiles Relais mit Winkelhebel

Prinzipiell funktioniert das Schütz genauso wie das Relais. Es ist nur speziell für Starkstrom ausgelegt. Zur Leistungssteuerung auf einer Lok des Vorbilds verwendet man stets Schütze – auf der Modellbahn regiert das Relais.

Die allermeisten Relais ziehen den Anker an, solange Steuerstrom fließt. Schaltet man ihn ab, zieht eine Feder den Anker in die ursprüngliche Stellung zurück. Man nennt dies monostabiles Verhalten.

Der Aufbau eines solchen Relais geht aus Abb. 8.2 hervor.

Abb. 8.3 zeigt verschiedene Kontaktmöglichkeiten. Den Arbeitskontakt a stellt der Anker in angezogener Stellung her. Der Ruhekontakt r wird dagegen bei angezogenem Anker unterbrochen. Der Umschaltkontakt ist eine Kombination von beiden. Allgemein bezeichnet man Schaltkontakte mit kleinen Buchstaben.

Die meisten Relais besitzen Umschaltkontakte, mit denen man bei Bedarf Ruhe- oder Arbeitskontakte zur Verfügung hat. Vielfach gibt es sogar mehrere Umschaltkontakte. Man spricht dann vom z. B. 3poligen Umschalter. In den Verkaufslisten heißt dies auch knapp „3 x UM".

Im Zubehör der Modellbahn-Firmen kommen monostabile Relais nicht vor. Eine Modellok kann ja stets nur einen kurzen Steuerstromimpuls abgeben – und dann soll irgend etwas dauernd angeschaltet bleiben. Andererseits kann man mit den üblichen Kontaktgleisen Weichen und Signale direkt ansteuern. Es wird aber später noch gezeigt, daß man nicht beliebig große Schaltstromimpulse aus den Gleiskontakten entnehmen kann. Hier hilft das monostabile Relais weiter, hierzu später mehr.

Im Gegensatz zur Magnetartikelversorgung der Modellbahn-Trafos arbeiten die allermeisten Relais mit Gleichspannung. Sie sind dann kleiner und billiger und schalten besser. Der Spulenstrom liegt im Bereich von etwa 20...100 mA – er kann dauernd fließen, ohne Schaden anzurichten. Im Gegensatz zum Doppelspulenantrieb bei den Weichen bewegt sich der Anker um vielleicht 1 mm, die Stellkraft ist verschwindend klein.

Legt man ein solches Relais an Wechselspannung, hört man meist ein helles Piepen. Magnetfeld und Kraft sind nicht konstant, und wegen seiner geringen mechanischen Trägheit zieht der Anker 100mal in der Sekunde an und fällt wieder ab. Man nimmt nun einfach einen Gleichrichter und kann damit problemlos Relais für 12-V-Gleichspannung vom Modellbahn-Trafo versorgen.

Wenn man in einem Elektronikgeschäft oder in einem Versandkatalog ein passendes Relais aussucht, muß man neben Spulenspannung und Anzahl der Schaltkontakte noch den zulässigen Schaltstrom beachten, das ist der Strom, der mit den Schaltkontakten ein- und ausgeschaltet wird. Will man Gleisabschnitte an- und abschalten (auf denen auch gelegentlich Kurzschlußstrom fließt) oder mehrere Weichen gleichzeitig umlegen, sollte der zulässige Schaltstrom nicht unter 2 A liegen.

In einem Katalog findet man z. B. folgende Angabe:

Kleinrelais 12 V DC, 4 um, 250 V/2,5 A.

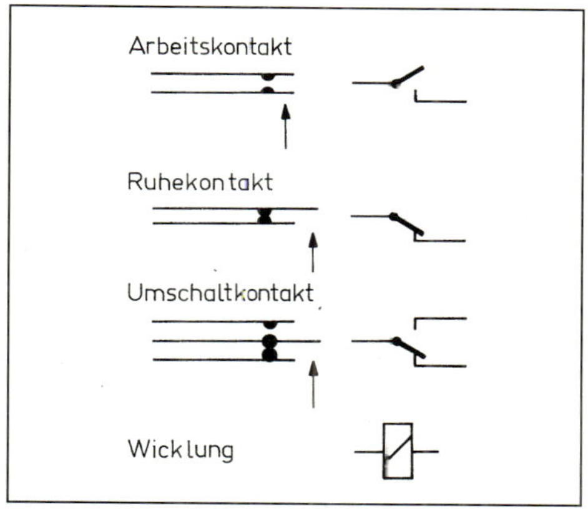

Abb. 8.3
Relaiskontakte und ihre Schaltbilder

Das heißt, die Spulenspannung ist 12 V Gleichspannung (DC = engl. Abkürzung für Gleichstrom, AC für Wechselstrom), es hat 4 Umschaltkontakte, an die Schaltkontakte kann man eine Spannung von bis zu 250 V anlegen, der zulässige Schaltstrom beträgt 2,5 A. Ein anderes Beispiel:

12 V ~, 2a, 2r, 250 V/2,0 A.

Dieses Relais kann mit Wechselstrom angesteuert werden, es besitzt zwei Arbeits- und zwei Ruhekontakte. Oft wird auch der Spulenwiderstand angegeben, man kann dann leicht den Spulenstrom berechnen.

Die Anschlüsse sind oft auf dem Relais angegeben. Bei einem 4 x UM-Relais gibt es deren immerhin zwei für die Spule und vier mal drei für die Umschalter, also 14 Stück. Oft steht neben der Anschlußbezeichnung „bottom view“, das heißt zu deutsch „An-

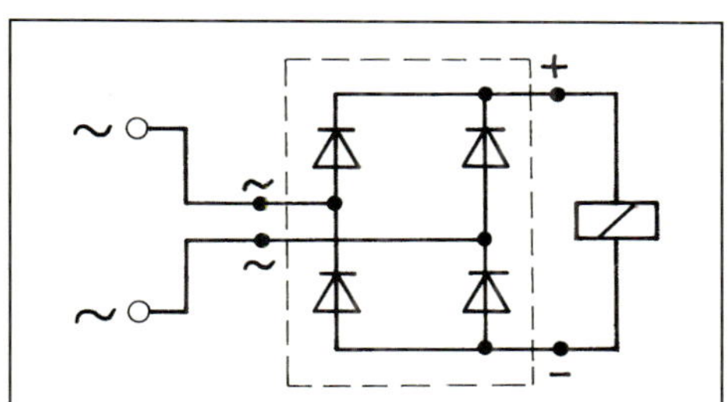

Abb. 8.4
Ein Gleichspannungsrelais am Wechsel-(Licht-) Stromausgang des Trafos

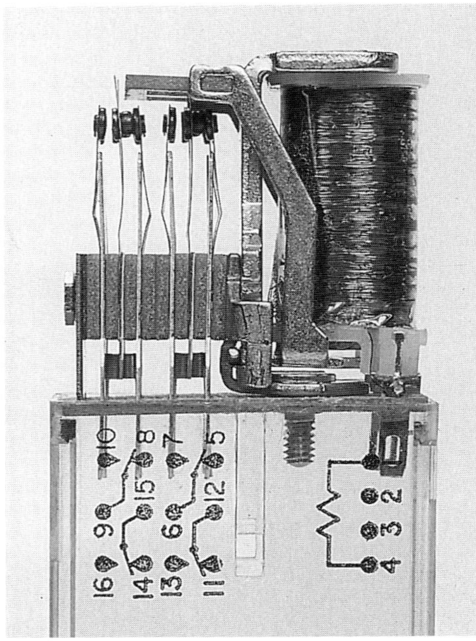

Abb. 8.5 Innenleben eines einspuligen Relais mit Umschaltkontakten

sicht von unten". Falls man zu einem Relais keinerlei Informationen über die Anschlüsse hat, hilft das Widerstandsmeßgerät oder ein Durchgangsprüfer (siehe Seite 76ff.). Alle Umschaltkontakte sind entweder offen oder widerstandslos geschlossen, während man zwischen den Spulenanschlüssen den Spulenwiderstand von 100...500 Ω mißt. Nun kann man die Relaisspule an Spannung legen und herausfinden, welche Anschlüsse nun verbunden und welche nun unterbrochen sind.

Die Selbsthalteschaltung hält den Anker fest

Mit einem einfachen Schaltungstrick kann man erreichen, daß der Anker nach einem Drucktasterimpuls oder einem kurzen Gleiskontakt dauernd angezogen bleibt. Dazu braucht man nur einen freien Arbeitskontakt, der mit dem Spulenstromimpuls geschlossen wurde, parallel zum Taster bzw. zum Gleiskontakt zu legen. Der Spulenstrom fließt über den Arbeitskontakt weiter, auch wenn man den Einschalttaster losgelassen hat.

Zum Abschalten braucht man nur den Stromkreis kurz unterbrechen – das Relais fällt ab und schließt nicht mehr. Statt des Öffners in Abb. 8.6 kann auch der Ruhekontakt eines anderen Relais verwendet werden.

Eine weitere Variante schaltet die Selbsthalteschaltung mit zwei verschiedenen Schließkontakten an und ab, ohne dafür ein zweites Relais zu benötigen. Dabei wird über den zweiten Schließer die Relaisspule überbrückt, sie wird dann stromlos, und der Anker fällt ab (Abb. 8.7). Zwischen Relaisspule und

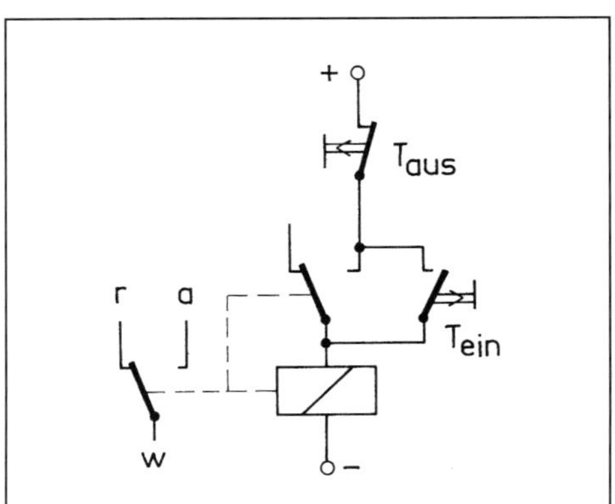

Abb. 8.6 Die Selbsthalteschaltung verhält sich wie ein Schalter, der mit Tastern bedient wird

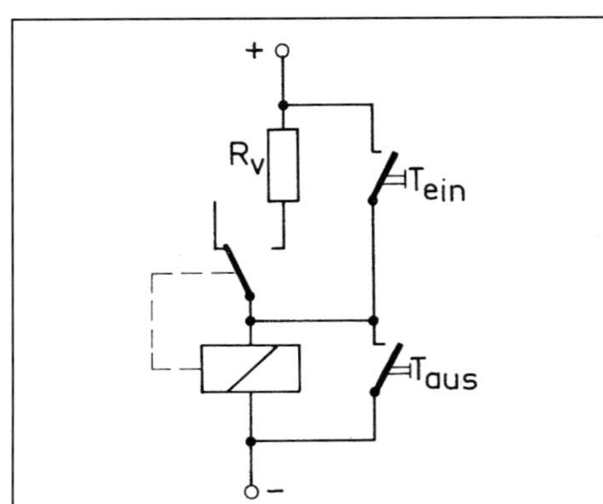

Abb. 8.7 Mit zwei Tastern oder Gleiskontakten läßt man das Relais anziehen und abfallen

Versorgungsspannung muß dann allerdings ein Vorwiderstand liegen, um den Kurzschlußstrom in Grenzen zu halten; er darf aber nicht zu groß sein, sonst zieht das Relais nicht mehr an.

Als Faustformel gilt, daß der Vorwiderstand R_v ein Fünftel des Spulenwiderstandes nicht überschreiten soll. Durch geschickten Einbau des Einschalttasters T_{ein} wird R_v beim Einschalten überbrückt, so daß dann der volle Spulenstrom fließt.

R_v braucht nicht für besonders hohe Leistung ausgelegt zu sein; wird die Relaisspule mit dem Ausschalttaster kurzgeschlossen, öffnet sich sogleich der Arbeitskontakt, und der Stromkreis ist unterbrochen.

Probleme kann es mit selbsthaltenden Relais geben, wenn mit dem versorgenden Trafo auch Weichen geschaltet werden und die Spannung zu stark zusammenbricht, so daß Relais ungewollt abfallen.

In diesem Fall hilft entweder ein eigener Trafo für die Doppelspulenantriebe oder die Weichenschutzschaltung auf Seite 55.

Doppelspulenrelais aus dem Modellbahn-Zubehör

Die von den Modellbahn-Herstellern angebotenen Relais besitzen zwei Spulen und funktionieren wie die Doppelspulenantriebe der Weichen. Es wurde ja bereits gezeigt, daß viele Weichenantriebe „nebenher" auch Schaltkontakte öffnen bzw. schließen, z. B. zum Polarisieren der Herzstücke.

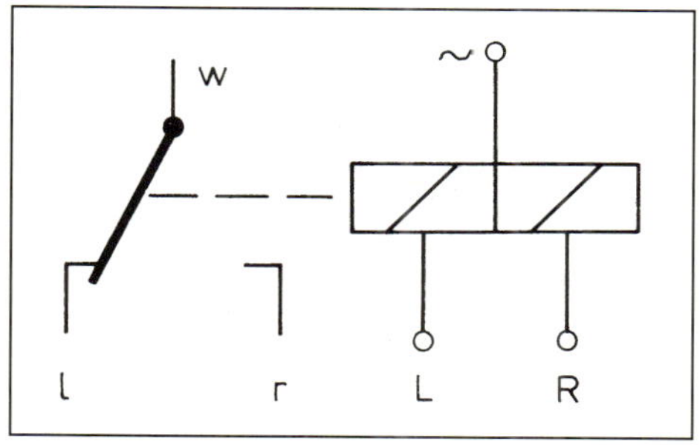

Abb. 8.8 Schaltbild des Doppelspulenrelais

Der große Vorteil der Doppelspulenantriebe ist, daß der Anker mit Spulenstromimpulsen, also auch direkt durch Gleiskontakte umgestellt werden kann und seine neue Stellung danach beibehält. Ein solches Verhalten nennt man auch „bistabil".

Beim Schaltbild des bistabilen Doppelspulenrelais muß man beachten, daß es hier nur Ruhekontakte gibt. Mit Abb. 8.8 kann man sich leicht merken, daß nach einem Stromimpuls durch die linke Spule (Anschluß L) der linke Kontakt l dauernd mit w verbunden ist; nach einem Stromimpuls durch die rechte Spule (Anschluß R) ist der linke Kontakt l offen, statt dessen ist der rechte Kontakt r dauernd mit w verbunden.

Die Nachteile bistabiler Doppelspulenrelais wurden bereits bei den Weichenantrieben genannt: sehr hoher Spulenstrom und oft fehlende Dauerstromfestigkeit, sofern kein Endabschalter vorhanden ist. Die Tabelle unten gibt einen Überblick über die gängigen Typen des Zubehörs.

Hersteller	*Katalogbezeichnung*	*Schaltkontakte*	*Endabschaltung, dauerstromfest*
Trix	Schaltrelais	4 x UM	nein
	Electronic-Relais	4 x UM	ja
Fleischmann	Universal-Relais	2 x UM	ja
Roco	Universal-Relais	4 x UM	ja
Märklin	Universal-Fernschalter	1 x UM, 2 Schließer	nein
Conrad	Zweispulenumschaltrelais	5 x UM	ja
Lauer	Universal-Relais	2 x UM	ja

Tabelle 8.1 Doppelspulenreails aus dem Modellbahn-Zubehör

Abb. 8.9
Das Innere des endabgeschalteten Roco-Relais

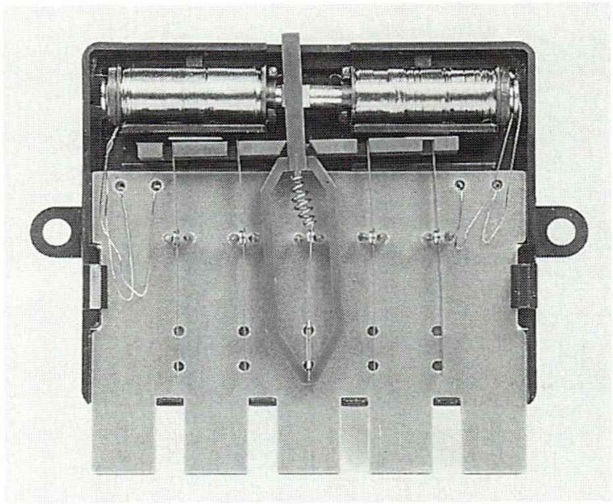

Aus diesen Relais fällt das Roco-Relais mit seinen vier Umschaltkontakten und seinem günstigen Preis auf. Die Strombelastbarkeit der Kontakte reicht allerdings nur für höchstens zwei Weichen auf die Dauer aus – ist man hier zu großzügig, wird die Lebensdauer drastisch verkürzt.

Selbst wenn man sich am preiswerten Roco-Relais orientiert, kann man mit einem monostabilen Relais in Selbsthalteschaltung ein paar Mark sparen, sofern man nur ein oder zwei Schaltkontakte braucht. Braucht man z. B. fünf statt vier verschiedene Umschaltkontakte, so ist es auch billiger, ein monostabiles Relais mit 2 x UM zu Hilfe zu nehmen, statt ein zweites Roco-Relais zu verwenden.

Abb. 8.10
4 x UM + 2 x UM = 5 x UM: So vermehren sich die Umschaltkontakte eines Doppelspulenrelais mit einem monostabilen Relais

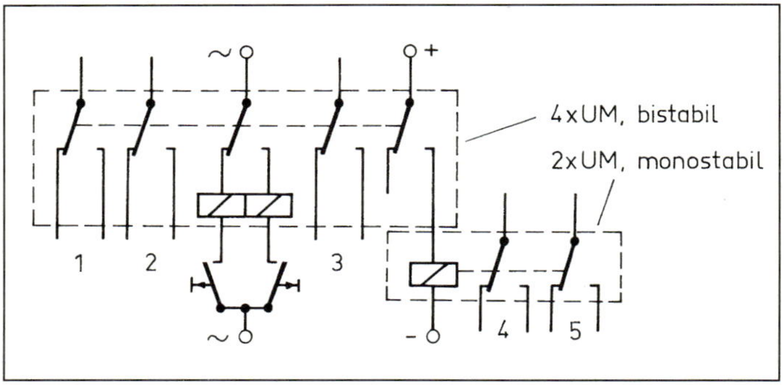

Kontakte vom Modellbahnzug

In den vorangegangenen Kapiteln wurden die verschiedensten Relais vorgestellt. Nun geht es darum, den Steuerstromkreis vom fahrenden Zug schließen zu lassen und so Weichen und Signale ohne manuellen Eingriff selbständig anzusteuern. Dabei gibt es die Möglichkeit, die Spulen der Weichen- und Signalantriebe direkt oder über Relais anzusprechen.

Die Modellbahn-Hersteller bieten verschiedene Möglichkeiten an, Kontakte durch den fahrenden Zug herzustellen. Sie sollen im folgenden einmal gegenübergestellt werden.

Grundsätzlich muß man unterscheiden, ob der vom Zug geschlossene Steuerstromkreis mit dem Fahrstromkreis elektrisch in Berührung kommt oder nicht. Im ersten Fall benutzen Steuer- und Fahrstromkreis eine Schiene als gemeinsamen Rückleiter; man spricht in diesem Fall von einem nicht potentialfreien Gleiskontakt, da Fahr- und Steuerstromkreis elektrisch verkoppelt sind. Wenn aber der Zug einen Kontakt schließt, der mit den Gleisen keinerlei elektrische Verbindung hat, liegt ein potentialfreier Gleiskontakt vor.

Nicht potentialfreie Gleiskontakte verlangen im allgemeinen mehr Aufmerksamkeit beim Einbau; sie sollen daher zuerst betrachtet werden.

Die prinzipielle Funktionsweise ist folgende: Die Räder oder Stromabnehmer verbinden ein isoliert an den Gleisen angebrachtes Metallstück mit einer der beiden Schienen.

Eine Sonderstellung nimmt dabei das Dreischienen-Zweileiter-System (Märklin) ein, bei dem im Gegensatz zu den Gleichstromfahrpulten der Fahr- und Lichtstromkreis im Trafo elektrisch verbunden, also nicht potentialfrei sind. Gemeinsamer Rückleiter sind die beiden Schienen. Der Gleiskontakt verbindet nun einen Verbraucher (Lampe, Relais- oder Weichenspule), der an einer Seite mit dem Lichtstromausgang des Trafos verbunden ist, mit den Schienen; der Steuerstromkreis ist geschlossen.

In einem einfachen Schaltbeispiel zeigt dies Abb. 8.11. Ein Zug fahre von links nach rechts; wenn er den ersten Gleiskontakt passiert, soll er ein vor sich stehendes Signal auf „Freie Fahrt" stellen, später, am zweiten Gleiskontakt, soll es wieder auf „Halt" zurückfallen. Die Mittelverbindung des Signalantriebs liegt dauernd an der Trafobuchse L (Lichtstrom), die beiden anderen Spulenanschlüsse werden durch den Gleiskontakt, ähnlich wie die Taster beim manuellen Betrieb, an die Schienen, d. h. den Rückleiter gelegt.

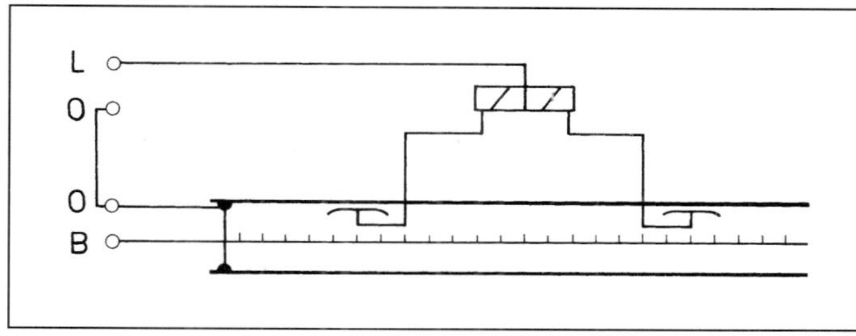

Abb. 8.11
Ansteuerung eines Signals beim Märklin-System

Abb. 8.12
Das Märklin-Kontaktgleis mit beiden fahrtrichtungsabhängigen Schaltkontakten, von unten gesehen

Abb. 8.13
Auch im Großbetrieb gibt es Gleiskontakte – zum Beispiel zum Zählen von Achsen oder zur automatischen Sicherung eines Bahnübergangs

Abb. 8.14
Ansteuerung eines Signals beim Zweischienensystem mit nicht potenialfreien Gleiskontakten

Märklin hat als einziger Hersteller einen echten fahrtrichtungsabhängigen Gleiskontakt. Der Skischleifer über den Punktkontakten macht es möglich – er drückt eine kleine Kunststoffwippe nach rechts oder links und schließt damit den einen oder anderen Kontakt. Wenn die Federkraft des Skischleifers bei älteren Modellen etwas nachgelassen hat, kommt es allerdings schon mal zum ungewollten Stillstand – dann ist die Illusion dahin.

Beim Zweischienensystem gibt es keine Symmetrie zur (Punktkontakt-)Mitte. Hier gilt eine eiserne Regel: Alle vom Zug hergestellten Kontakte müssen mit stets der gleichen Schienenseite geschlossen werden. Diese Schiene ist dann der gemeinsame Rückleiter für den Fahr-Gleichstrom und den Steuer- bzw. Magnetartikel-Wechselstrom.

In Abb. 8.14 wird die gleiche Betriebssituation wie in Abb. 8.11 für das Zweischienensystem gezeigt.

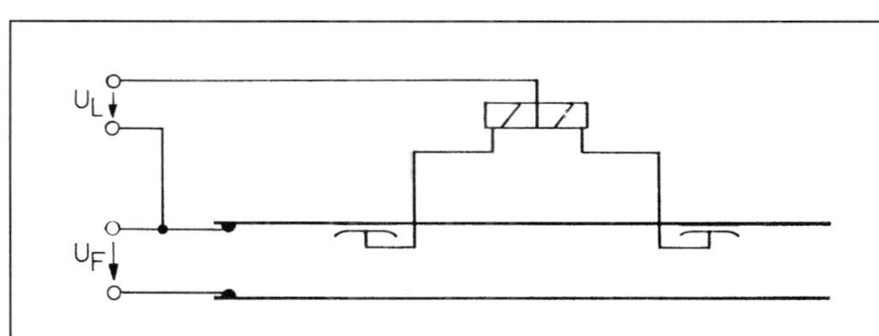

Wie sehen nun die Gleiskontakte der einzelnen Hersteller aus? Bei Fleischmann gibt es eine spezielle Kontaktschiene, die neben der Fahrschiene eingebaut wird und durch den Pilz-Schleifer unter der Lok mit dieser elektrisch verbunden wird. Die Loks müssen dazu freilich immer vorwärts fahren. Arnold bietet ein federndes Schaltstück an, das die Innenseite eines vorüberrollenden Rades berührt und – sofern es aus Metall ist – so

Abb. 8.15 Gleiskontakte von Fleischmann und Arnold im H0-Gleis und von Minitrix (unten)

Abb. 8.16 Beim Minitrix-Kontaktgleis stellen die Lokräder mit Stromabnehmern den Kontakt her

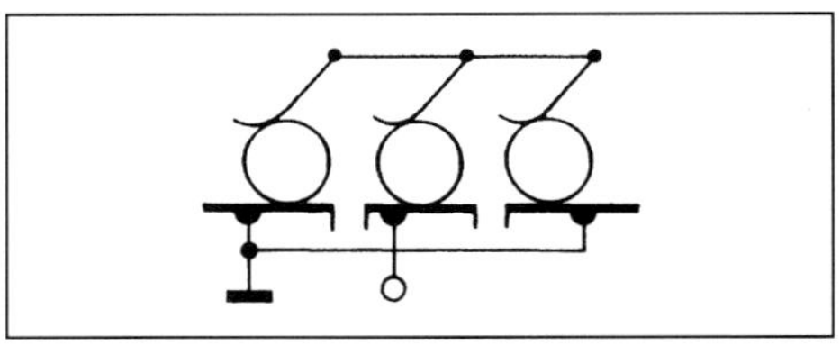

Abb. 8.17 Die Signalsteuerung nach Abb. 8.14, aufgebaut mit potentialfreien Gleiskontakten

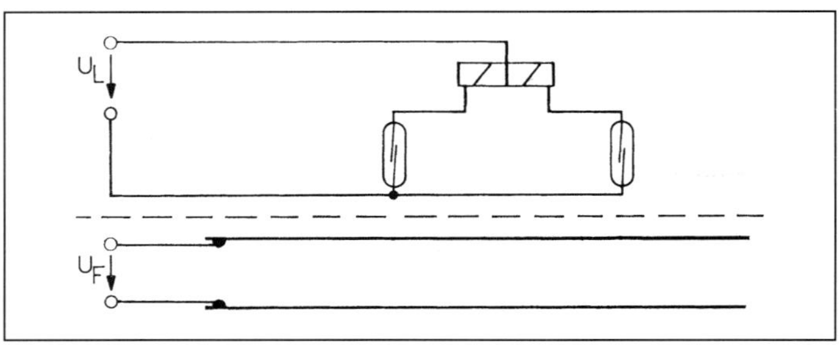

Abb. 8.18 Fast wie ein Drucktaster: Die Spurkränze drücken (hoffentlich) die Querplatte nieder

den Kontakt zur Schiene herstellt. Es läßt sich mit etwas Geschick auch in H0-Gleise einbauen. Da es mechanisch auf jedes Rad reagiert, wird es allerdings auf die Dauer sehr beansprucht. Wenn wegen innerer Kontaktschwäche oder schlechtem Rad-Schiene-Kontakt nicht gleich ein sauberes Durchschalten zustandekommt, kann es vorkommen, daß eine Weiche nicht richtig umgelegt wird und der Anker im Antrieb in einer Mittelstellung hängenbleibt. Die möglichen Folgen wurden bereits besprochen.

Noch kritischer sind diesbezüglich die Kontaktgleise von Minitrix. Hier wird ein kleines Schienenstückchen isoliert eingesetzt, das elektrisch mit den benachbarten Schienen zu verbinden ist: Dies besorgen die über Stromabnehmer verbundenen Lokräder (Abb. 8.16).

Leider ist ja die Stromabnahme über die Räder nicht immer gut, und die Kontaktbrücke auf dem Kontaktgleis ist nicht immer so, daß eine Weiche sauber geschaltet werden kann. Ganz anders ist das, wenn statt einer Weichenspule eine elektronische Schaltung angesteuert werden soll – dann genügt nur ein „winziger" Impuls. So ist es nicht verwunderlich, daß es gerade bei Trix ein „Electronic-Relais" gibt, das sehr flink reagiert. Manche kurze Lok stellt leider überhaupt keinen Kontakt her – sondern bleibt selber wegen Kontaktmangel stehen.

Im folgenden sollen die potentialfreien Gleiskontakte betrachtet werden. Rein äußerlich erkennt man sie daran, daß sie stets zwei Anschlüsse haben, da ja die Schiene im Steuerstromkreis nicht erscheint. Wie das Schaltbeispiel in Abb. 8.14 mit potentialfreien Gleiskontakten realisiert wird, zeigt Abb. 8.17. Steuer- und Fahrstromkreis sind vollkommen getrennt.

Bei den potentialfreien Gleiskontakten ist zunächst das Roco-Kontaktgleis zu nennen, bei dem die Spurkränze eine Wippe niederdrücken und einen Kontakt schließen. Probleme kann es hier bei zu leichten Wagen geben.

Bei den Reedkontakten (SRKs) überwiegen die Vorteile

Fast ideale Schaltelemente sind die sogenannten Reedkontakte, die der Relaistechnik in den letzten Jahren zu gewaltigem Aufschwung verholfen haben.

Zwei hauchdünne längliche Metallplättchen aus magnetischem, elastischem Edelstahl (reed: englisch für Schilfblatt) sind an den Enden eines Glasröhrchens eingegossen und überlappen sich in der Mitte ein wenig, berühren sich aber nicht. Hält man einen Dauermagneten in Längsrichtung darüber, oder steckt man es ins Innere einer Spule, so sucht das magnetische Feld seinen Weg durch die Reedblätter und zieht diese in der Mitte zusammen, so daß sie sich berühren und somit Kontakt aufnehmen.

Das Innere des Glasröhrchens ist mit einem besonderen Gasgemisch gefüllt, das die schädliche Wirkung von Kontaktfunken unterbinden soll. Man spricht daher auch vom Schutzgasrohrkontakt (SRK).

Bringt man SRKs im Modellgleis unter und befestigt man unter einer Lok einen Dauermagneten, so berühren sich die Reedblätter, wenn die betreffende Lok darüber hinweg fährt. Die Vorteile liegen auf der Hand: Die Kontakte sind potentialfrei, die Stromabnahme der Lok ist nicht gefährdet und das Ganze funktioniert berührungslos. Die Magnete unter einer Lok zu befestigen ist bei H0 absolut problemlos, bei N in den allermeisten Fällen auch. Weil hier der Abstand Lokboden–Gleis kleiner ist, genügen auch kleinere Magnete. Magnete und SRKs sind vergleichsweise billig, beide sind heute industrielle Massenprodukte!

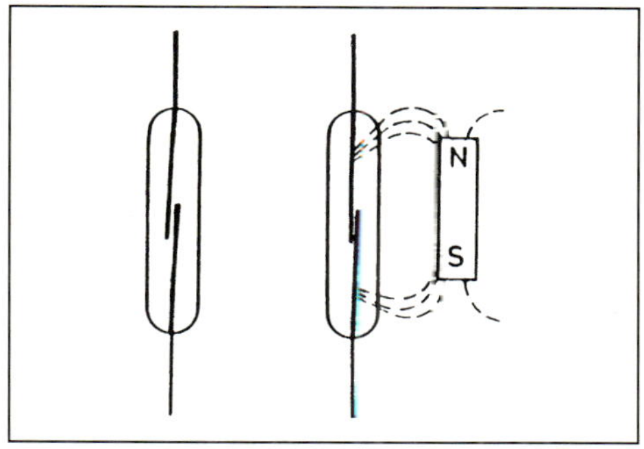

Abb. 8.19
Die Reedblätter aus magnetischem Edelstahl ziehen das Magnetfeld eines Dauermagneten an und schließen sich dabei

Viele Modellbahn-Hersteller bieten SRKs an, die in einen Block integriert sind und fertige Anschlußklemmen besitzen. Wesentlich billiger als das „Original-Zubehör" sind die „nackten" SRKs, wie sie z. B. von Herkat für den Modellbahn-Bedarf, aber auch von vielen Elektronikhändlern vertrieben werden. Sie müssen ins Gleis eingebaut und mit Anschlußkabeln versehen werden.

Abb. 8.20
Ein SRK, eingebaut im Roco-Flexgleis, sowie ein in einer Schwelle perfekt getarnter SRK mit fertigen Anschlüssen

Abb. 8.21
Ein Relais verstärkt den Schaltstrom des SRKs

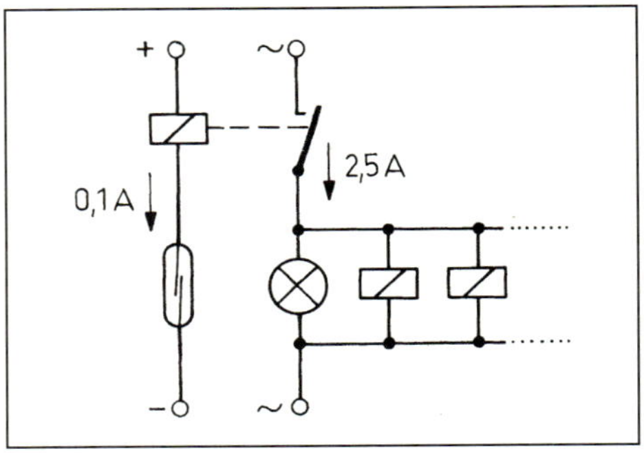

Abb. 8.22
Mit Hilfe mehrerer Einzelmagnete läßt sich die Schaltdauer verlängern

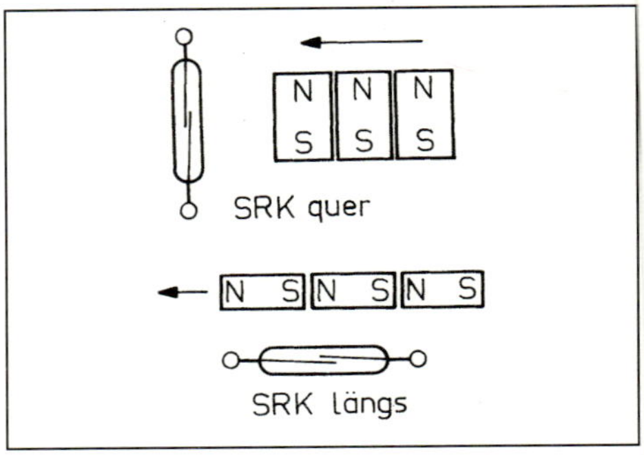

Beim Einbau von SRKs muß man bedenken, daß die Anschlußdrahtenden in hauchdünnen Glasröhrchen eingeschmolzen sind. Man sollte unbedingt vermeiden, zuviel an diesem Draht herumzubiegen, da seine Befestigung im Glas leicht bricht. Eine saubere elektrische und mechanische Befestigung erlauben z. B. zwei Messingschrauben (oder -nägel) wie in Abb. 8.20. Lötet man die SRKs daran fest, können die Anschlußdrähte den Schienenfuß nicht berühren. Nimmt man entsprechend lange Schrauben, hat man gleich eine elektrische Durchführung auf die Unterseite der Anlage.

Nun muß eine wichtige Einschränkung für SRKs zur Sprache kommen: Der Strom, den sie schalten können, ist vergleichsweise klein. In den Katalogen der Modellbahn-Hersteller werden Werte von 0,5...0,8 A angegeben – das reicht für *höchstens* eine Weiche. Ist der Schaltstrom zu groß – wenn man eine ganze Weichenstraße stellen will –, wird der SRK bald unbrauchbar, die Reedblätter kleben dauernd zusammen und lösen sich nicht mehr. Hier kann man sich nur mit einem Relais weiterhelfen, das als „Schaltstromverstärker" dient.

Was die Dauermagnete angeht, so gibt es neben dem Rundmaterial inzwischen auch kleine längliche Plättchen, die sich leichter unter dem Wagenboden tarnen und ankleben lassen. Man muß darauf achten, daß ein unter dem Fahrzeug längs angeklebter Magnet einen im Gleis querliegenden SRK *nicht* schalten kann. SRK und Magnet müssen stets parallel zueinander liegen. Hieraus erwächst aber auch die Möglichkeit, zwei unterschiedliche Fahrzeuge, eines mit quer, das andere mit längs eingebautem Magnet, unterschiedliche SRKs schalten zu lassen. So kann man z. B. querliegende SRKs von Rangierlokomotiven bedienen lassen, längsliegende von Streckenloks. Eine andere Unterscheidung wäre z. B. Lok – letzter Wagen.

Besonders bei quer eingebauten SRKs kann es vorkommen, daß bei sehr schneller Fahrt die Dauer des Kontaktes zu klein ist, um eine Weiche zu schalten. Man kann sich dann helfen, indem man mehrere Magnete nebeneinander legt, somit das Magnetfeld „breiter" und die Schaltdauer länger macht. Ebenso kann man längsliegende Magnete durch weitere Magnete verlängern.

Tabelle 8.2
Größe und Schaltstrom erhältlicher SRKs

Länge des Glasröhrchens	*Durchmesser des Glasröhrchens*	*Schaltstrom*	*Bemerkungen*
14,5 mm	2,0 mm	0,6 A	Schalter höchstens eine Weiche
18,0 mm	2,3 mm	0,8 A	Paßt quer ins H0-Gleis
26,5 mm	3,7 mm	1,5 A	Nur Längseinbau

Beispiele: Relais und Gleiskontakte in Aktion

Zwei einfache Beispiele sollen das Zusammenwirken von Relais und Gleiskontakten zeigen. Zunächst soll das Blinklicht eines Bahnübergangs an einer eingleisigen Strecke eingeschaltet werden. Solange die Züge nur in eine Richtung fahren, ist die Sache einfach. Ein Einschaltkontakt K_e der vom fahrenden Zug zuerst bedient wird, spricht ein Relais an, das das Blinklicht einschaltet. Der Ausschaltkontakt K_a ist mit der anderen Relaisspule verbunden und schaltet so wieder aus. Sollen die Züge in beide Richtungen fahren, so kann man sich mit vier SRKs behelfen, so wie es Abb. 8.23 zeigt. Dabei sind die beiden äußeren SRKs Ausschaltkontakte, die beiden inneren Einschaltkontakte. Fährt eine Lok in den Gleisabschnitt hinein, wird zuerst ein Ausschaltkontakt bedient (der ändert nichts), danach ein Einschaltkontakt. Verläßt die Lok den Gleisabschnitt – egal in welche Richtung – wird als letztes stets ein Ausschaltkontakt geschaltet. Mit dieser Methode läßt sich eine schöne Gleisbesetzanzeige realisieren, die in dieser Form stets eindeutig funktioniert, sofern nicht zwei Loks in den Gleisabschnitt hineinfahren.

Das andere Beispiel betrachtet folgendes Problem: Eine Lokomotive soll in Gegenrichtung an einem geschlossenen Signal vorbeifahren, ohne im abgeschalteten Gleisabschnitt vor dem Signal stehenzubleiben. Wie man sich bei Gleichstrombahnen mit einer Diode behelfen kann, steht auf Seite 51f. Will man die dort auch beschriebene Tücke dieser Schaltung umgehen, muß man Gleiskontakte und Relais zu Hilfe nehmen. Abb. 8.24 zeigt die Verschaltung: Der isolierte Gleisabschnitt wird bei Rückwärtsfahrt anstatt durch den Signalantrieb durch das Doppelspulenrelais an Fahrspannung gelegt. Durch den Gleiskontakt K1 wird es eingeschaltet, über K2 wird es ausgeschaltet, und wenn der nächste Zug in Vorwärtsrichtung kommt, entscheidet allein das Signal über Fahrt oder Stillstand.

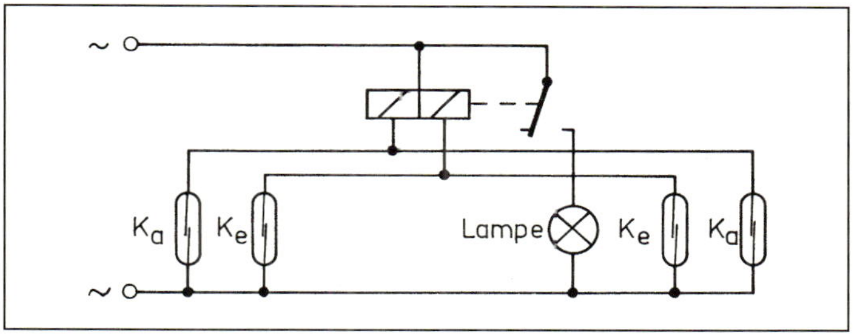

Abb. 8.23 Unabhängig von der Fahrtrichtung leuchtet die Lampe, wenn sich eine Lok innerhalb des Gleisabschnittes befindet

Nun kommt eine interessante Erweiterung. In einem vorangegangenen Abschnitt wurde bereits gezeigt, wie sich eine Lok mit zwei Gleiskontakten ein Signal auf „Freie Fahrt" stellt und anschließend zurücksetzt. Mit zwei weiteren Kontakten im Gleis, K3 zum Stellen des Signals und K4 zum Zurücksetzen, läßt sich dies in die bestehende Schaltung einbauen.

Kommt der Zug von links, stellt er mit K3 das Signal auf „Freie Fahrt"; dieses versorgt über Zugbeeinflussung den elektrisch isolierten Gleisabschnitt. Kommt die Lok von rechts, legt sie über K1 das Doppelspulenrelais um, so daß der Gleisabschnitt von diesem mit Strom versorgt wird. Am Ende des Gleisabschnitts setzt die Lok bei Fahrt nach rechts das Signal mit K4 wieder auf „Halt", bei Fahrt nach links wird das Relais zuletzt mit K2 zurückgesetzt.

Es muß vermieden werden, daß die nach links fahrende Lok an K3 das Signal für die Gegenrichtung setzt. Dazu wird die Verbin-

Abb. 8.24 Ungehinderte Fahrt in Signalgegenrichtung

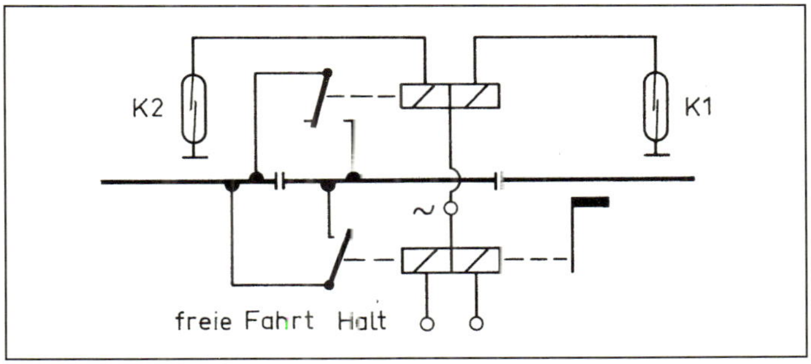

Abb. 8.25
Eine Kombination der Schaltung in Abb. 8.24 und in Abb. 8.17; liegt am Relais R Spannung an, bleibt die nach rechts fahrende Lok am Signal stehen

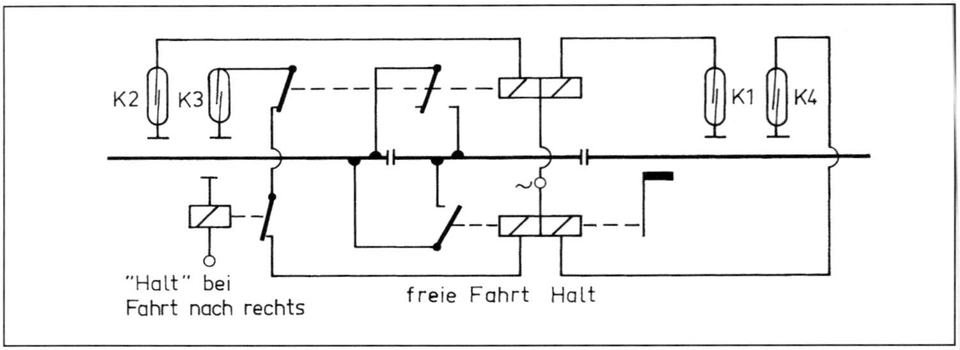

Abb. 8.26
Automatischer Selbstblock für zwei Züge auf einer Kreisstrecke

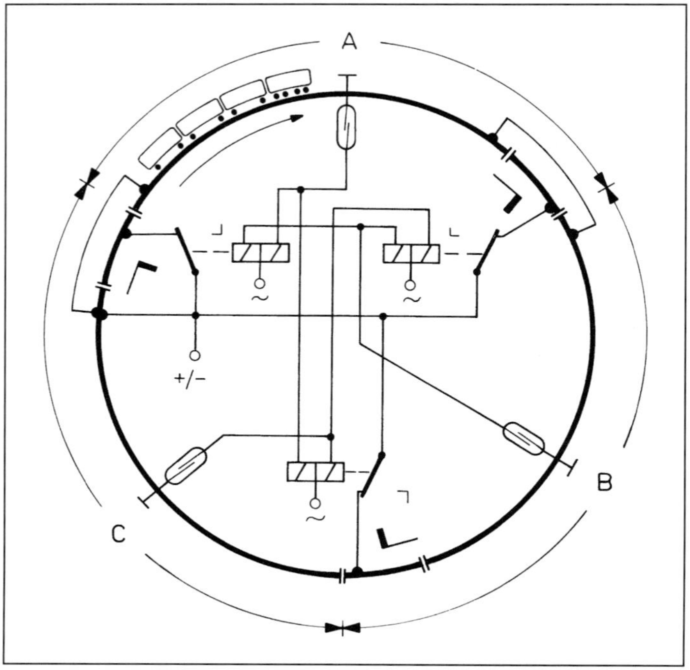

dung von K3 zur Signalspule durch einen Schaltkontakt des Relais unterbrochen, der während der Rückwärtsfahrt zwischen K1 und K2 geöffnet ist. Soll die in Vorwärtsrichtung fahrende Lok vor dem Signal halten, braucht man nur mit einem weiteren Öffner die Verbindung von K3 zur Signalspule zu unterbrechen – die Lok kann dann das Signal nicht auf „Fahrt“ stellen und bleibt so lange stehen, bis von Hand oder durch einen anderen Gleiskontakt die „Freie-Fahrt“-Spule geschaltet wird. Der genannte Öffner kann der Ruhekontakt eines monostabilen Relais sein. Fließt in seiner Spule Strom, wird der nächste Zug vor dem Signal anhalten.

Eng in diesem Zusammenhang steht der „Automatische Selbstblock“, bei dem die Züge des Großbetriebes den Streckenabschnitt, in dem sie sich befinden, nach hinten gegen nachfolgende Züge absichern und erst freigeben, wenn sie ihn verlassen haben. Auf die Verhältnisse bei der Modellbahn übertragen heißt die Aufgabe: Laß zwei Züge auf einer Ringstrecke fahren, ohne daß sie aufeinander auffahren.

Dazu muß man die Strecke in drei Abschnitte unterteilen, man braucht jeweils drei SRKs und Doppelspulenrelais, die gleichzeitig die Lichtsignale mit ansteuern. Die maximale Zuglänge sollte dabei eine halbe Blocklänge nicht überschreiten.

Auf der Strecke in Abb. 8.26 hat der Zug den Streckenblock C mit seinem letzten Wagen gerade verlassen und nähert sich einem Gleiskontakt, der eine maximale Zuglänge vom Beginn des Blocks A entfernt ist. Da der Block C frei geworden ist, kann er nun befahren werden: das Signal am Ende von Block B wird auf „Grün“ gesetzt, der stromlose Gleisabschnitt an Fahrspannung gelegt, sobald der Gleiskontakt von der Lok im Block A geschlossen wird. Gleichzeitig wird aber auch der Block A nach hinten gesichert, indem das Ende von Block C stromlos wird und das Signal dort auf „Rot" geht. Ein schneller Zug, der vielleicht vorher am Ende von B gestanden hat, rückt also ans Ende von C und muß wieder anhalten, bis der vorlaufende Zug den Block A vollständig geräumt hat, das heißt, den SRK im Block B erreicht hat.

Die Blocksicherung funktioniert nur in einer Fahrtrichtung. Will man ab und zu auch in Gegenrichtung fahren, muß die Schaltfunktion mit Hilfe weiterer SRKs und Relais modifiziert werden. Der Lösungsansatz wurde ja bereits an einem ähnlichen Beispiel gezeigt.

Mit der Relaistechnik lassen sich ganze logische Ketten realisieren, ausgeklügelte Schaltkombinationen, bei denen eine Vielzahl von Bedingungen darüber entscheiden, ob eine bestimmte Weiche beim Überfahren eines SRKs gestellt wird oder nicht. Hier sollten aber nur einige Grundbeispiele und -anregungen gegeben werden, die jeder nach eigenen Plänen zu einem komplexen System zusammenwachsen lassen mag.

Noch etwas zum Schluß: Umfangreiche Relaisschaltungen gehen ins Geld, während die gleiche Schaltfunktion mit elektronischen Mitteln zu einem verschwindend kleinen Preis realisierbar ist (vielleicht 5 statt 100 DM!). Übertrieben aufwendige Relaisschaltungen sind heute einfach nicht mehr zeitgemäß.

Zusammenfassung

Gleiskontakte und Relais sind die wichtigsten Elemente für einen automatischen Betriebsablauf. Bei den Relais sind monostabile und bistabile Relais zu unterscheiden. Monostabile Relais nehmen nur so lange einen anderen Schaltzustand ein, wie ihre Spule Strom führt. Bistabile Relais haben meist wie Weichenantriebe zwei Spulen, und nach einem Stromstoß durch eine der beiden Spulen ändert der Anker seine Lage. Die nötigen Stromimpulse zum Umschalten löst der fahrende Zug durch Schließen von Kontakten im Gleis aus. Neben verschiedenen mechanischen Gleiskontakten bieten sich vor allem Reed- oder Schutzgasrohrkontakte (SRK) an, die berührungslos durch einen Dauermagneten geschaltet werden, der unter den Lokomotiven oder „Schaltwagen" anzubringen ist.

9 Energieversorgung: Fahrpulte

In diesem Kapitel gilt es einiges nachzuholen, den Begriffen Gleich- oder Wechselspannungsquelle entsprechende Geräte an die Seite zu stellen. Transformator und Fahrpult wurden wiederholt genannt, ohne ihre Funktionsweise zu erklären. Hinzu kommt, daß es gerade auf diesem Teilgebiet der Modellbahn-Elektrotechnik eine Vielzahl von mehr oder weniger zutreffenden Ausdrücken gibt. Da sie nicht alle im folgenden erläutert werden können, sei auf das Register am Ende des Bandes verwiesen. Dort wird man allerdings jene Begriffe vergeblich suchen, die sich in manchen Modellbahn-Katalogen finden und eher an Waschmittelwerbung erinnern als an die sachliche Beschreibung eines technischen Geräts, dessen Funktion zu erfassen sicherlich recht schwierig ist. Es läßt sich aber dennoch für den Modellbahner mit wenigen sachlichen Begriffen und Zahlenwerten beschreiben und beurteilen, sie sollen im folgenden vorgestellt werden.

Herzstück: Der Transformator

Unter dem Begriff Fahrpult soll das Gerät verstanden werden, das eine Modellbahn-Anlage aus dem allgemeinen Versorgungsnetz (220 V) mit elektrischer Energie versorgt. Das Fahrpult besitzt in der Regel zwei Ausgänge, von denen einer die Fahrspannungsquelle ist und Gleich- oder Wechselspannung einstellbarer Größe (0 V...16 V) liefert (vgl. Abb. 9.1).

Der zweite Ausgang ist ein Wechselspannungsausgang, dessen Spannung (14 V/16 V) fest vorgegeben ist und zur Versorgung der elektromagnetischen Antriebe und der stationären Beleuchtungseinrichtungen dient. Über den Fahrspannungsausgang läßt sich neben der Fahrgeschwindigkeit über die Höhe der Spannung auch die Fahrtrichtung steuern, bei Gleichstrombetrieb durch Umpolung der Spannung, bei Wechselspannungsbetrieb durch Umschaltung eines (elektromechanischen oder elektronischen) Relais mit einem Überspannungsimpuls von 28 V.

Das Herzstück eines Fahrpultes ist der Netztransformator; seine Aufgabe ist es, die Netzspannung (220 V) in eine für den Modellbahnbetrieb geeignete Spannung (ca. 16 V) umzuformen. Dabei sind Sicherheitsanforderungen zu erfüllen, die das Auftreten lebensgefährlicher Spannungen auf Modellbahn-Anlagen sicher verhindern sollen.

Der prinzipielle Aufbau und die Funktionsweise eines Transformators sind bereits bekannt, denn die in Abb. 3.5 dargestellte Anordnung stellt nichts anderes als einen Trafo dar, sie wurde nur nicht so genannt und lediglich zur Erläuterung des Induktionsgesetzes benutzt. Dieses beschreibt aber auch die physikalischen Vorgänge im Transformator, so daß ihre Erläuterung jetzt ziemlich einfach ist.

Der Transformator besteht aus einer als Primärspule bezeichneten Spule 1 und einer Spule 2, die Sekundärspule genannt wird. Beide Spulen oder Wicklungen sind durch einen Eisenkern, der den magnetischen Fluß Φ führt, gekoppelt. Wie noch gezeigt werden wird, gibt es in der Modellbahn-Technik häufig Trafos mit zwei Sekundärwicklungen.

Die Primärspule ist an die Netzspannung U_1 = 220 V/50 Hz angeschlossen, der Spulenstrom I_1, erzeugt im Eisenkern einen

Wechselfluß Φ, der in der Sekundärspule wiederum eine Wechselspannung gleicher Frequenz mit dem Effektivwert U_2 induziert. Nach dem bereits bekannten Induktionsgesetz gilt für diese Spannung:

$$U_2 = N_2 \frac{\Delta\Phi}{\Delta t}.$$

Mit N_2 war die Windungszahl der Spule 2 bezeichnet worden. Der magnetische Fluß Φ induziert aber auch in der Wicklung 1 mit der Windungszahl N_1 eine Spannung, dieser Vorgang wurde Selbstinduktion genannt:

$$U_1 = N_1 \frac{\Delta\Phi}{\Delta t}.$$

Damit läßt sich aber die Sekundärspannung U_2 aus den Windungszahlen N_1, N_2 und der bekannten Netzspannung U_1 ausrechnen:

$$U_2 = N_2/N_1 \cdot U_1.$$

Bei fest vorgegebener Primärspannung U_1 ist also die Sekundärspannung U_2 direkt von der Windungszahl N_2 abhängig, da die Windungszahl N_1 – durch andere Kriterien beeinflußt – nicht zur Bestimmung der Sekundärspannung herangezogen werden kann. Nimmt man N_1 = 1500 Windungen an, so ergibt sich die Windungszahl N_2 der Sekundärwicklung für U_2 = 16 V zu

$$N_2 = N_1 \cdot U_2/U_1 = 1500 \cdot 16\,\text{V}/200\,\text{V} = 109.$$

Die Verstellung der Ausgangsspannung U_2 ist durch Veränderung der wirksamen Windungszahl N_2 zu erreichen, der Aufbau eines entsprechenden Trafos ist in Abb. 9.3 schematisch dargestellt.

Die Spulen eines Transformators werden aus lackisoliertem Draht gewickelt, der auf einen Spulenkörper aus nichtleitendem Material aufgebracht wird. Bei der Sekundärwicklung wird die Lackisolation an den Stellen entfernt, an denen der Schleifer aufliegt. Dieser Aufbau ähnelt dem des mit Widerstandsdraht gewickelten Drehpotentiometers.

Der Eisenkern besteht nicht aus einen massiven Stück, sondern aus einzelnen dünnen Blechen, deren Oberfläche mit einem elektrisch nichtleitenden Material beschichtet ist.

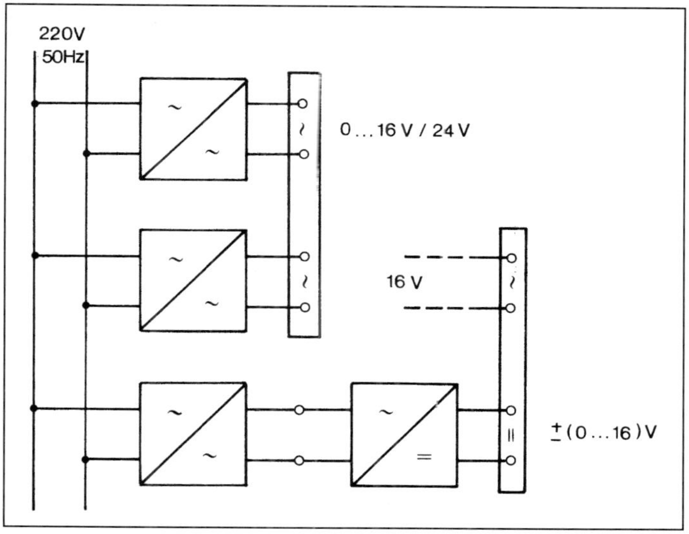

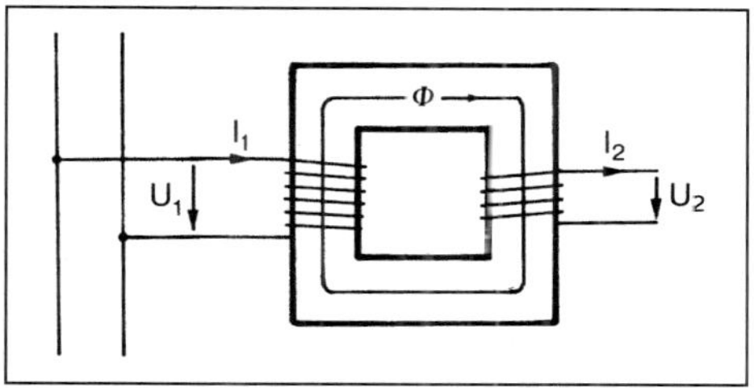

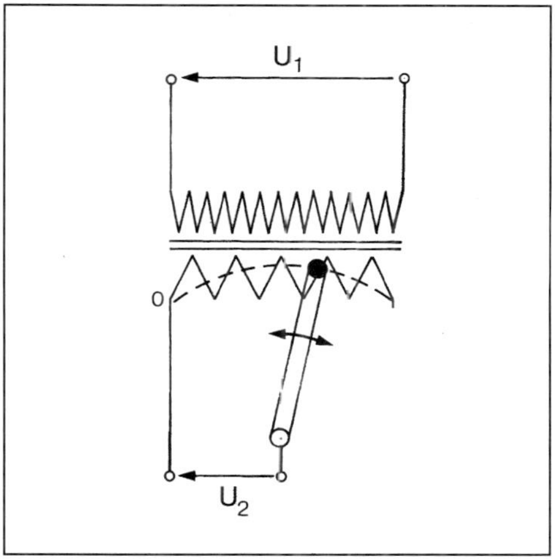

Abb. 9.1 Blockbild eines Fahrpultes für Wechselstrombetrieb (oben) bzw. Gleichstrombetrieb (unten)

Abb. 9.2 Aufbau eines Transformators

Abb. 9.3 Skizze des Aufbaus eines Transformators mit einstellbarer Spannung

Dies ist notwendig, um das Auftreten von Wirbelströmen im Eisenkern zu verhindern, die dort vom Wechselfluß Φ induziert würden.

Im Modellbahn-Alltag kommt es immer wieder zu Kurzschlüssen, für den Transformator bedeutet dies, daß die Klemmen der Sekundärspule näherungsweise widerstandslos miteinander verbunden sind. Es fließt ein – verglichen mit dem dauernd zulässigen Strom, der als Nennstrom bezeichnet wird – hoher Strom, der zu einer starken Erwärmung des Trafos und letztlich zu seiner Zerstörung führen würde. Davor müssen die Trafos geschützt werden, das entsprechende Bauelement wird Sicherung genannt.

Zur Sicherheit: die Sicherung

Es gibt die unterschiedlichsten Arten von Sicherungen, aus dem Haushalt (220-V-Netz) sind Schmelzsicherungen und Sicherungsautomaten bekannt. Überschreitet der Strom für eine gewisse Zeit seinen Nennwert um einen gewissen Betrag, von Einfluß sind beide Größen, so spricht die Sicherung an. Für eine Schmelzsicherung bedeutet das das Durchschmelzen des Sicherungsdrahtes, die Sicherung muß dann ersetzt werden. Beim Automaten löst ein elektromagnetischer Schalter aus, nach Beseitigung des Kurzschlusses kann die Sicherung dann wieder eingeschaltet werden. Beide Sicherungsarten sind für den Modellbahn-Trafo ungeeignet, die Schmelzsicherung müßte zu häufig ersetzt werden, außerdem wäre ein von den Sicherheitsvorschriften verbotener Eingriff erforderlich; der Sicherungsautomat ist zu aufwendig.

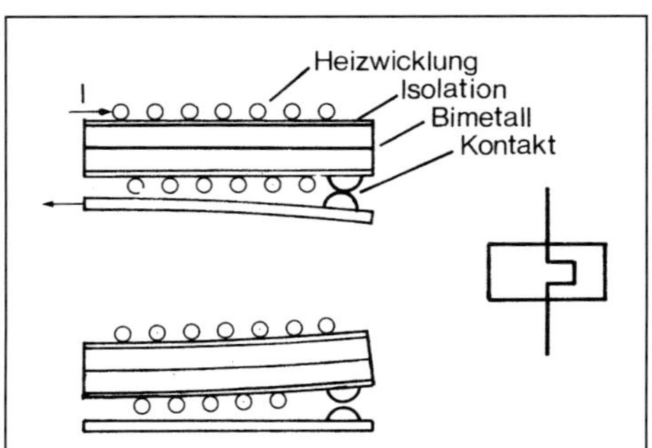

Abb. 9.4 Thermosicherung

Im Modellbahn-Trafo werden Thermoschalter verwendet. Sie bestehen aus zwei Metallstreifen („Bimetall"), die von einem Material umgeben sind, das zwar elektrisch nichtleitend ist, aber die von der darauf angebrachten Wicklung erzeugte Wärme aufnimmt und an die Metallstreifen überträgt. Deren Material ist so ausgesucht, daß sie sich bei Erwärmung unterschiedlich stark ausdehnen; fest miteinander verbunden führt dies zu einer Krümmung der Streifen und schließlich zum Öffnen des Kontaktes. Die Erwärmung ist durch die in der Wicklung auftretende Verlustleistung bestimmt, die vom Strom I abhängt:

$$P_v = R_w \cdot I^2,$$

darin ist R_w der Widerstand der Heizwicklung.

Die Sicherung spricht nicht nur bei Kurzschluß an, sondern immer dann, wenn der Strom größer als der Nennstrom des Trafos ist. Die Ansprechzeit der Sicherung ist um so kürzer, je größer der Strom ist. Bei Kurzschluß spricht die Sicherung nach wenigen Sekunden an, bei geringer Überlast kann es aber Minuten dauern, bis sich der Kontakt öffnet und den Strom unterbricht. Wenn sich der Bimetallstreifen nach einer gewissen Zeit abgekühlt hat, schließt der Kontakt wieder. Ist dann die Fehlerursache noch nicht beseitigt, spricht die Sicherung nach kurzer Zeit wieder an und schaltet erneut ab. Dieses Spiel wird sich so lange wiederholen, bis der Kurzschluß beseitigt oder die Belastung des Trafos durch Abschalten von Verbrauchern verringert wurde.

Besitzt der Trafo zwei galvanisch getrennte, d. h. elektrisch voneinander vollkommen isolierte Sekundärwicklungen, so wird jede dieser Wicklungen durch einen Thermoschalter geschützt. Bei Trafos mit nur einer Sekundärwicklung findet man den Schalter häufig in der Primärwicklung.

Wechselstromfahrpult und Zubehörtransformatoren

Die Transformatoren, deren Ausgangsspannung einstellbar ist, werden häufig als Regeltransformatoren bezeichnet. Der Bereich, in dem die Ausgangsspannung eingestellt werden kann, heißt Regelbereich. Diese Ausdrucksweise ist aber sehr ungenau. Von einer Regelung der Spannung könnte man erst dann sprechen, wenn durch eine geeignete Einrichtung dafür gesorgt würde, daß die Spannung konstant bliebe, unabhängig davon, ob der Trafo im Leerlauf ($I_2 = 0$) oder mit maximal zulässigem Strom (I_2 = Nennstrom) betrieben wird. Dies ist auch nicht erforderlich und ohne Elektronik nicht zu verwirklichen. Grundsätzlich stellt der Transformator eine Spannungsquelle mit Innenwiderstand dar (vgl. S. 35), zwischen Leerlauf und Nennbetrieb kann die Ausgangsspannung um 2 V absinken.

Zwei weitere, für den Modellbahner nützliche Transformatortypen, die ausschließlich Ausgänge mit festen Wechselspannungen besitzen, sind in Abb. 9.6 wiedergegeben. Das oben in der Zeichnung dargestellte Gerät weist eine Sekundärwicklung mit drei zusätzlichen Anzapfungen auf, so daß zehn Spannungswerte zwischen 2 V und 25 V zur Verfügung stehen. Man wird also sicherlich immer einen Wert finden, der für die vorbildgerechte Beleuchtung von Weichen- und Signallaternen geeignet ist, man kann dann auf die in Kapitel 1 beschriebene Lösung mit Vorwiderständen verzichten.

Nutzt man auf der Anlage konsequent die Vorteile, die ein gemeinsamer Rückleiter für alle Verbraucher bietet, ist einer der Ausgänge mit ihm zu verbinden. Wählt man beispielsweise hierfür den 6-V-Ausgang, so lassen sich Spannungen von 6 V, 8 V, 10 V und 19 V abgreifen.

Legt man die mit 16 V bezeichnete Klemme auf „Null", stehen 2 V, 9 V, 10 V und 16 V zur Verfügung, für die 14-V-Klemme gilt Entsprechendes.

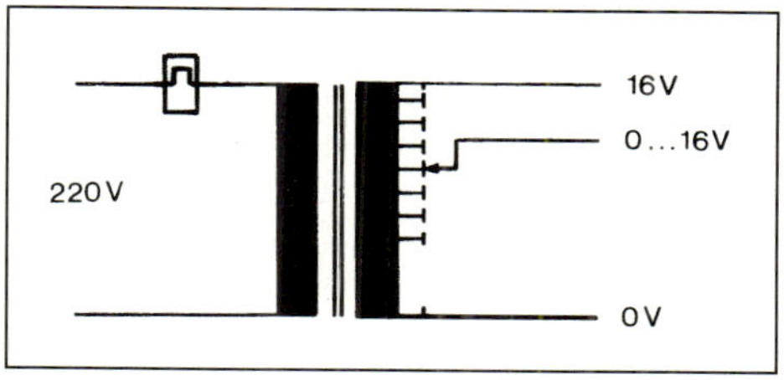

Abb. 9.5 Schaltbild eines Fahrpultes für Wechselstrombahnen

Der in Abb. 9.6 unten dargestellte Trafo besitzt eine zweite Sekundärwicklung, die mit der ersten an keinem Punkt elektrisch verbunden ist. Daß Sekundär- und Primärwicklungen galvanisch getrennt sein müssen, ist selbstverständlich, der Trafo könnte sonst seine Schutzfunktion nicht erfüllen. Die durch die beiden gleichartigen Sekundärwicklungen gebildeten Spannungsquellen können in Reihe geschaltet werden, sie bilden dann eine Spannungsquelle mit 28 V Ausgangsspannung. Parallel geschaltet ist bei 14 V ein Ausgangsstrom von 3,6 A verfügbar. Diese Parallelschaltung ist möglich, ohne daß dabei die Gefahren auftreten würden, die sich bei Parallelschaltung zweier Einzeltrafos ergeben können (vgl. S. 97!). Die Wicklungsanordnung ist auch für den Einsatz in Stromversorgungen von Elektronikschaltungen gut geeignet.

Zur vollständigen Beschreibung eines Transformators gehört neben der Angabe der An-

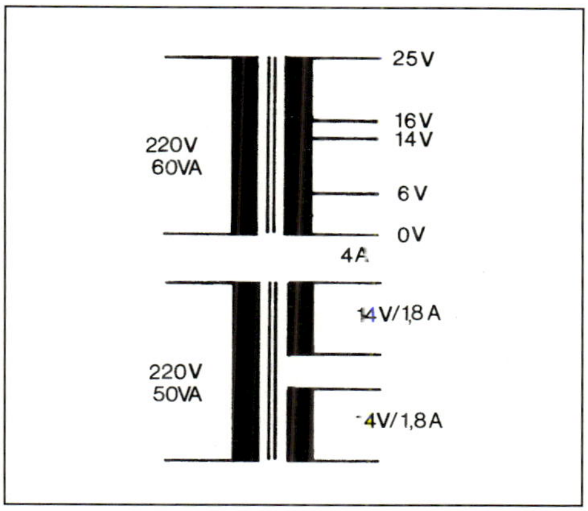

Abb. 9.6 Transformatoren mit Festspannungsausgängen (Titan, Trix)

schlußspannungen auch die der Leistung und des zulässigen Stromes. Die elektrische Leistung $P = U \cdot I$ ist bereits bekannt, im Kapitel 1 war sie für einen Stromkreis eingeführt worden, der ausschließlich ohmsche Widerstände enthält. Ob es sich bei den Größen U und I um Gleichgrößen handelt oder um die Effektivwerte von Wechselgrößen, ist dann gleichgültig. Ein Trafo stellt aber keine ohmsche Last dar, sondern könnte eher durch eine Schaltung beschrieben werden, die Widerstände und Induktivitäten enthält. Dennoch rechnet man weiterhin mit dem Produkt aus Strom und Spannung, bezeichnet es aber zur Unterscheidung von der (Wirk-)Leistung P als Scheinleistung S und benutzt aus gleichem Grund nicht die Einheit W(att), sondern gibt die Scheinleistung in VA (Volt-Ampere) an.

$$S = U \cdot I$$

Sie kennzeichnet die Leistungsfähigkeit eines Transformators. So bedeutet die Katalogangabe „Wechselstrom 16 V/16 VA", daß an der Sekundärwicklung 16 V anstehen und ein Strom von

$$I = \frac{S}{U} = \frac{16\ \text{VA}}{16\ \text{V}} = 1\ \text{A}$$

entnommen werden kann.

Näherungsweise sind die Scheinleistungen von Primär- und Sekundärwicklung gleich,

$U_1 \cdot I_1 = U_2 \cdot I_2$ oder

$I_1 = I_2 \cdot U_2/U_1$.

Ersetzt man die Spannungen durch die Windungszahlen, gilt

$I_1 = I_2 \cdot N_2/N_1$.

Auf den Modellbahn-Trafo angewendet bedeutet dies, daß der Netzstrom I_1 wesentlich kleiner ist als der Sekundärstrom I_2, für das gewählte Zahlenbeispiel (S. 91) ergäbe sich für $I_2 = 1$ A:

$I_1 = 1\ \text{A} \cdot 109/1500 = 0{,}073\ \text{A}$.

Das in Abb. 9.6 vorgestellte Titan-Gerät hat eine Leistung von 60 VA, daraus könnte man schließen, daß bei einer Spannung von 2 V, die zwischen den Klemmen 14 V–16 V abgenommen werden kann, ein Strom von

$$I = \frac{60\ \text{VA}}{2\ \text{V}} = 30\ \text{A}$$

zulässig wäre.

Die Sekundärwicklung für einen solch großen Strom auszulegen wäre unsinnig, denn bei gleicher Leistung kann bei 25 V nur ein Strom von

$$I = \frac{60\ \text{VA}}{25\ \text{V}} = 2{,}4\ \text{A}$$

entnommen werden. Der vorgestellte Trafo ist für einen Strom von 4 A ausgelegt, wird dieser Wert überschritten, spricht die Thermosicherung an.

Zu den Leistungsdaten eines Transformators, die sich auf dem Gehäuse finden lassen sollten, gehören also die Netzanschlußspannung (220 V), die sekundär verfügbaren Spannungen, seine (Schein-)Leistung und der zulässige Sekundärstrom, wenn dieser nicht mit dem aus Leistung und Spannung zu errechnenden Wert übereinstimmt.

Parallelbetrieb von Transformatoren

Was aber ist zu tun, wenn ein Trafo überlastet ist? Dieser Fall kann bei Anlagen mittlerer Größe schon bald eintreten. An einen Trafo (14 V/14 VA) lassen sich gerade 20 Glühlampen (14 V/0,05 A) anschließen, eine Zahl, die schnell erreicht sein kann. Eine Lösungsmöglichkeit wurde bereits erwähnt: die Parallelschaltung von Sekundärwicklungen. Dies ist jedoch mit einigen Problemen verbunden und auch nicht ganz ungefährlich.

Bevor eine Parallelschaltung vorgenommen werden darf, ist die Phasenlage der Sekundärspannungen zu überprüfen. Nimmt man einmal an, daß zwei wirklich gleiche Trafos zur Verfügung stehen und diese phasenrichtig an das Versorgungsnetz geschaltet sind, ergeben sich keine Probleme. Der phasenrichtige Anschluß ist aber nicht ganz einfach, denn die flachen, zweipoligen Netzstecker können so oder so in die Steckdose gesteckt werden, man erhält also, ohne es unmittelbar kontrollieren zu können, eine Schaltung nach Abb. 9.7 oder Abb. 9.8. Bei letzterer aber fließt ein hoher Ausgleichsstrom, der von der Spannungsdifferenz U_{21}–U_{22}, die dem doppelten Effektivwert der Wicklungsspannungen entspricht, getrieben wird und nur durch die kleinen Innenwiderstände R_i begrenzt wird. Der Ersatzschaltplan der Anordnung macht die Verhältnisse deutlich.

In einem Ersatzschaltplan sind die Bauelemente nicht durch ihre Schaltzeichen dargestellt, sondern durch ihr Ersatzschaltbild. Es beschreibt die realen Eigenschaften eines Bauelementes mit Hilfe von idealen Elementen. Eine Spule beispielsweise stellt eine Induktivität L dar, sie besitzt aber sicherlich auch einen ohmschen Widerstand R. Demnach ist die Ersatzschaltung eine Reihenschaltung von einer (verlustlosen) Induktivität L und einem (induktivitätsfreien) Widerstand R. Ähnliches gilt für einen Trafo, von dessen belastungsabhängiger Ausgangsspannung schon die Rede war. Hier kann man das reale Bauelement Trafo ersetzen durch eine ideale Spannungsquelle, deren Belastungsabhängigkeit durch den Innenwiderstand R_i berücksichtigt wird. Auch für die Beschreibung von Dioden ist ein Ersatzschaltbild von großer Bedeutung. Man kann also festhalten, daß der Schaltplan mit den Schaltsymbolen der Bauelemente deren Verschaltung oder Verdrahtung angibt, der Ersatzschaltplan mit den Ersatzschaltbildern der Elemente dagegen das physikalische Verhalten beschreibt.

Für die Parallelschaltung von Transformatoren gilt der Ersatzschaltung entsprechend:

$$U_{21} - U_{22} - R_i \cdot I - R_i \cdot I = 0$$

oder

$$I = \frac{U_{21} - U_{22}}{2\,R_i}.$$

Bei phasenrichtigem Anschluß ist $U_{22} = U_{21} = U$, also $I = 0$, bei Vertauschung der Netz-

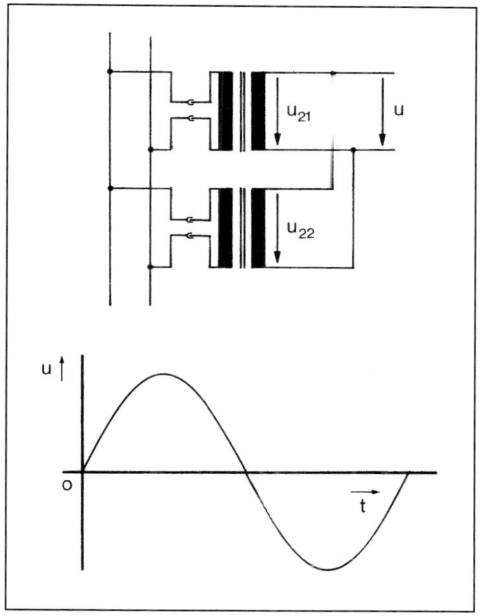

Abb. 9.7
Phasenrichtige Parallelschaltung zweier gleicher Transformatoren

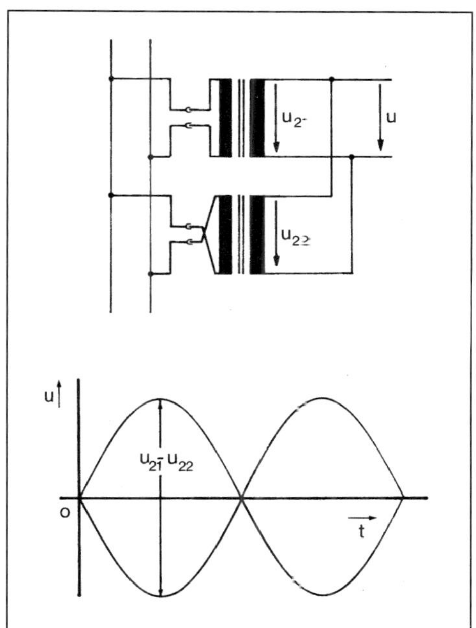

Abb. 9.8
Schaltbild der Parallelschaltung mit vertauschten Anschlüssen der Primärwicklung

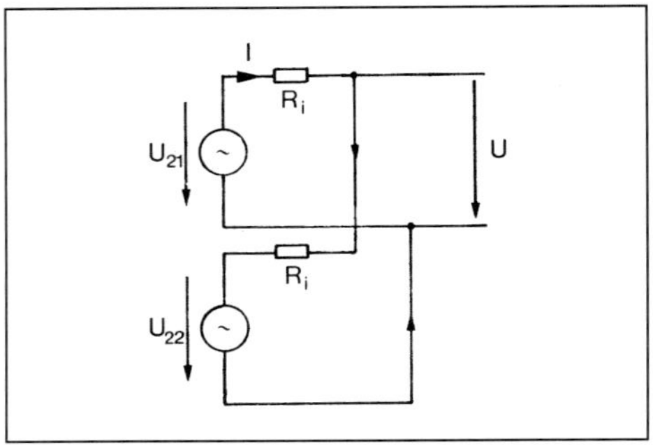

Abb. 9.9 Ersatzschaltung der Parallelschaltung von Transformatoren

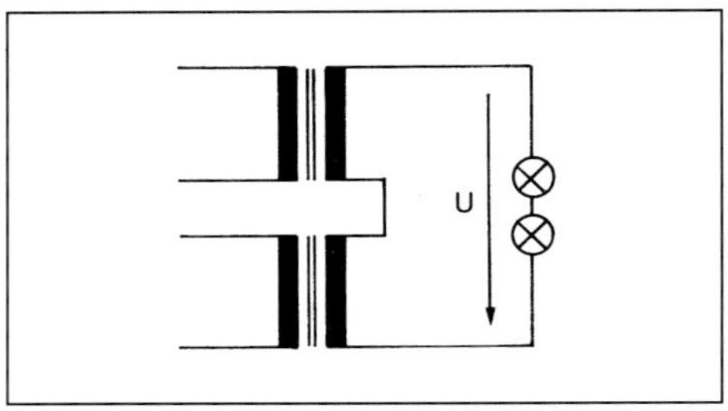

Abb. 9.10 Schaltung zur Überprüfung der Phasenlage der Sekundärspannungen

zuleitung oder falscher Zusammenschaltung auf der Sekundärseite aber $U_{22} = -U_{21} = U$, also

$$I = \frac{2\,U}{2\,R} = \frac{14\ V}{2\ \Omega} = 7\ A$$

bei U = 14 V und $R_i = 2\ \Omega$, und die Ausgangsspannung beträgt

$$U = U_{21} - R_i I = 14\ V - 2\ \Omega \cdot 7\ A = 0\ V.$$

Man kann den phasenrichtigen Anschluß ermitteln, indem man eine Abb. 9.10 entsprechende Prüfung durchführt. Da die Spannung U bei Phasenungleichheit der Summe der Wicklungsspannungen entspricht, muß die Prüfschaltung aus der Reihenschaltung zweier üblicher Glühlampen für 14 V bestehen, falls kein Spannungsmeßgerät zur Verfügung steht. Leuchten die Lampen nicht auf, ist U = 0 und die Trafos sind phasenrichtig angeschlossen. Die Parallelschaltung kann dann vollzogen werden. Andernfalls ist Phasengleichheit durch Umpolen eines Netzsteckers herzustellen.

Aber auch dann sind vielleicht noch nicht alle Probleme gelöst: Was passiert, wenn die Transformatorspannungen nicht vollkommen gleich sind, also etwa $U_{21} = 14{,}5$ V und $U_{22} = 13{,}5$ V beträgt? In diesem Fall werden die Transformatoren durch einen Strom belastet, der nichts zur Versorgung der Verbraucher beiträgt. Dieser Strom beträgt, obiger Ersatzschaltung entsprechend

$$I = \frac{14{,}5\ V - 13{,}5\ V}{2 \cdot 2\ \Omega} = 0{,}25\ A.$$

Bei einer Belastbarkeit von 1 A sind damit bereits 25 % der Leistung verschenkt. Es ist also darauf zu achten, daß nur Trafos gleichen Typs parallelgeschaltet werden.

Abgesehen von diesen Problemen kann die Parallelschaltung sogar lebensgefährlich werden. Wird der Netzstecker von sekundärseitig parallelgeschalteten Trafos gezogen, so liegen an den Steckerstiften 220 V! Und wer vermutet schon eine Gefahr an einem Gerät, das scheinbar überhaupt nicht mit dem Netz verbunden ist?

Die Parallelschaltung von Trafos bringt also Probleme und Gefahren mit sich, man sollte also möglichst auf sie verzichten. Bei Überlastung eines Trafos sollte dieser durch einen leistungsstärkeren ersetzt werden oder aber die Verbraucher in verschiedene Gruppen aufgeteilt werden.

Man kann sie nach räumlichen Gesichtspunkten zusammenfassen, sinnvoller erscheint allerdings der Weg, gleichartige Verbraucher zusammenzuschalten, etwa alle Weichenlaternen, die Gebäudebeleuchtungen, die Versorgung der Signallampen. Diese Lösung liegt insbesondere dann nahe, wenn die Verbraucher zur Erzielung einer vorbildgetreuen Wirkung ohnehin mit unterschiedlichen Spannungen versorgt werden müssen. Auch bei dieser Schaltung entsteht mit der Verwendung eines gemeinsamen Rückleiters eine Parallelschaltung der Transformatoren. Sie ergibt sich indirekt über die angeschlossenen Verbraucher. Die an einem gezogenen Netzstecker auftretenden Spannungen sind allerdings geringer als bei der direkten Parallelschaltung, von deren Verwendung grundsätzlich abgeraten werden muß.

Um die geschilderten Gefahren zu entschärfen, sollte man alle Transformatoren an eine gemeinsame Steckdosenleiste anschließen, die mit einer entsprechenden Warnung als Gedächtnisstütze versehen wird. Wirksamen Schutz bietet zudem die konsequente Versorgung aller Verbraucher mit Gleichspannung, da die zwischen Trafo und Anlage geschalteten Gleichrichter eine Rückwirkung der Sekundärseite (Anlage) auf die Primärseite (Netz) verhindern.

Gleichstromfahrpulte

Die Zusammenschaltung eines Transformators mit einstellbarer Ausgangsspannung, eines Gleichrichters (in Brückenschaltung) und eines Polwenders stellt die Fahrspannungsquelle dar, die – in der Regel durch einen Wechselspannungsausgang ergänzt – als Gleichspannungsfahrpult bezeichnet wird. Der Polwender, ein zweipoliger Umschalter, ist erforderlich, um an den Ausgangsklemmen die Polarität der Fahrspannung und damit die Fahrtrichtung der Triebfahrzeuge ändern zu können. In der Regel bildet der Polwender mit dem verstellbaren Spannungsabgriff eine Einheit, so daß über einen Drehknopf mit zentraler Nullstellung Fahrspannung und -richtung einstellbar sind. Die Sekundärwicklungen sind durch Thermoschalter gegen Überlastung geschützt.

Wie dem Schaltplan unmittelbar zu entnehmen ist, erfolgt die Einstellung der Fahrspannung über die Amplitude der Wechselspannung. Auf die Glättung der Spannung durch Kondensatoren wird dabei bewußt verzichtet. Diese Einstellung der Gleichspannung ober die Höhe (Amplitude) der Wechselspannung wird als Amplitudensteuerung bezeichnet, dieses Prinzip wird in gleicher Weise auch beim Vorbild angewendet.

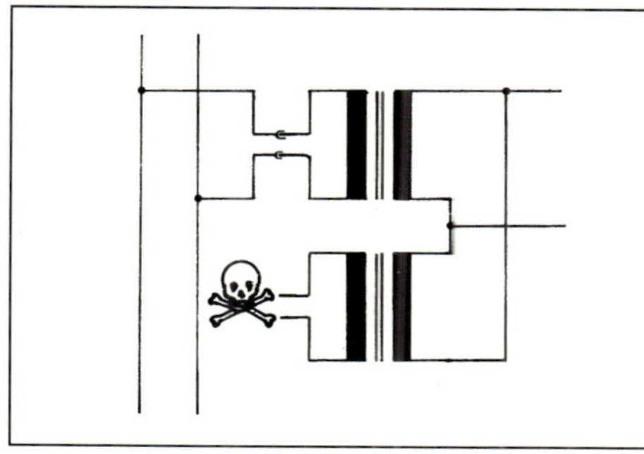

Abb. 9.11 Lebensgefährlich hohe Spannung am Netzstecker eines parallelgeschalteten Trafos

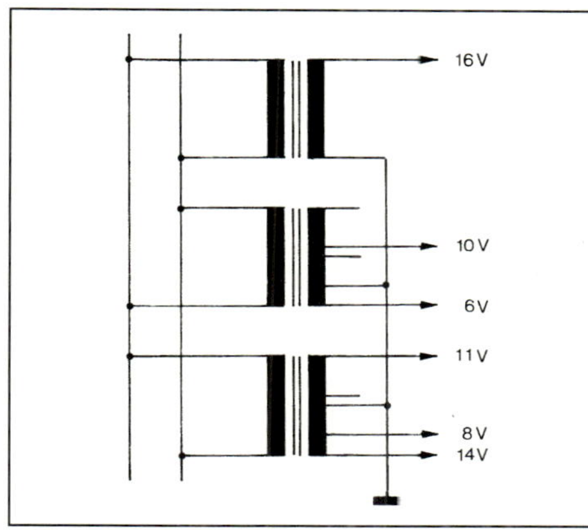

Abb. 9.12 Schaltung zur Versorgung von Verbrauchern mit abgestuften Spannungen

Es war bereits die Rede von den Werten, die die Leistungsfähigkeit eines Fahrpultes bzw. Transformators kennzeichnen. Neben der (Schein-)Leistung ist der zulässige Strom von besonderer Bedeutung, auf diesen sind die Thermosicherungen abgestimmt. Man sollte den Leistungsbedarf einer Anlage näherungsweise vorausberechnen können, um eine Vorstellung von der erforderlichen Trafoleistung zu bekommen. Als Anhaltswerte sollen die in Tabelle 9.1 angegebenen Werte für die Stromaufnahme bei 14 V dienen. Man kann ihr entnehmen, daß kleine Fahrpulte mit (7 VA/0,5 A) nur den Betrieb einer Lok mit Beleuchtung (250 mA) und von drei mit Innenbeleuchtung ausgestatteten Wagen (je 100 mA) erlauben.

Der Wechselspannungsausgang mit gleichen Leistungsdaten kann zehn Glühlampen mit

Tabelle 9.1 Strombedarf von Modellbahn-Artikeln bei 14 V

Lok (Nenngröße IIm, 2 Motoren, beleuchtet, Geräuschelektronik)	1500 mA
Lok (Nenngröße IIm, beleuchtet)	750 mA
Lok (Nenngröße H0, beleuchtet)	250 mA
Spulenantrieb	500 mA
Glühlampen	60 mA
Glühlampen (Miniaturausführung)	30 mA
Leuchtdioden (LED)	20 mA

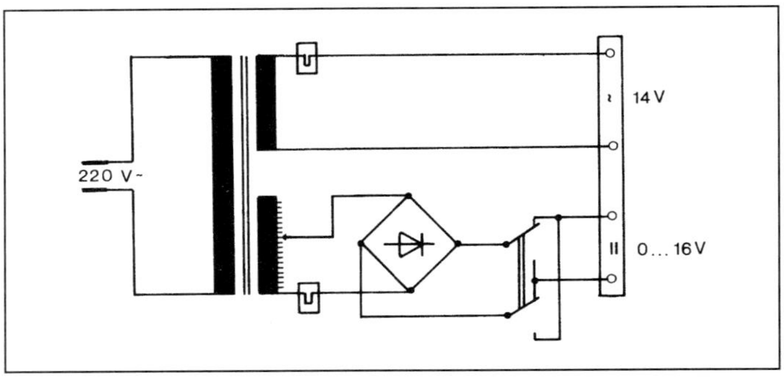

Abb. 9.13 Schaltplan eines Gleichstromfahrpultes

einem Strombedarf von je 50 mA versorgen, das reicht gerade für die Signal- und Weichenlaternen eines kleinen Bahnhofs. Bei dieser Belastung ist auch nicht mehr sichergestellt, daß der Trafo den notwendigen Schaltstrom für die elektromagnetischen Artikel liefern kann. Zwar wird die Thermosicherung nicht sofort ansprechen, bei Überlastung geht aber die Klemmenspannung stark zurück (Spannungsquelle mit Innenwiderstand). Mit der Verringerung der Betriebsspannung an den Verbrauchern auf Werte kleiner als Nennspannung (14 V), etwa durch Halbwellenbetrieb oder bei Verwendung eines Trafos mit mehreren Anzapfungen der Sekundärwicklung, geht natürlich der Leistungsbedarf zurück (vgl. Abb. 11.1).

Für die von der Industrie hergestellten Fahrpulte gelten umfangreiche, in den VDE-Vorschriften bzw. DIN-Normen festgeschriebene Bestimmungen. Jedes Gerät muß ein Zeichen (VDE, GS) tragen, das aussagt, daß es diesen Vorschriften entspricht. Die Bestimmungen machen Angaben zu Nennwerten, Aufschriften, Schutz gegen elektrischen Schlag, Ausgangsspannung, Erwärmung, Kurzschluß- und Überlastungsschutz, mechanische Festigkeit, Netzanschluß, Prüfbestimmungen usw.

Die Tatsache, daß die Modellbahn-Fahrpulte in den Vorschriften als Spielzeugtransformatoren bezeichnet werden, sollte auch strenge Modellbahner nicht stören. Schließlich garantieren die Bestimmungen ein Maximum an Sicherheit an der Trennstelle zwischen Versorgungsnetz mit der lebensgefährlich hohen Spannung von 220 V und der Modellbahn-Anlage, auf der man jederzeit alle Teile berühren können muß, ohne Gefahr zu laufen, einen elektrischen Schlag zu bekommen.

Vorschriftsgemäß lassen sich die Gehäuse der Fahrpulte mit gewöhnlichen Werkzeugen nicht entfernen. Sollte der denkbar unwahrscheinliche Fall eintreten, daß das Fahrpult trotz sachgemäßer Handhabung defekt wird, sollte eine Reparatur dem Fachmann (über den Fachhändler) überlassen bleiben. Es gibt in diesem Band sicherlich manchen Tip, der zur Entlastung des Modellbahn-Etats beitragen kann. Bewußt aber wurden solche Schaltungen und Bauanleitungen ausgespart, die auf den (verbotenen) Eingriff in das industriell gefertigte Fahrpult oder dessen Eigenbau hinauslaufen.

Abb. 9.14 Das Innenleben eines modernen Gleichstromfahrpultes ist eine recht komplexe Angelegenheit

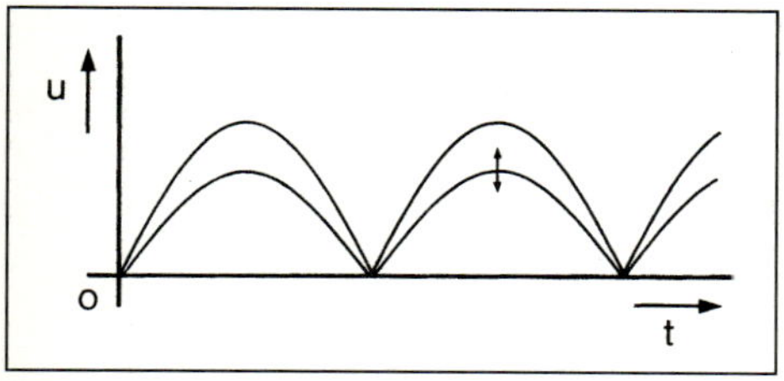

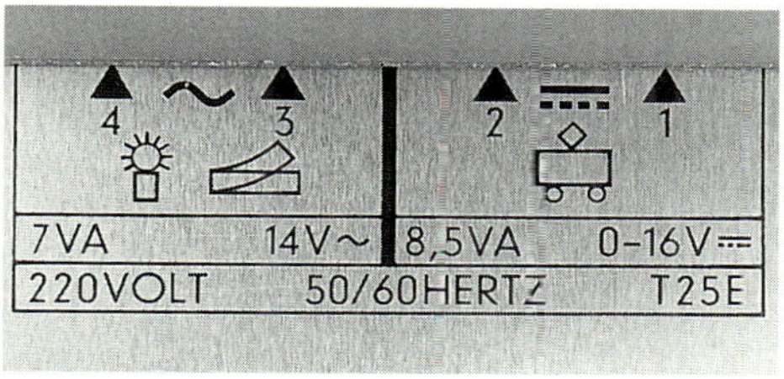

Abb. 9.15
Zeitlicher Verlauf der Fahrspannung bei Amplitudensteuerung bei verschiedenen Stellungen des Spannungsabgriffs

Abb. 9.16
Diese Angaben sollten auf jedem Fahrpult zu finden sein

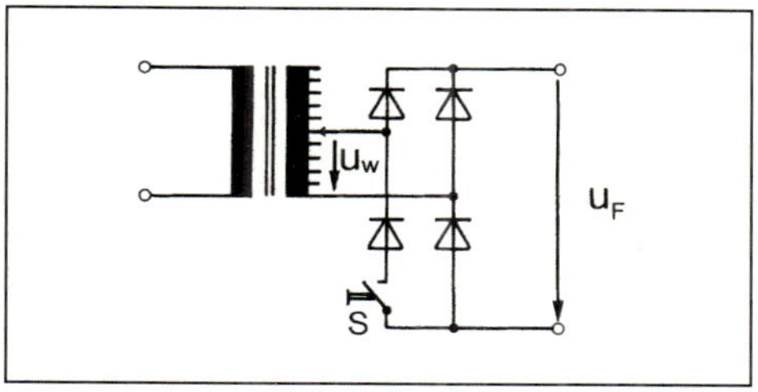

Abb. 9.17
Schaltung eines Fahrpultes mit Halbwellen- (S offen) und Vollwellenbetrieb (S geschlossen)

Keine halbe Sache: Halbwellenbetrieb

Die Gleichstromfahrpulte liefern eine wellige Gleichspannung (Abb. 9.15), die beide Halbwellen der vor dem Gleichrichter anstehenden Wechselspannung enthält. Auf eine mögliche Glättung durch einen Kondensator wird verzichtet. Seine Einschaltung würde den Mittelwert der gleichgerichteten Spannung und damit die mittlere Geschwindigkeit eines Triebfahrzeugs erhöhen. Das aber ist höchst überflüssig, erreichen doch viele Modelle eine Endgeschwindigkeit, die dem zwei- bis vierfachen Wert des Vorbilds entspricht. Andererseits liegt die kleinste mögliche Geschwindigkeit oft – maßstäblich umgerechnet – über 30 km/h. Die Gründe für dieses Verhalten sind im Kapitel 10 dargestellt. Dort werden auch Möglichkeiten zur Verbesserung des Fahrverhaltens aufgezeigt.

Eine dieser Möglichkeiten betrifft die Form der Fahrspannung, sie sollte rechteckförmig (vgl. Abb. 9.19) sein oder nur mit einer Halbwelle der Wechselspannung gebildet werden. Eine Spannung dieser Form erhält man bei Einweggleichrichtung (Abb. 5.12). Der Halbwellenbetrieb wird häufig als Rangiergang, der Vollwellenbetrieb als Streckengang bezeichnet. Schaltungstechnisch läßt sich dies unter Verwendung einer einstellbaren Wechselspannungsquelle, einem aus vier Einzeldioden aufgebauten Brückengleichrichter und einem einpoligen Schalter erreichen.

Ersetzt man den Schalter S durch ein als einstellbaren Widerstand verschaltetes Potentiometer (ca. 50 Ω/25 W), kann der Übergang von Halb- auf Vollwelle stetig vollzo-

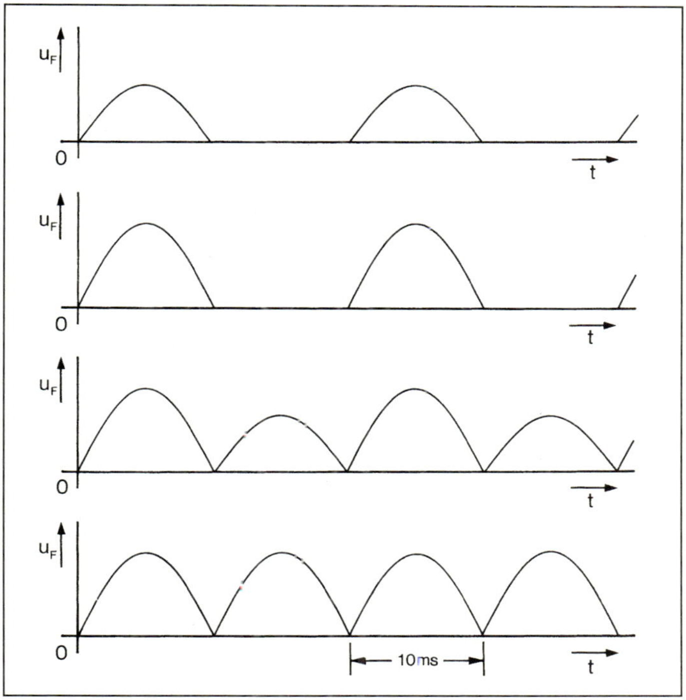

Abb. 9.18: Zeitlicher Verlauf der Fahrspannung bei ansteigender Fahrgeschwindigkeit

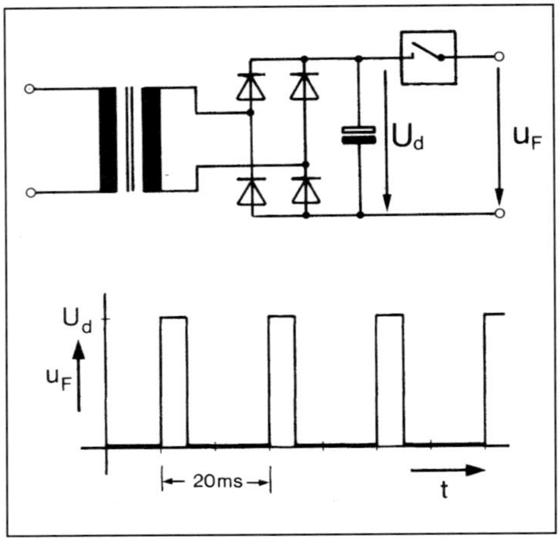

Abb. 9.19 Schaltungsprinzip und zeitlicher Verlauf der Fahrspannung bei einer elektronischen Steuerung

gen werden. In Abbildung 9.18 ist gezeigt, wie sich die Spannungsform mit ansteigendem Mittelwert U_F der gleichgerichteten Spannung verändert. Erst wenn die Halbwelle die größte Amplitude erreicht hat (Einstellung am Fahrpult), wird durch Veränderung des Widerstands die zweite Halbwelle eingeblendet.

Der Umbau vorhandener Gleichstromfahrpulte würde einen Eingriff in das geschlossene Gehäuse erfordern, er kommt also nicht in Betracht. Eine Möglichkeit zum Selbstbau bietet sich mit der Verwendung eines Wechselstromfahrpultes (Märklin, Titan), an das – wie oben beschrieben – Gleichrichter mit Schalter oder Potentiometer und ein Polwender angeschlossen werden. Eine weitere Möglichkeit besteht darin, an den Wechselspannungsausgang des Gleichstromfahrpultes ein Potentiometer anzuschließen, um so zu einer einstellbaren Wechselspannung zu kommen.

Auch von der Modellbahn-Industrie werden Fahrpulte mit Halbwellenbetrieb angeboten. Der Übergang zur Vollwelle vollzieht sich automatisch mit Betätigung des Drehknopfes, die erzeugten Spannungsformen sind dabei denen der Abbildung 9.18 mehr oder weniger ähnlich. Die Geräte werden unter so klangvollen Namen wie „Vario-Feinregelung“ oder „Multi-Sensible-Feinregelung“ angeboten.

Der nächste Schritt auf dem Weg, über die Fahrspannung die Fahreigenschaften zu verbessern, ist die Verwendung rechteckförmiger Spannungen. Bei dieser Form wird der Mittelwert der Spannung durch die Einschaltdauer des Schalters S (Abb. 9.19 oben) bestimmt.

Um einen gleichförmigen Lauf des Fahrzeugs zu erzielen, müssen die Schaltvorgänge sehr oft ablaufen, etwa 50mal in der Sekunde. Dies ist aber mit mechanischen Schaltern praktisch unmöglich, es muß ein elektronischer Schalter (Transistor) eingesetzt werden. Damit wird aber der Einstieg in die Elektronik vollzogen, deren Darstellung einem anderen Band der „Alba-Modellbahn-Praxis“ vorbehalten ist.

Zusammenfassung

Fahrpulte dienen zur Energieversorgung der Anlage. Daß sie oft als Transformatoren bezeichnet werden, kennzeichnet die wichtige Rolle dieses Bauteils. Es wird ergänzt durch Sicherungen, Schalter und beim Gleichstromfahrpult durch den Brückengleichrichter. Als Verbindungsglied zum Netz müssen die Geräte strengen Sicherheitsbestimmungen genügen, die man nicht unterlaufen sollte.

10 Motoren für die Modelleisenbahn

Die Elektromotoren in den Lokomotiven sorgen für Bewegung auf der Modellbahn-Anlage. Gäbe es sie nicht, hätte man dieses Buch gar nicht erst zu schreiben brauchen. Leider läßt das Fahrverhalten vieler Modelle sehr zu wünschen übrig. So manche bildschön detaillierte Lokomotive benimmt sich auf dem Modellgleis wie ein roher, ungehobelter Klotz. Dieses Kapitel nimmt das elektromechanische Innenleben unserer heutigen Modelle kritisch unter die Lupe. Ab und zu wird auch ein Blick auf den Großbetrieb geworfen. Es ist interessant, wie viele Ähnlichkeiten, aber auch welche Unterschiede es zwischen Vorbild und Großbetrieb gibt.

So entsteht ein Drehmoment

Ein paar Überlegungen sollen helfen, die Funktion eines Elektromotors besser zu verstehen. Alle elektrischen Motoren nutzen den folgenden physikalischen Effekt aus: Auf einen stromdurchflossenen Draht wird eine Kraft ausgeübt, wenn er sich in einem Magnetfeld befindet. Das Magnetfeld kann von einem Dauermagneten oder einer Spule erzeugt werden. Die Kraft hängt von der Größe des Stromes und der Stärke des Magnetfeldes ab, aber auch von der Länge des Drahtes im Magnetfeld:

Kraft = Strom x Länge x magnetische Flußdichte

$$F = I \times l \times B$$

Weiter lehrt das physikalische Experiment, daß die Kraft dann am größten ist, wenn das Magnetfeld senkrecht auf den Draht auftrifft, und die Kraft wirkt so, daß sie den Draht seitlich aus dem Magnetfeld wegdrücken will, so wie es in Abb. 10.1 zu sehen ist.

Eine Drehbewegung, das heißt ein Drehmoment erhält man nun, indem man den Draht zu einer Leiterschleife wickelt und diese drehbar lagert. Durch Eisenteile muß das Magnetfeld in möglichst jeder Winkelstellung nah an die Leiterschleife herangeführt werden. Eine solche Anordnung ist in Abb. 10.2 zu sehen. Die Eisenteile spannen zwei Halbschalen auf, unter denen der Hin- und Rückleiter der Schleife in einem kleinen Abstand vorbeizieht. Man spricht von den Polschuhen, da sie den Nordpol und Südpol des Dauermagneten um die Kreisbahn der Leiterschleife herumwölben.

Da die Stromrichtung im Hin- und Rückleiter unterschiedlich ist, ergibt sich oben und unten auch eine unterschiedliche Kraftrichtung. Beide Kräfte zusammen bilden das Drehmoment. Bei einem richtigen Motor gibt es

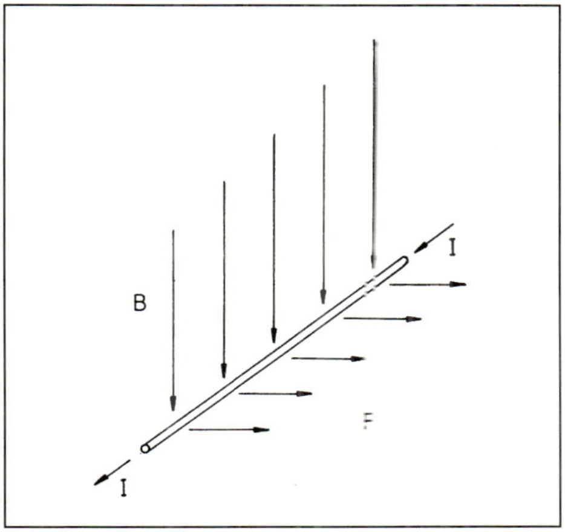

Abb. 10.1 Ein stromdurchflossener Leiter erfährt im Magnetfeld eine Kraft

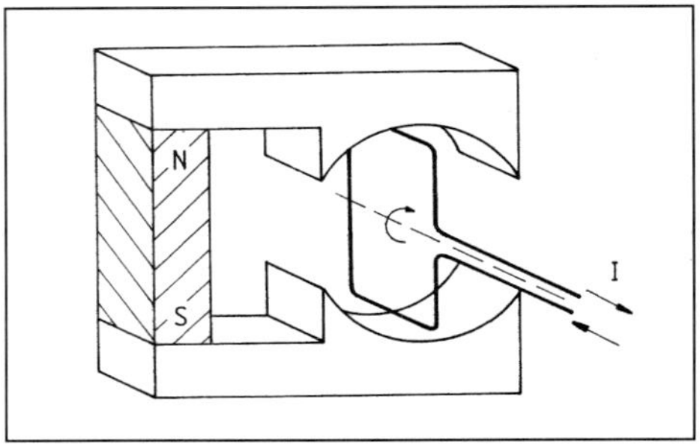

Abb. 10.2
Eine Leiterschleife erfährt ein Drehmoment unter den Polschuhen

nicht nur eine, sondern viele Schleifenwindungen. Der Draht ist so dünn, daß er bei vollem Strom gerade nicht zu heiß wird. Eine Walze aus aufeinander geschichteten Eisenblechen mit ausgestanzten Nuten nimmt die Leiterschleifen auf. Damit es keine Kurzschlüsse gibt, müssen die Drähte mit einer Lackschicht isoliert sein. Die Wicklung hat nun einen festen Halt, und das Magnetfeld wird gut durch die Leiterschleifen geführt, von denen eine jede ihren Beitrag zum Drehmoment liefert. Den beweglichen Teil des Motors nennt man Anker oder Läufer, der feststehende Teil mit Magneten und Polschuhen nennt man Ständer.

Eine Tücke besteht allerdings bei diesem ganz primitiven Modell. Solange sich der Hin- und Rückleiter der Leiterschleife unter den Polschuhen befindet, ist alles in Ordnung. Wenn sie sich aber aus der Wölbung der Polschuhe hinausgedreht haben, verschwindet das Drehmoment. Wenn die Schleife also quer liegt, befindet sie sich in der neutralen Zone, verdreht man die Schleife weiter, so daß ein Draht, der vorher unter dem Nordpol war, nun unter den Südpol gerät, wirkt die Kraft in die entgegengesetzte Richtung. Eine einzelne Leiterschleife wie Abb. 10.2 würde also ein paarmal hin- und herschwingen und nach einiger Zeit regungslos in der neutralen Zone hängenbleiben.

Eine einfache mechanische Anordnung löst das Problem; wenn die Leiterschleife die neutrale Zone durchläuft, sorgt sie dafür, daß sich die Stromrichtung einfach umdreht. Aus dem lateinischen Wort für „vertauschen" kommt der Name Kommutator zustande. Die Funktion wird am allereinfachsten Beispiel besonders deutlich, deshalb bleibt die Darstellung in Abb. 10.3 noch bei einer einzigen Leiterschleife. Der Kommutator besteht in diesem Fall aus zwei Kupferschalen, die elektrisch voneinander isoliert auf der Welle des Ankers befestigt sind und mit dem Hin- und Rückleiter der Leiterschleife verbunden sind. Über zwei Schleifer wird der Ankerstrom zugeführt und abgenommen, und bei der Stellung in Abb. 10.3a ergibt sich ein antreibendes Drehmoment. Verdreht sich die Schleife in die neutrale Zone hinein, kommt ein Augenblick, in dem die Schleifer die isolierende Schicht zwischen

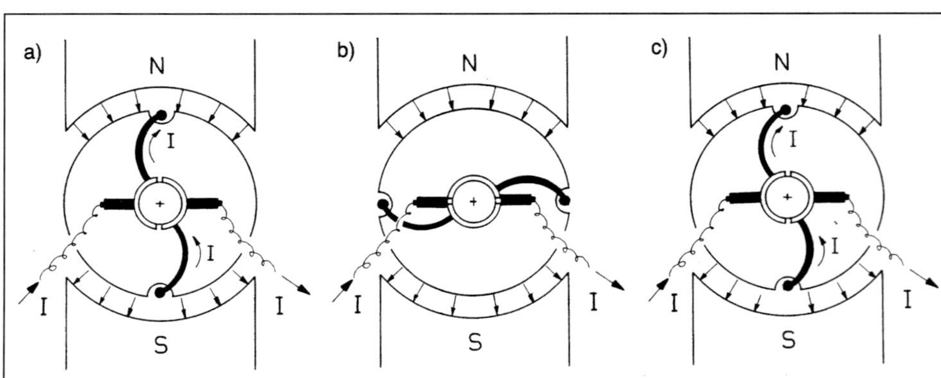

Abb. 10.3
Der Kommutator vertauscht die Stromrichtung in der Leiterschleife

den Kommutatorschalen überbrücken und somit die Wicklung kurzschließen.

Der Strom fließt also an der Leiterschleife vorbei; verdreht man sie noch weiter, ist der Kurzschluß wieder aufgehoben. Die Stromrichtung innerhalb der Leiterschleife hat sich aber umgedreht, unterhalb des Nordpols bzw. des Südpols fließt der Strom nach einer halben Umdrehung wie in Abb. 10.3c in die gleiche Richtung wie zu Beginn, somit bleibt auch die Richtung des Drehmoments erhalten. Ein solcher Anker wäre schon brauchbar, wenn er stets soviel Schwung hat, um die neutrale, drehmomentlose Zone zu überwinden. Will man aber bei jeder beliebigen Ankerstellung ein Drehmoment erhalten, so muß man die Ankerwicklung nicht auf zwei, sondern auf sehr viele gleichmäßig am Umfang versetzte Nuten verteilen, so daß immer etwa die gleiche Anzahl von Leitern unter den Polschuhen liegt. Der Kommutator wird dadurch freilich viel komplizierter. Entsprechend der Anzahl der Nutpaare, in deren Leiterschleifen der Strom jeweils im richtigen Augenblick gewendet werden muß, ist der Kommutator viel feiner unterteilt. Man spricht von den einzelnen Kommutatorlamellen, wie sie in Abb. 10.4 zu sehen sind.

Noch ein Wort zur Stromführung: Anfangs verwendete man Bürsten aus Kupferdraht, die über den Kommutator strichen. Der Begriff der Bürste hat sich bis heute gehalten, obwohl man längst erkannt hat, daß man mit Kohle- oder Graphitblöcken wesentlich besser zurechtkommt. Wenn zwei Kommutatorlamellen in der neutralen Zone durch die Bürste kurzgeschlossen werden, wirkt sich nämlich der höhere Übergangswiderstand des Graphits sehr vorteilhaft aus. Der Kommutator würde bei echten Drahtbürsten unter einem dauernden Funkenregen leiden und sehr schnell verschleißen. Bei großen Motoren, z. B. in unseren Elektrolokomotiven, sind noch sehr viele weitere Tricks notwendig, um eine „feuerlose" Stromwendung zu erreichen. Dies ist bei den winzigen Modellbahn-Motoren aber nicht nötig.

Abb. 10.4 Der Anker einer 10-kW-Maschine mit einer Vielzahl von gleichmäßig am Umfang angeordneten Leiterschleifen und Kommutatorlamellen

Manche Modellmotoren haben eine Bürste aus Kohle und eine aus aufgerolltem Kupfergewebe; bei den vergleichsweise winzigen Strömen neigt die Kohle zum „verschmieren", und die Metallbürste reibt den Kommutator wieder blank.

Miniaturmotoren für die Modellbahn

Beim Bau von Lokomotivantrieben für den Großbetrieb wie für die Modellbahn haben die Ingenieure mit Platzproblemen zu kämpfen. Beim Vorbild muß die geforderte Leistung im engen Drehgestellrahmen untergebracht werden, und die Modellbahner wünschen sich freien Führerhaus- und Kesseldurchblick. Im riesigen Leistungsspektrum des Elektromaschinenbaus (Kraftwerksgeneratoren mit 1 Million kW Leistung; Bahnmotoren mit 1000 kW) läuft der Modellbahn-Motor mit seinen wenigen Watt als Miniaturmotor. Während die Ankerwicklung eines Bahnmotors in mühevoller Handarbeit eingelegt wird, besorgt dies beim Modellbahn-Motor der Automat. Die Industrie produziert in gewaltigen Stückzahlen winzige Motoren, die im Hinblick auf billige Massenproduktion entworfen sind. Gebaut für konstante Drehzahlen weit über 10 000 Umdrehungen pro Minute sind die besonders einfachen Typen für Modellbahn-Antriebe, die sich ja gelegentlich auch sehr langsam bewegen sollen, eigentlich unbrauchbar.

Dennoch trifft man sie bei allen Modellbahn-Herstellern an. Der primitivste Anker,

Abb. 10.5
Der „dreipolige" Motor ist Standard für viele Lokmodelle

Abb. 10.6
Märklin-H0-Anker mit Trommelkollektor

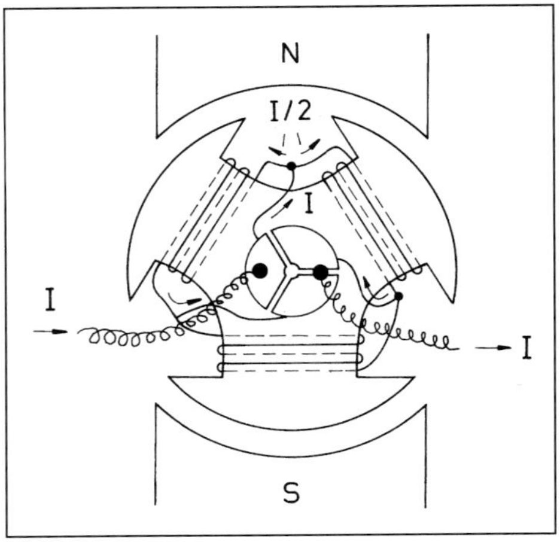

Abb. 10.7: Trix-H0-Motor mit zwei Wellenenden und Schnecken

Abb. 10.8: Roco-H0-Motor mit fünfpoligem schräg genuteten Anker, zwei Wellenenden und Messing-Schwungscheibe

Abb. 10.9: Fleischmann-H0-Rundmotor mit abgenommenem Motorschild und dreipoligem mit Blei ausgegossenen Anker

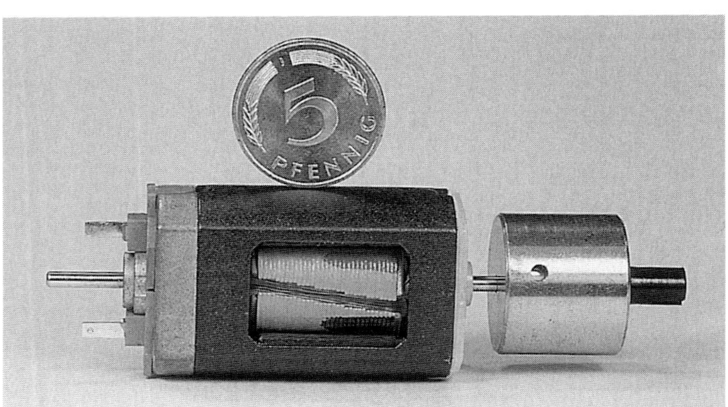

der in jeder Stellung ein Drehmoment entwickelt, kommt mit nur drei Nuten aus. In diesen drei Nuten liegen drei Spulen, und der Kommutator hat drei getrennte Lamellen. Den Kommutator mit den Bürsten bezeichnet man auch als Kollektor, aus dem lateinischen Wort für „aufnehmen". Gemeint ist die Stromeinspeisung in die rotierenden Ankerspulen.

Neben dem „Trommelkollektor", bei dem die Kollektorlamellen um die Ankerwelle herum angebracht sind, gibt es auch den Flachkollektor, bei dem die Lamellen eine Scheibe bilden, was die Motorlänge verkürzt, aber nur bei größerem Ankerdurchmesser realisierbar ist. In Abb. 10.5 wird ein solcher Anker skizziert. Man sieht gleich, daß in jeder Winkelstellung mindestens eine Nut unter einem Polschuh liegt, in der gezeichneten Stellung ist die obere Nut genau unter dem Nordpol, die andere Nuten liegen im Zwischenraum, und die darin liegende querliegende Spule wird gerade durch die Kohlebürsten kurzgeschlossen. Einen Augenblick später wird der Kurzschluß aufgehoben sein, und alle drei Spulen führen wieder Strom. Hier wird deutlich, daß ein solcher Anker kein gleichmäßiges Drehmoment erzeugen kann.

Der Anker in Abb. 10.5 wird häufig als dreipoliger Anker bezeichnet, da die Oberfläche wie das Gegenstück zu drei Polschuhen aussieht. Diese Bezeichnung ist eigentlich falsch, denn der Motor hat ja nur zwei Pole, nämlich den Nord- und den Südpol. Da sie aber weit verbreitet ist, soll sie hier, mit Anführungsstrichen versehen, weiterverwendet werden. Ein dreipoliger Flachkollektor-Anker ist in Abb. 10.9 zu sehen. Eine andere Bauart mit Trommelkollektor zeigt Abb. 10.7.

Die Anker mit großem Durchmesser fordern zwar meistens Kompromisse beim Führerhausdurchblick, doch ihr Drehmoment ist wesentlich höher als das für die langgestreckte Bauart. Das Untersetzungsgetriebe kann ausschließlich mit Zahnrädern, also ohne die selbsthemmende Schnecke ausgeführt werden.

Ein weiterer Effekt verhindert den gleichmäßigen Rundlauf des „dreipoligen" Ankers bei kleiner Drehzahl. Dreht man den Anker mit der Hand, so merkt man, daß er in bestimmten Stellungen einrastet, und zwar genau dann, wenn ein „Eisenpol" des Ankers genau unter dem einen oder anderen Polschuh steht. Dies sind beim „dreipoligen" Anker genau sechs verschiedene Stellungen. Genauso wie ein einzelner Magnet ein Eisenteil anzieht, sucht der Anker Stellungen auf, bei denen zumindest unter einem Polschuh gerade keine Nut ist.

Man spricht von sogenannten Einrastmomenten, die sich dem elektrisch entwickelten Antriebsmoment noch überlagern. Bei hoher Drehzahl macht sich all dies nicht bemerkbar, nur ist ein exakter Langsamlauf absolut unmöglich. Eine gewisse Verbesserung erbringt die Verteilung der Wicklung auf fünf Nuten, also der „fünfpolige" Anker, wobei der Kommutator fünf Lamellen hat. Die Einrastmomente sind zwar etwas kleiner, der Rundlauf ein wenig besser, aber ein richtiger Modellbahn-Motor ist das auch nicht.

Motoren mit elektrischer Erregung

Das magnetische Feld, das dem Anker zugeführt wird, kann auch aus einer stromdurchflossenen Spule erzeugt werden. Man spricht in diesem Falle von der Feldspule oder der Erregerwicklung. Sie kann von einer getrennten Spannungsquelle, z. B. einer Batterie, versorgt werden. Dies nennt man auch Fremderregung. Man kann sie ebenso in Reihe oder parallel zum Anker schalten und bekommt einen Reihenschluß- bzw. einen Nebenschlußmotor. Abb. 10.10 zeigt beide Schaltungen an einer Skizze, im Motorschaltbild kann man die Verschaltung von Anker und Feldspule leicht deutlich machen. Während bei industriellen Antrieben überwiegend Nebenschluß- oder fremderregte Motoren eingesetzt werden, sind bei der

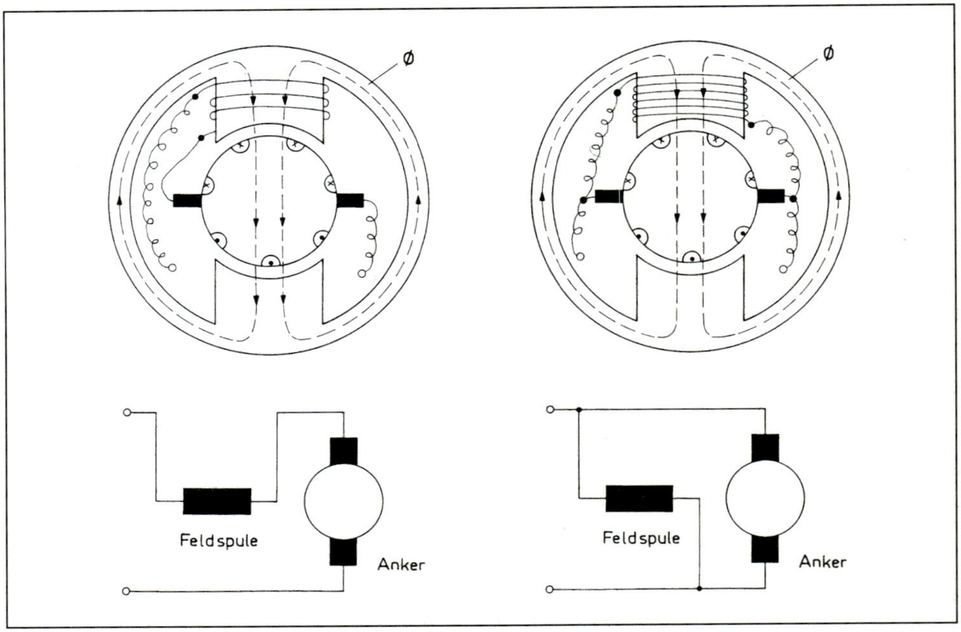

Abb. 10.10
Reihen- und Nebenschlußmotor mit ihrem Ersatzschaltbild

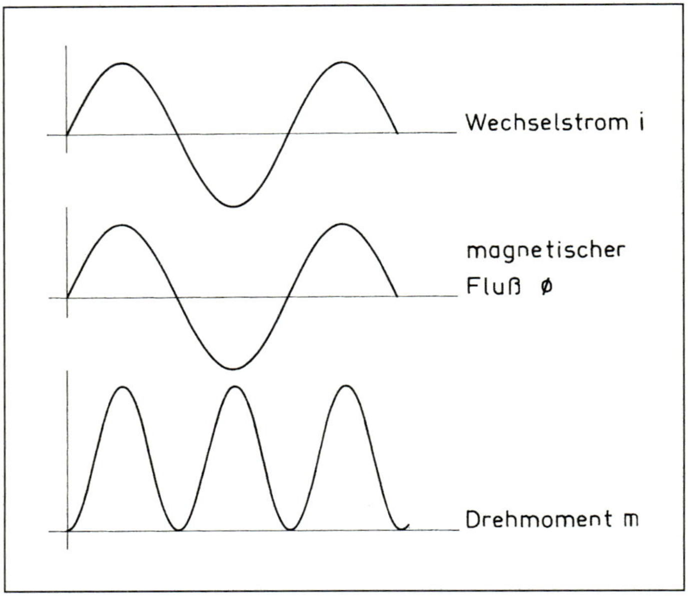

Abb. 10.11
Ankerwechselstrom und magnetisches Wechselfeld ergeben beim Reihenschlußmotor ein positives Drehmoment

Eisenbahn – ob Vorbild oder Modell – nur Reihenschlußmotoren von Bedeutung.

Wichtig zu wissen ist, daß man die Drehrichtung eines Reihen- oder Nebenschlußmotors nicht durch Umpolen der äußeren Anschlüsse vertauschen kann, wie dies so einfach bei den Dauermagnetmotoren in den Gleichstrom-Modellokomotiven geht. Da sich nämlich die Richtung des Ankerstromes *und* die des Magnetfeldes umdrehen, bleibt die alte Drehrichtung erhalten, wenn man die Anschlußklemmen umpolt. Dafür besitzt der Reihenschlußmotor die wichtige Eigenschaft, daß man ihn auch mit Wechselstrom betreiben kann. Würde man den Anker eines Dauermagnetmotors mit Wechselstrom speisen, würde das Drehmoment genauso wie der Ankerstrom fünfzigmal pro Sekunde seine Richtung wechseln, und der Anker würde sich nicht von der Stelle rühren. Beim Reihenschlußmotor sind aber Ankerstrom und Magnetfeld direkt miteinander verkoppelt und wechseln ihre Richtung stets zur gleichen Zeit, so daß im Mittel ein antreibendes Moment bleibt, wie es in Abb. 10.11 zu sehen ist.

Da der Reihenschlußmotor mit Gleich- und Wechselstrom betrieben werden kann, nennt man ihn auch Allstrommotor. Viele denken nun gleich an das Märklin-System, dessen Lokmodelle genau diesen Motortyp enthalten. Doch man sollte nicht übersehen, daß praktisch alle Loks des Großbetriebes, egal ob Gleich- oder Wechselstrombahnen, ob Straßenbahnen oder dieselelektrische Loks, mit Reihenschlußmotoren ausgerüstet sind. Ihr Vorteil ist, daß sie das magnetische Feld selbsttätig an die Belastung anpassen. Wird bei großer Zug- oder Beschleunigungskraft der Ankerstrom erhöht, steigt gleichzeitig der magnetische Fluß, was das Drehmoment doppelt verstärkt.

An dieser Stelle läßt sich auch kurz erklären, warum Wechselstrombahnen des Großbetriebes mit einer Frequenz von nur 16 ²/₃ Hz arbeiten, die um den Faktor 3 kleiner ist als die Frequenz des öffentlichen Versorgungsnetzes mit 50 Hz.

Es wurde bereits gezeigt, daß die Kohlebürsten die einzelnen Ankerwicklungen während der Stromwendung kurzschließen. Befindet sich eine solche kurzgeschlossene Spule – wenn auch nur für sehr kurze Zeit – in einem magnetischen Wechselfeld, wie es ja hier der Fall ist, so wirkt das Ganze wie ein kurzgeschlossener Transformator: Es fließen große Ströme, die den Kommutator zusätzlich belasten würden. Durch das Absenken der Frequenz kann man sie in erträglichem Rahmen halten.

Bei Bahnnetzen, die heute neu elektrifiziert werden, wie zur Zeit in Dänemark, wird allerdings trotzdem mit 50 Hz gearbeitet: Heute gibt es nämlich Hochleistungsgleichrichter, die den Wechselstrom auf der Lok gleichrichten, womit die Probleme beseitigt sind. Die Bahnen sparen sich dadurch den Aufbau einer eigenen Energieversorgung, wie sie die Deutsche Bundesbahn und die anderen 16 ²/₃-Hz-Bahnen benötigen.

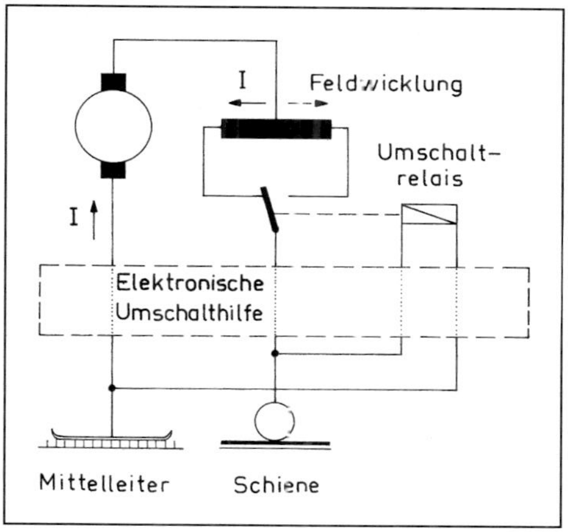

Abb. 10.12 Fahrrichtungswechsel bei einer Wechselstromlok

Zurück zum Märklin-System. Um einen Fahrtrichtungswechsel zu ermöglichen, besitzt der Märklin-Motor zwei Feldspulen, die in unterschiedlicher Richtung gewickelt sind. Läßt man den Ankerstrom durch die eine oder die andere Feldspule fließen, ergibt sich eine unterschiedliche Drehrichtung. Das Umschalten besorgt ein bistabiles Relais mit einpoligem Wechselschalter, das auf eine Wechselspannung von 28 Volt anspricht. Zum Fahrtrichtungswechsel wird kurz eine Überspannung dieser Größe angelegt.

Durch eine geschickte Mechanik wird beim Anzug des Umschaltrelais der Motor sogleich von der Spannung getrennt. Dennoch ist es nicht so flink, daß der Motor nichts von der angelegten Überspannung merken würde. Die Folge ist ein mehr oder weniger großer Satz, den die Lok beim Umschalten macht. Bei den ersten Umschaltern, wie sie in den fünfziger Jahren noch eingebaut waren, waren sogar zwei Überspannungsimpulse notwendig, was die Lok dann mit einem Sprung nach vorne *und* nach hinten quittierte.

Heute sorgt eine elektronische Umschalthilfe dafür, daß Motor und Beleuchtung während des Überspannungsstoßes blitzschnell abgeschaltet werden. Sie hält außerdem die Lampenspannung unabhängig von der Fahrspannung konstant und erledigt auch noch eine richtungsabhängige Beleuchtung.

Die Umschalthilfe ist auch einzeln erhältlich, so daß ältere Modelle damit ausgerüstet werden können, sofern der Platz vorhanden ist. Auf deren Funktion im einzelnen einzugehen würde den Rahmen dieses Bandes allerdings gehörig sprengen, denn hier ist schon einiges an Elektronik am Werk.

Sprung über die Systemgrenzen

Mangels Platz für den Umschalter hat das Wechselstromsystem bei den kleinen Baugrößen N und Z keine Chance. In Größe H0 verhindern die unterschiedlichen Fahrstromsysteme einen freien Austausch der Lokmodelle.

Manch einer möchte ein Fleischmann- oder Trix-Modell auf seiner Märklin-Anlage laufen lassen und umgekehrt.

Damit die Lok eines Gleichstromsystems mit Wechselstrom fährt, braucht sie zunächst einen im Gehäuse eingebauten Gleichrichter. Darüber hinaus muß nun noch die Fahrtrichtung umschaltbar sein; der Märklin-Umschalter ist hierfür aber nicht brauchbar, da er nur einen einzigen Umschaltkontakt besitzt. Hier wird ein zweipoliger Wechselschalter benötigt, der als Polwender vor den Motor zu schalten ist. Da es kein passendes zweipoliges Relais gibt, das genau auf die Märklin-Überspannung anspricht, muß man wiederum die Elektronik zu Hilfe nehmen, die gleichzeitig den Motor vor dem Spannungsstoß und dem Sprung nach vorne bewahrt. Einen Baustein, aufgebaut auf kleinstem Raum, bietet zum Beispiel die Firma Lauer an.

Wer sehr viele Gleichstromloks hat, aber auf die Vorteile des Mittelleiters nicht verzichten möchte, der sollte sich überlegen, generell auf das Gleichstromsystem umzustellen.

Man spart sich den nicht billigen Umbau der Gleichstromloks, und die Platzprobleme im Lokgehäuse entfallen ebenfalls. Lediglich der Skischleifer ist einzubauen. Dies ist zwar oft ein haariges mechanisches, aber kein elektrisches Problem. Um die Märklin-Loks am Gleichstromsystem mit Fahrtrichtungswechsel betreiben zu können, braucht man nur einen relativ problemlosen Umbau durchzuführen. Dazu kann auf das Umschaltrelais und die elektronische Umschalthilfe ganz verzichtet werden. Wie in Abb. 10.13 zu sehen ist, braucht man statt dessen die Enden der beiden Feldwicklungen nur über zwei richtig gepolte Dioden mit dem Lokgehäuse, das elektrisch mit den Rädern verbunden ist, zu verbinden.

Die Dioden sorgen dafür, das der Ankerstrom entweder die eine oder die andere Feldspule durchfließt, wobei aber die Richtung des magnetischen Feldes stets gleich bleibt. Dies entspricht genau dem magneti-

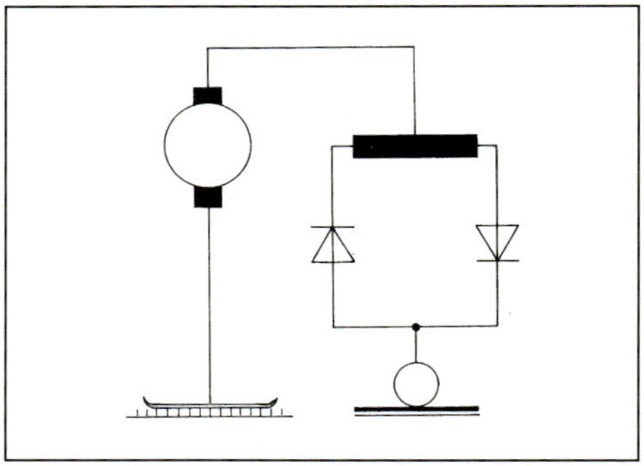

Abb. 10.13
Mit dieser Diodenschaltung ändert der Märklin-Motor beim Umpolen seine Fahrtrichtung

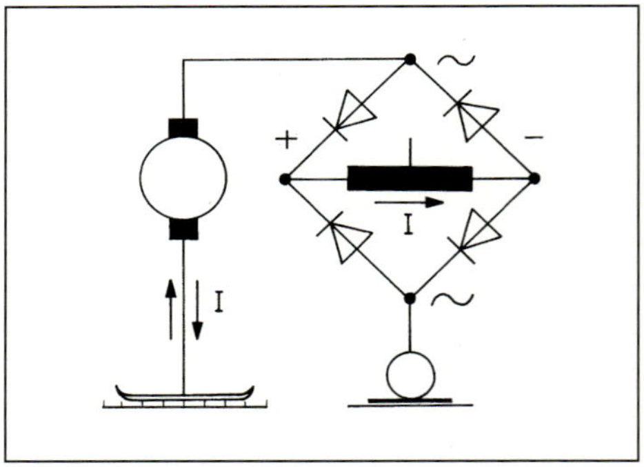

Abb. 10.14
Eine Gleichrichterschaltung zum Umbau von Märklin-Loks auf Gleichstrombetrieb

Abb. 10.15
Der Brückengleichrichter hat das Umschaltrelais ersetzt

schen Feld eines Dauermagnetmotors, das ja seine Feldrichtung ebenfalls stets beibehält.

Den Märklin-Motor kann man durch eine weitere Variante noch aufpäppeln, indem man beide Feldspulen vom Ankerstrom durchfließen läßt. Mit nun doppelter Windungszahl wird das magnetische Feld verstärkt, und das Drehmoment erhöht sich, was den Langsamfahreigenschaften zugute kommt. Die beiden freien Enden der Feldspulen werden an den Plus- bzw. Minusausgang eines Brückengleichrichters angeschlossen. Die Verbindung zwischen Anker und der Mitte der beiden Spulen wird nun aufgetrennt und nicht mehr angeschlossen. Statt dessen wird der Anker an den einen Wechselstromeingang des Gleichrichters gelegt während der andere ans Gehäuse geht. Auch hier bleibt unabhängig von der Polarität der angelegten Spannung die Stromrichtung in beiden Feldspulen stets gleich.

Der weitere Umbau von Märklin-Loks auf Zweischienengleichstrom ist „nur noch" ein mechanisches Problem: Man muß die bei Märklin elektrisch verbundenen Räder voneinander isolieren, denn sonst gibt es einen Kurzschluß zwischen beiden Schienen. Dem Rezept, zuerst die Hälfte der Radspeichen durchzusägen, sie mit Zweikomponentenkleber zu füllen, mechanisch aushärten zu lassen und mit dem Rest der Speichen ebenso zu verfahren, sollte man sehr, sehr skeptisch gegenüberstehen: Man zähle zunächst einmal die Anzahl der Räder.

Bei HAMO-Loks werden Kunststoffnaben an den Radachsen verwendet. Zum Abziehen der Original-Märklin-Räder, aufbohren und wieder zusammendrücken braucht man eine sehr gute Drehbank, wenn man ein exaktes Ergebnis erzielen will. Hier sollte man sich keine Illusionen machen und lieber auf die fertige HAMO-Variante zurückgreifen oder darauf warten.

Die Spannung bestimmt die Drehzahl

Wie Modellbahn-Motoren aufgebaut sind und wie sie ihr Drehmoment entwickeln, haben die bisherigen Abschnitte gezeigt. Ein Motor soll sich aber nicht nur einfach drehen, sondern man will seine Drehzahl auch genau einstellen und steuern können. Mit drei einfachen Gleichungen kann man nun das Verhalten des Motors, Spannung, Strom, Drehmoment und Drehzahl leicht in Beziehung setzen. Beginnen wir mit dem Drehmoment: Zu Beginn des Kapitels wurde bereits eine Formel für die Kraft des Leiters im Magnetfeld gewonnen. Genauso kann man sagen:

Drehmoment =
Konstante x Ankerstrom x magnetischer Fluß
= Konst. x I_A x Φ

In die Konstante geht die Anzahl der Ankerwindungen ein.

Jeder weiß, daß man die Drehzahl des Motors durch die Ausgangsspannung des Fahrpultes beeinflussen kann: je größer die Spannung, desto schneller der Motor. Dabei muß man an folgenden physikalischen Effekt denken: Wenn sich eine Drahtschleife in einem konstanten magnetischen Feld dreht, wird in ihr eine Spannung induziert.

Auch in der Ankerwicklung wird eine Spannung induziert, wenn sich der Anker dreht. Man nennt sie induzierte oder auch innere Spannung U_i und kann sie an den Bürsten abgreifen. Auch für U_i läßt sich eine einfache Formel angeben:

U_i = Konstante x magnetischer Fluß x Drehzahl
U_i = Konst. x Φ x n

Soll der Motor bei einer bestimmten Drehzahl arbeiten, so muß die angelegte Spannung etwas höher sein als U_i, da der Strom noch den Widerstand der Ankerspule und den Übergangswiderstand der Kohlebürsten überwinden muß. Diesen Widerstand, genannt R_A, kann man leicht mit einem Widerstandsmeßgerät messen, das man im Stillstand an die beiden Bürstenhalter anlegt. Er liegt bei den meisten Modellbahn-Motoren im Bereich um etwa 10 Ohm.

Eine einfache Formel kann den Zusammenhang zwischen angelegter Spannung und Drehzahl und Ankerstrom herstellen. Sie beinhaltet, daß sich die angelegte Spannung stets aus dem Produkt Ankerstrom x Ankerwiderstand sowie der inneren, im Anker induzierten Spannung zusammensetzt, also:

$$U_A = R_A I_A + U_i.$$

Ersetzt man die induzierte Spannung durch die bereits oben gezeigte Formel aus Produkt von magnetischem Fluß und Drehzahl, kann man auch schreiben:

$$U_A = R_A I_A + k \cdot \Phi \cdot n.$$

Geht man von Dauermagneterregung aus, so ist der magnetische Fluß stets konstant, und die induzierte Spannung hängt lediglich von der Drehzahl ab.

Was geht nun vor, wenn man an die Schienen, auf denen eine Lok steht, plötzlich eine Spannung von z. B. 6 Volt anlegt? Zuerst steht die Lok noch still, die Drehzahl und somit die induzierte Spannung ist null. Es fließt ein Ankerstrom, der nur durch den Ankerwiderstand begrenzt ist, also:

$$I_A = 6\ V/R_A\ .$$

Dieser Ankerstrom erzeugt zusammen mit dem magnetischen Fluß ein Drehmoment, das die Lok in Bewegung setzt: Im gleichen Augenblick, mit steigender Drehzahl des Ankers, steigt auch die innere Spannung, und der Ankerstrom geht stetig zurück.

Das Ganze erreicht rasch einen stabilen Arbeitspunkt, bei dem die induzierte Spannung (und die entsprechende Drehzahl) gerade soviel kleiner als die angelegte Spannung ist, daß der dabei fließende Ankerstrom gerade noch für ein ausreichendes Drehmoment sorgt. Fährt die Lok auf eine Steigung, reicht das Drehmoment nicht mehr aus: Die Lok wird langsamer, der Ankerstrom wird etwas größer und gleicht den Mangel durch höheres Drehmoment aus, nur eben bei kleinerer Drehzahl. Soll die Lok die Steigung bei gleicher Drehzahl wie vorher erklimmen, d. h. die induzierte Spannung konstant bleiben, muß man die angelegte Spannung erhöhen. Umgekehrt müßte man im Gefälle diese Spannung verkleinern, um ein Lossausen zu vermeiden.

Es bleibt festzuhalten, daß man zum Regulieren der Drehzahl die Spannung dauernd an die sich ändernde Last am Zughaken der Lok anpassen muß. Ein Regler im technisch richtigen Sinne (und nicht wie es die Modellbahn-Hersteller von ihren Fahrpulten behaupten) macht das automatisch. Er erfaßt

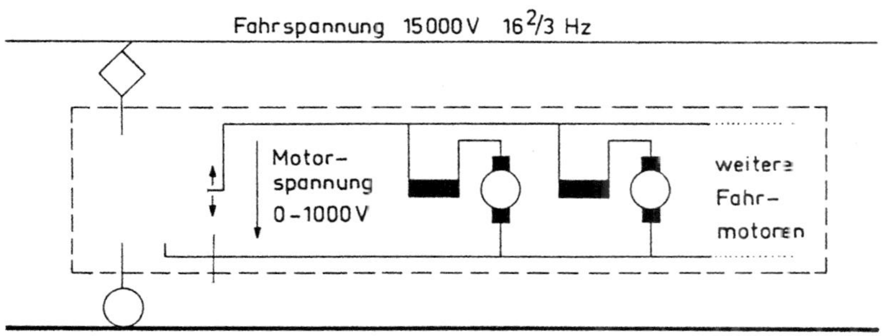

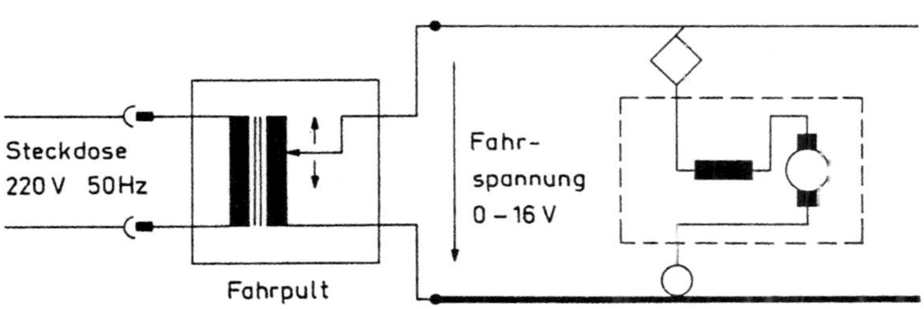

Abb. 10.16
S-Bahn-Version der weit verbreiteten Baureihe 111 im Hauptbahnhof Düsseldorf. Die Stromzuführung erfolgt über den Einholm-Stromabnehmer.
Mitte: Funktionsschema Vorbild-Ellok.
Unten: Funktionsschema Modell-Lok

mit elektronischen Hilfsmitteln die Drehzahl, vergleicht sie mit einem Sollwert und steuert die angelegte Spannung entsprechend aus. Mit einem Regler kann man sogar die Tücken zum Teil ausgleichen, die ein realistisches Langsamfahren verhindern, also die bereits angesprochenen Momentenschwankungen des Motors selbst und die mechanischen, sich dauernd ändernden Widerstände im Getriebe. Darauf einzugehen würde einiges Wissen über Elektronik voraussetzen und den Rahmen dieses Bandes über Elektrotechnik weit überschreiten.

Auch bei den Motoren des großen Vorbilds muß die Ankerspannung sehr genau an die Drehzahl angepaßt werden, allerdings aus einem anderen Grund: Würde man bei einer stillstehenden Lok die volle Motorspannung anlegen, würde der Zug natürlich nicht wie ein Modellbahn-Zug losbrausen, sondern es würden zunächst einmal riesige Ströme fließen, die schlagartig den Anker gefährlich überhitzen. Ein gewaltiger Drehmomentstoß würde aufs Getriebe schlagen, und die Räder würden schließlich durchdrehen. Statt dessen muß beim Anfahren die Motorspannung sehr langsam entsprechend der steigenden Geschwindigkeit vergrößert werden, so daß der Ankerstrom in einem erlaubten Rahmen bleibt. Bei der bekannten E-Lok 141 wird dies z. B. durch Anzapfungen der Sekundärspule des Transformators erreicht, die nach und nach angefahren werden. Wegen der großen Ströme geht das nicht mit einem Schleifer wie in den Modellbahn-Trafos, sondern hier sind schwere Schalter nötig, die mit Preßluft und dem bekannten Knallen in die gewünschte Stellung gebracht werden. Bei neueren Loks ist das Knallen der Schütze nicht mehr zu hören, ihre Aufgabe übernimmt heute die Leistungselektronik.

In Abb. 10.16 wird die Technik im Vorbild und Modell einmal gegenübergestellt. Im Grunde ist die Funktion einer konventionellen Elektrolokomotive und ihres Modells gleich, nur daß der Trafo beim Vorbild auf der Lok sitzt und die Fahrspannung konstant ist, während beim Modell der Trafo noch vor den Schienen sitzt und – in Ermangelung eines „Modell-Lokführers“ – die Modellfahrspannung von außen verändert wird.

Modellbahn-Loks als Störsender

Bei allen Modellbahn-Motoren wird man bei schneller Drehzahl an den Bürsten einen mehr oder weniger großen Funkenregen feststellen. Der Kommutator ist ja im Grunde nichts anderes als ein rotierender Polwendeschalter, und bei einer Drehzahl von 12 000 Umdrehungen pro Minute wird der Ankerstrom 200mal pro Sekunde umgeschaltet. Es wurde bereits gesagt, daß man bei den Miniaturmotoren diesen Funkenregen nicht durch spezielle Maßnahmen unterdrückt, da er dem Kollektor nicht gefährlich werden kann.

Einen unangenehmen Nebeneffekt hat dies aber schon: Die Funken sind im benachbarten Radio durch ein dauerndes Prasseln zu hören.

Ein Funken entsteht stets, wenn ein mechanischer Schalter einen Stromkreis mit einer Induktivität öffnet. Wenn kein Strom mehr fließen kann, baut sich die in der Spule gespeicherte magnetische Energie augenblicklich ab und vernichtet sich an der soeben aufgerissenen Kontaktstelle des Schalters in Form eines Funkens in Wärme. An der Kontaktstelle entsteht eine sehr hohe Spannung, sonst könnte der Funke ja gar nicht zünden. Diese Spannungsimpulse mit einer Lebensdauer vom Bruchteil einer tausendstel Sekunde und gleichartige Stromspitzen nennt man anschaulich Nadelimpulse.

Die Gleise der Modellbahn-Anlage haben nun die Form eines fast idealen Senders, der die Nadelstörimpulse des Motors gut abstrahlen würde. Um dies zu verhindern, baut man zunächst einmal möglichst unmittelbar an den Bürstenhaltern einen Kondensator ein. Es sollte ein Keramikkondensator geringer Kapazität sein, z. B. 22 nF. Er schließt die Spannungsspitzen sofort am Ort ihrer Entstehung kurz, während der Ankerstrom, ebenso der langsame Wechselstrom bei Märklin-Motoren, wie gewünscht durch den Anker fließt.

Um zu verhindern, daß dennoch ein noch so kleiner Nadelstromimpuls in das Modellbahn-Schienennetz eingespeist wird, läßt nun den Ankerstrom über je eine kleine Drosselspule mit einem Eisenkern zu- und abfließen, die den Stromspitzen einen hohen Widerstand entgegensetzen, den Ankerstrom jedoch ungehindert durchlassen. Oft wird auch noch ein zusätzlicher Kondensator zwischen Kollektor und dem Metallmotorblock angeordnet. Bei vielen Lokmodellen sind Entstörkondensatoren und Drosseln auf einem kleinen Platinchen angeordnet, das direkt über dem Motor eingebaut ist. Ein solches Platinchen kann auch noch die Dioden für die fahrtrichtungsabhängige Stirnlampenbeleuchtung mit aufnehmen, und manchmal sogar gleich die Lampen selbst. Ein Schaltbild ist in Abb. 10.17 zu sehen.

Antriebssachen

Nach den bisherigen Betrachtungen des Motors soll dieser Abschnitt nun die Elektrotechnik kurz verlassen und die mechanischen Teile des Motors betrachten, die die hohe Motordrehzahl auf eine sehr langsame Drehzahl der Antriebsräder herabsetzen: z. B. Zahnräder, Schnecken und Wellen. Auch die Loks des Großbetriebes besitzen ein Zahnradgetriebe. Der Fahrmotor mit seinem kleinen Zahnrad, das man auch Ritzel nennt, sitzt im Drehgestell und treibt ein großes Zahnrad, das Großrad, an, das direkt mit der Lokachse verbunden ist. Beim Vorbild kommt man mit einem einstufigen Getriebe aus, d. h. die Motordrehzahl wird mit einem Schritt auf die Raddrehzahl untersetzt.

Die Miniaturmotoren der Modellbahn haben viel zu hohe Drehzahlen, um mit solch einfachen Getrieben auskommen zu können. Die hohe Untersetzung führt einmal dazu, daß das gesamte Reibungsmoment im Getriebe viel größer als beim Vorbild ist. Dies ist aber

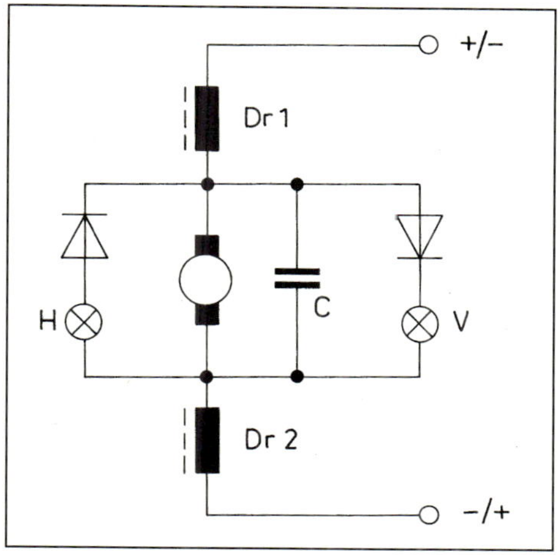

Abb. 10.17 Das Schaltbild des gesamten elektrotechnischen Innenlebens einer Gleichstromlok mit Funkentstörung und fahrtrichtungsabhängiger Beleuchtung

nicht der Grund für die schlechten Fahreigenschaften der meisten Modelle. Die bremsenden Reibmomente müssen nämlich nur völlig gleichmäßig sein, und das ist der springende Punkt.

Betrachten wir als Beispiel das bekannte Schneckengetriebe. Mit einer Schnecke lassen sich in einer Stufe große Übersetzungen erzielen, und die Drehachse läßt sich um 90 Grad verdrehen. Dies ermöglicht den problemlosen Einbau von schlanken langen Motoren, die längs im Lokomotivgehäuse eingebaut sind. Die Reibung im Schneckengetriebe ist besonders hoch, da das Schneckengewinde an den Zähnen des eingreifenden Zahnrades vorbeischleift und dieses mit jeder Umdrehung um einen Zahn nach vorne drückt. Trotzdem gibt es Loks mit Schneckengetriebe, die ganz vernünftig fahren, bei anderen ist das Fahrverhalten eine Katastrophe. Woran es in diesen Fällen vor allem fehlt, ist die notwendige Präzision bei der Lagerung des Motors mit seiner Schnecke und des eingreifenden Zahnrades. Fehlt diese Präzision, dann kommt es zu zusätzlichen zwängenden Kräften, die je nach Achsstellung unterschiedlich sein können.

Motoren mit Flachkollektor, deren Ankerachse parallel zu den Radachsen liegt, arbei-

Abb. 10.18: Ein längsliegender Motor mit Schneckengetriebe, vor allem in der Baugröße N, ist die verbreitetste Antriebslösung. Bei diesem Modell sind die drei Treibachsen durch Zahnräder miteinander gekuppelt. Die Zahnräder sitzen genau in der Achsmitte und erlauben den Treibachsen ein kleines Höhenspiel. Die Schleifer zur Stromabnahme wirken ein wenig als Federn. Da auch einige Räder der Tenderachsen zur Stromabnahme hinzugezogen werden, verhält sich das Modell auch auf Weichenstraßen recht gut

Abb. 10.19: Ein Flachkollektormotor mit Stirnradgetriebe: Hier wird nur eine einzige Achse, wie beim Vorbild die Treibachse, durch Zahnrad angetrieben, die anderen vier Achsen sind durch die Kuppelstangen angetrieben; da alle Räder absolut starr im Rahmen gelagert sind, ist die Stromabnahme mehr als bescheiden, obwohl keinerlei Haftreifen vorgesehen sind.
Der Antrieb durch Stirnzahnräder ist an sich recht brauchbar, hier verhindert nur der „dreipolige" Anker einen echten Rangierlauf

Abb. 10.20: Ein Antrieb für Drehgestellokomotiven: Der in der Fahrzeugmitte gelagerte Motor treibt über seine zwei Wellenenden und eine Spiralfeder Schnecken auf den Drehgestellblöcken an. Leider führt die Weichankopplung zwischen Radsätzen und Motor zu einem unangenehmen Eigenleben; die Feder verstärkt das Ruckeln anstatt es zu schlucken. Inzwischen hat man beim Hersteller die Spiralfedern durch kleine Kardanwellen ersetzt

ten meist mit Stirnradgetriebe, z. B. bei Märklin und Fleischmann. Hier ist die Anzahl der Zahnräder wesentlich größer als beim Schneckengetriebe, und die Möglichkeiten für das Auftreten unerwünschter Kräfte sind nicht unbedingt geringer.

Oft wechseln Zahnräder aus Metall und Plastik ab: Dies hat einen selbstschmierenden Effekt und setzt die Geräusche herab, denn der Antrieb soll sich ja nicht wie eine Kaffeemühle anhören.

Bei vielen Antrieben, gerade bei Stirnradgetrieben, wo Getriebewellen und Radachsen in einem Block gelagert sind, sind die Radachsen – mit Zahnrädern präzise untereinander verbunden – zwar seitenverschiebbar gelagert, aber in der Höhe haben die Radachsen keinerlei Spiel. Für das Zweischienensystem hat dies meist die unangenehme Konsequenz einer unzureichenden Stromaufnahme. Fährt eine solche Lok über eine geringe Gleisunebenheit, so hängen gleich die meisten Räder einer Seite in der Luft. Wenn an dieser Stelle auch noch ein kleines Staubkörnchen liegt, werden gleich alle Räder abgehoben und die Stromaufnahme ist unterbrochen. Ein gewisses Höhenspiel der Antriebsräder ist also gerade bei den Loks des Zweischienensystems unabdingbar. Die

Abb. 10.21: Mit der Kardanwelle lassen sich Drehmomente sauber auf bewegliche Antriebsteile übertragen. Bei diesem Modell sind nur die beiden mittleren Treibachsen durch Zahnräder direkt angetrieben, die beiden äußeren Treibachsen werden durch die Kuppelstangen angetrieben. Sie sind stromabnahmefreundlich, beweglich gelagert, doch ab und zu entstehen zwängende Kräfte

Abb. 10.22: Bei diesem Dampflokmodell sind alle Achsen, sogar die vordere Laufachse angetrieben. Jede Achse besitzt sogar echte Lagerhülsen, die höhenverschiebbar im Rahmen eingelassen werden. Da die Zahnräder genau in Achsmitte liegen, ist das Höhenspiel durchaus möglich

Abb. 10.23: Bei den LGB-Antrieben sitzt der Motor direkt an den Rädern. Im Großbetrieb trifft man diese Anordnung sehr oft bei Straßen- und U-Bahnen an, man spricht vom Zweiachslängsantrieb. Auch die LGB-Achsen sind starr im Rahmen gelagert; die Probleme der Stromabnahme löst der bekannte Schienenschleifer. Er sieht zwar nicht sehr schön aus, doch die LGB-Bahner wissen ihn zu schätzen

Kunst beim Bau eines Modellantriebes ist es also, gute Antriebseigenschaften mit guter Stromabnahme zu kombinieren. Viele Modellhersteller scheinen das Problem noch gar nicht erkannt zu haben.

Im Streben nach möglichst perfekter Vorbildtreue, aber auch um die Kosten beim Fahrwerk gering zu halten, hat es in den letzten Jahren vermehrt Modelle mit einem Stangenantrieb gegeben. Dabei wird nur eine Achse mit einem Zahnrad angetrieben, die anderen Antriebsachsen werden, wie beim Vorbild, durch die Kuppelstangen angetrieben. Wenn das bei einem Modell funktionieren soll, sind die Anforderungen an die Präzision im Fahrwerk noch viel höher. Der ideale Modellstangenantrieb hat, wie das Vorbild, unterteilte Kuppelstangen, um den einzelnen Rädern ein Höhenspiel zu ermöglichen. Hier machen aber die jetzigen Modellantriebe nicht mehr mit; die Folgen für die Stromabnahme wurden bereits beschrieben.

Die große Schwäche des Stangenantriebs überhaupt ist, daß man mit Kuppelstangen immer nur Kräfte, aber kein Drehmoment übertragen kann. So gibt es zwei Radstellungen, bei denen das übertragbare Drehmoment verschwindet. Wenn die Kurbelzapfen genau seitlich neben den Radachsen sitzen, wirken die Kräfte nur auf die Achslager, das Drehmoment ist null. In dieser Stellung ist beim gegenüberliegenden Rad alles um 90 Grad verdreht, so daß dort die Kurbelzapfen genau über oder unter der Radachse liegen und das übertragbare Drehmoment maximal ist. Diese unangenehme Eigenschaft führt bei den kurzen stangengekuppelten Rangierloks des Großbetriebes zum bekannten Schlingern. Bei den Modellen entstehen stets zwängende, von der Radstellung abhängige Kräfte, die man nur mit sehr viel Aufwand an Präzision kleinhalten kann.

Die Fotos auf den Seiten 114 und 115 sollen einen kleinen Überblick über verschiedene Antriebslösungen bei Modellen unterschiedlicher Baugröße geben.

Wie man die Reibung überlistet

Das Anfahren der Modellbahnloks läßt sich mit folgendem Vorgang vergleichen: Man sitzt im Zug und will das Fenster ein Stück öffnen; es klemmt, man zieht fester und fester schließlich reißt es sich los und schießt nach unten – viel zu weit. Nun schlägt man zur Abhilfe von unten mit den Handballen mehrmals kurz, aber kräftig gegen die Griffe, wobei das Fenster Stück um Stück zurückgeht, bis die gewünschte Position erreicht ist. So ähnlich behandelt der bereits im Kapitel 9 besprochene Halbwellenbetrieb den Modellantrieb. Während der Halbwelle erhält der Motor einen kräftigen Drehmomentstoß, danach kommt erst einmal eine Pause – im Mittel soll das Drehmoment ja klein sein und der Zug nur langsam fahren. So läßt sich erklären, warum die Loks mit Halbwelle eine kleinere Mindestgeschwindigkeit erreichen als mit Vollwelle, wie sie den meisten Fahrpulten entnommen wird. Noch besser arbeiten elektronische Schaltungen, die den Motor 100mal in der Sekunde oder sogar noch öfter mehr oder weniger lange an eine geglättete Gleichspannung von etwa 15 V zu- und wieder abschalten (vgl. Abb. 9.19). Der Motor wird dabei angetrieben wie ein Nagel, der mit festen Hammerschlägen ins Holz gehauen wird, und er kann auch bei kleinster Drehzahl die Getriebereibung stoßweise überwinden.

Die prinzipiellen Schwächen des Motors selbst lassen sich mit dieser Methode allerdings kaum beseitigen, und keine noch so gute Elektronik macht aus einer mißratenen Mechanik ein Laufwunder – sie kann stets nur verbessern.

Abb. 10.24
Der Drehmomentverlauf bei Halb- und Vollwelle

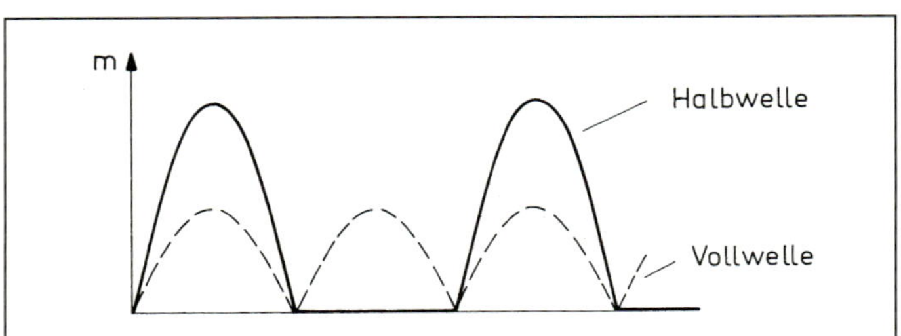

Spitzentechnik unter die Haube!

Zum Abschluß dieses Kapitels soll ein Blick auf die Möglichkeiten geworfen werden, die Fahreigenschaften der Modelle deutlich zu verbessern. Der erste und wichtigste Schritt ist der Einbau eines wirklich brauchbaren Motors, der hohes und völlig gleichmäßiges Drehmoment erbringt, reibungsarme Lagerung und Stromzuführung besitzt und das knappe Volumen optimal ausnutzt.

Die Modellbahn-Hersteller müssen sich endlich einmal von den „drei- bzw. fünfpoligen" Grobklötzen trennen, die das Innenleben ihrer herrlichen Modelle verhunzen. Was das Argument des Preises angeht, so muß man sich folgendes vor Augen halten: In einer Reihe von Massenprodukten, wie z. B. Kassettenrekordern und Filmkameras, befinden sich Präzisionsantriebe, ohne daß deren Preis einen besonders großen Anteil an den gesamten Herstellungskosten hätte. Es ist zu fragen, ob die Modellbahn-Hersteller nicht auf ihre eigene Motorproduktion ganz verzichten und sich lieber bei anderen Herstellern eindecken sollten, die etwas vom Motorenbau verstehen.

Ein solcher Hersteller ist z. B. die Firma Faulhaber mit ihren in der ganzen Welt bekannten Glockenankermotoren. Bei allem technischen Können, das die Herstellung dieser Motoren erfordert, ist dies dennoch ein Massenartikel, der bei Abnahme entsprechender Stückzahlen für den Preis von zwei oder drei Schachteln Zigaretten gehandelt wird. Der Anker des Faulhaber-Motors besteht nicht aus einem Stapel von Eisenblechen, in denen einzelne Spulen untergebracht sind, sondern die Wicklung ist absolut gleichmäßig und untereinander verwoben am gesamten Umfang verteilt. Durch ein ganz spezielles Herstellungsverfahren ist die Wicklung freitragend und hat die Form eines Bechers bzw. einer Glocke. In diesen Becher hinein wird ein feststehender Dauermagnet getaucht, und außen wird die Wicklung durch einen ebenfalls freistehenden dünnen Eisenhohlzylinder umgeben. Diese Einzelteile zeigt das Foto in Abb. 10.25; Abb. 10.26 zeigt einen Längs- und Querschnitt. Durch das Eintauchen des Dauermagneten in das Innere des Glockenankers hat man eine Menge Platz gespart, der bei normalen Motoren vergeudet wird, bei denen die Dauermagnete außen angeordnet sind. Da es bei diesem Motor keinerlei Nuten mehr gibt, verschwinden auch jegliche Einrastmomente.

Abb. 10.25
Zerlegter Faulhaber-Motor.
Von links nach rechts: Glockenanker, Eisenhohlzylinder mit Dauermagnet, andere Seite des Glockenankers mit Kollektor
Unten: eingebauter Faulhaber-Motor

Bei vielen Faulhaber-Motoren ist es möglich, die Motordrehzahl durch ein winziges Präzisionsgetriebe unmittelbar an der Ankerwelle auf die gewünschte Radsatzdrehzahl zu untersetzen. Dieses Getriebe arbeitet absolut ruckfrei und falsch. Für die Kraftübertragung auf die Modellbahn-Räder kann es allerdings keine Standardlösung geben. Hier sind nach wie vor die Modellbahn-Techniker am Zuge.

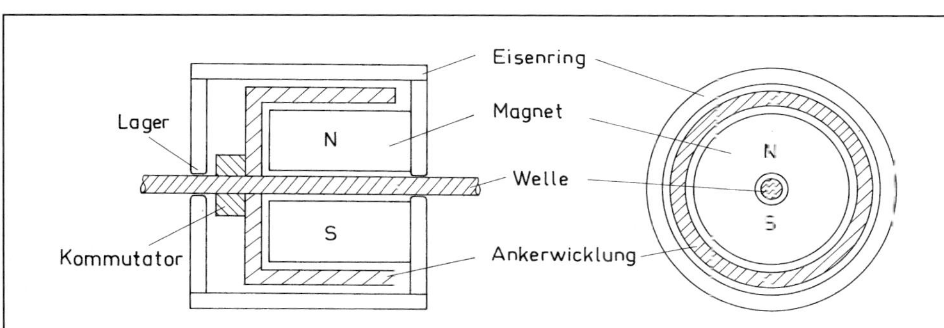

Abb. 10.26
Der Längs- und Querschnitt eines Glockenankermotors. Die beweglichen Teile sind zur Deutlichkeit schraffiert

Zusammenfassung

Beim Zusammenspiel von magnetischem Feld und Strom entstehen Kräfte, die in den Ankern der Elektromotoren zur Bildung eines Drehmomentes ausgenutzt werden. Bei den Motoren der Gleichstrombahnen wird das magnetische Feld vom Dauermagneten erzeugt, und beim Märklin-Wechselstromsystem wie auch allen Bahnmotoren des Großbetriebes entsteht das Feld in einer Feldwicklung, die in Reihe zum Anker geschaltet ist. Mit einfachen Diodenschaltungen lassen sich Märklin-Lokomotiven für den Betrieb an Gleichstrom mit Fahrtrichtungswechsel umbauen. Alle Modellbahn-Hersteller verwenden für ihre Antriebe sehr einfache Anker, die einen exakten Langsamlauf unmöglich machen. Drei Bedingungen müssen bei einem Modellantrieb erfüllt sein, wenn er diese Namen verdienen soll. Der Motor muß ein kräftiges, gleichmäßiges Drehmoment erbringen, das Getriebe darf nur eine geringe und auch absolut gleichmäßige Reibung aufweisen und muß frei von zwängenden Kräften sein, und schließlich muß die Stromabnahme durch bewegliche Lagerung der Räder auch bei leichten Gleisunebenheiten und Verschmutzungen absolut sicher sein. Einen weiteren Schritt zur Perfektion kann dann nur noch die Elektronik erbringen, indem nämlich die Motorspannung durch einen echten Regler selbsttätig eingestellt wird.

11 Lichtquellen: Glühlampen und Leuchtdioden

In diesem Abschnitt soll noch einmal kurz und zusammenfassend über Glühlampen und ihre Anwendung berichtet werden, um dann den „Nachfolger“ vorzustellen, ein modernes elektronisches Bauelement, die Leuchtdiode. Sie hat so große Bedeutung und Verbreitung erlangt, daß sie auch in diesem einführenden Band nicht unerwähnt bleiben darf. Um die diesem Bauelement eigene Zuverlässigkeit nutzen zu können, sind einige einfache Regeln zu beachten.

Betriebsbedingungen: auf die Spannung kommt es an

Die Glühlampe war bereits im ersten Abschnitt eingeführt worden, um Begriffe wie Strom und Spannung bekannt zu machen. Dort war schon von der Möglichkeit die Rede gewesen, durch einen Vorwiderstand die Spannung an der Glühlampe so einstellen zu können, daß ihre Leuchtstärke vorbildgerecht wirkt. Im Abschnitt über die Transformatoren ist als weitere Möglichkeit die Verwendung eines Trafos mit verschiedenen Sekundärspannungen genannt. Diese und weitere Lösungen sind in Abb. 11.1 zusammengestellt.

Im Kapitel 5 sind die Dioden vorgestellt worden, das Verhalten der Leuchtdioden, die im folgenden behandelt werden, ist grundsätzlich genauso. Sie unterscheiden sich wesentlich nur in den Kennwerten für die Durchlaßspannung U_D, den zulässigen Strom und die maximale Sperrspannung.

Der Mechanismus der Lichterzeugung von Leuchtdioden, kurz auch LED (von Light Emitting Diode) genannt, ist grundsätzlich von dem der Glühlampen verschieden. In ihren Glühfäden treten Temperaturen von 1000 °C auf, bei der LED hingegen läßt sich keine fühlbare Erwärmung feststellen. Man spricht daher auch vom kalten Licht der Leuchtdioden, womit der Erzeugungsvorgang des Lichtes, nicht aber sein Farbcharakter gemeint ist.

Für die in einer Glühlampe (14 V/0,05 A) umgesetzte Leistung gilt:

$$P = U_L \cdot I = 14\ V \cdot 0{,}05\ A = 0{,}7\ W.$$

Leuchtdioden haben Durchlaßspannungen U_D = 1,6 V... 2,7 V, abhängig vom verwendeten Halbleitermaterial (s. u.), und werden mit einem Strom von 20 mA betrieben:

$$P = U_D \cdot I = 1{,}6\ V \cdot 0{,}02\ A = 0{,}03\ W.$$

LEDs sind gegen Erschütterungen unempfindlich, ihre Lebensdauer ist bei Einhaltung der „Spielregeln“ praktisch unbegrenzt (größer als 100 Jahre).

Von Bedeutung sind heute Leuchtdioden, die rotes, gelbes oder grünes Licht aussenden. Bei Glühlampen wird die Farbe des aus-

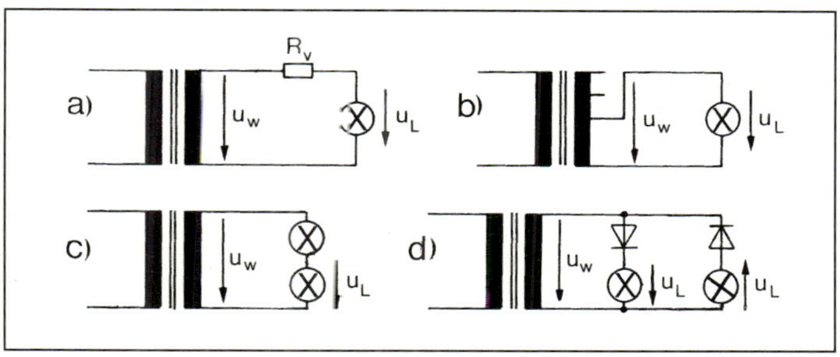

Abb. 11.1 Möglichkeiten zur Verringerung der Spannung an einem Verbraucher (Glühlampe):
a) Vorwiderstand $U_L = U_w - R_v \cdot I$
b) Trafo mit mehreren Anzapfungen der Sekundärwicklung $U_L = U_w$
c) Reihenschaltung der Verbraucher $U_L = U_w/2$
d) Halbwellenbetrieb: $U_L = U_w/2$

gesendeten Lichts durch entsprechende Einfärbung des Glaskörpers erreicht. Sie wirkt wie ein Filter, das nur die dieser Farbe entsprechenden Anteile des von der Glühlampe erzeugten Lichtes durchläßt. Leuchtdioden erzeugen hingegen Licht nur einer Farbe, es ist deshalb unmöglich, durch Einschalten eines z. B. blauen Filters in den Strahlengang einer gelben Leuchtdiode blaues Licht zu gewinnen. Die Farbe des mit einer LED erzeugten Lichts hängt ausschließlich vom verwendeten Halbleitermaterial ab.

Leuchtdioden sind gegen Überspannungen äußerst empfindlich. Ihre Kennlinie hat den gleichen Verlauf wie einfache Dioden (Abb. 5.6), sie muß deshalb immer mit einem Vorwiderstand R_v betrieben werden. Seine Größe kann aus

$$R_v = \frac{U - U_D}{I}$$

berechnet werden.

In der Regel ist I = 20 mA zu wählen, oft genügen bereits 10 mA, um eine ausreichende Leuchtwirkung zu erzielen. Die Durchlaßspannung U_D beträgt für

- rote LED: 1,6 V
- gelb LED: 2,2 V
- grüne LED: 2,4 V.

Für rote Leuchtdioden ist also bei Betrieb an einer Spannung U = 16 V:

$$R_v = \frac{16\ \text{V} - 1{,}6\ \text{V}}{0{,}02\ \text{A}} = 720\ \Omega;$$

man wird also auf den Normwert R_v = 820 Ω zurückgreifen. Der Widerstand muß für eine Leistung von mindestens

$$P = \frac{U^2}{R_v} = \frac{(16 - 1{,}6)^2 \text{V}^2}{820\ \Omega} = 0{,}25\ \text{W}$$

ausgelegt sein.

Leuchtdioden besitzen nur eine geringe Sperrspannungsfestigkeit von maximal 5 V. Es ist deshalb darauf zu achten, daß die Gleichspannungsquelle nicht mit falscher Polarität angeschlossen wird. Ist diese Möglichkeit nicht auszuschließen oder wird die Leuchtdiode an Wechselspannung betrieben, ist der LED eine (Leucht-)Diode antiparallel zu schalten (Abb. 11.3), die die in Sperrichtung auftretende Spannung auf den Wert ihrer Durchlaßspannung begrenzt. Zur Identifikation der Anschlüsse (Anode = +, Kathode = –) kann die Form der Elektroden dienen (s. Abb. 11.2). Sollte dies nicht möglich sein, ist die Diode über einen Vorwiderstand (ca. 220 Ω) an eine Gleichspannungsquelle von nicht mehr als 5 V (Fahrpult) mit bekannter Polarität probeweise anzuschließen.

Leuchtdioden können in Reihe geschaltet werden. Eine direkte Parallelschaltung ist

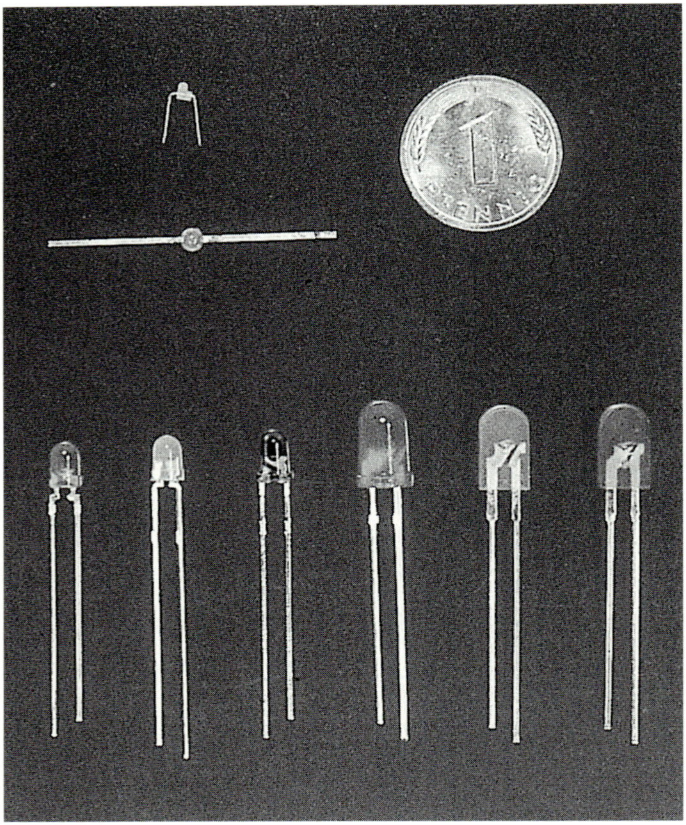

Abb. 11.2 Lichtquellen für die Modellbahn: Leuchtdioden. Es sind nur diverse Bauformen und Farbmöglichkeiten von LED gezeigt

nicht möglich, da sonst einzelne LEDs überlastet werden. Gleiches gilt für die Reihenschaltung bezüglich der zulässigen Sperrspannungsbeanspruchung, man sollte hier eine Diode antiparallel schalten.

Es gibt für Leuchtdioden zahlreiche Anwendungsmöglichkeiten im Modellbahn-Bereich. Wegen ihres geringen Leistungsbedarfs bei hoher Lebensdauer sind sie als Kontrollanzeigen für die verschiedenen Betriebsspannungen einer Anlage gut geeignet. Parallel zur Spannungsquelle angeschlossen, zeigt ihr Verlöschen einen Kurzschluß oder die Abschaltung des Stromkreises durch den Überlastungsschalter im Trafo an.

Da LEDs kaum Wärme entwickeln und in sehr kleinen Bauformen erhältlich sind, können sie vorteilhaft zur Spitzen- und Schlußbeleuchtung von Zügen verwendet werden. Dabei macht sich ihre Eigenschaft, schon bei kleinen Strömen (ca. 2 mA) sichtbar zu leuchten, positiv bemerkbar.

Die Modellbahn-Industrie setzt Leuchtdioden in zunehmendem Maß in Signalen aller Art ein. Da sie die Eigenschaften einer Glühlampe und einer Diode in sich vereinigen, bietet sich ihr Anschluß an eine bipolare Spannungsquelle an (vgl. Abb. 5.16), die rote und grüne LED eines Hauptsignals werden Abb. 11.3c entsprechend verschaltet.

Der Einsatz von Leuchtdioden als Kontrollinstrument soll für die Ansteuerschaltung der Spulenantriebe (Abb. 5.14 und 5.15) gezeigt werden. Wird dabei der für die Leuchtdiode erforderliche Vorwiderstand R_v einstellbar gemacht, indem ein entsprechend verschaltetes Potentiometer verwendet wird, erhält man gleichzeitig die Möglichkeit, die Ausgangsspannung U_p einstellbar zu machen. Der Kondensator wird dann nur noch auf die an der Reihenschaltung aus R_v und LED abfallende Spannung aufgeladen (Abb. 11.5).

Man sollte eine grüne Leuchtdiode verwenden, da für deren Licht das menschliche Auge besonders empfindlich ist und deshalb auch bei R_v = 1 kΩ noch gut wahrgenommen werden kann. Die LED erlischt bei Betätigung des Spulenantriebs, weil damit der Kondensator entladen wird, um mit Beendigung des Schaltvorganges, der ansteigenden Kondensatorenspannung entsprechend, wieder aufzuleuchten. Sie bleibt dunkel, falls der Spulenantrieb dauernd angesteuert wird, z. B. durch ein auf einem Gleiskontakt stehendes Fahrzeug.

Von besonderer Bedeutung sind Kontrollanzeigen, die zur Überwachung nicht einseh-

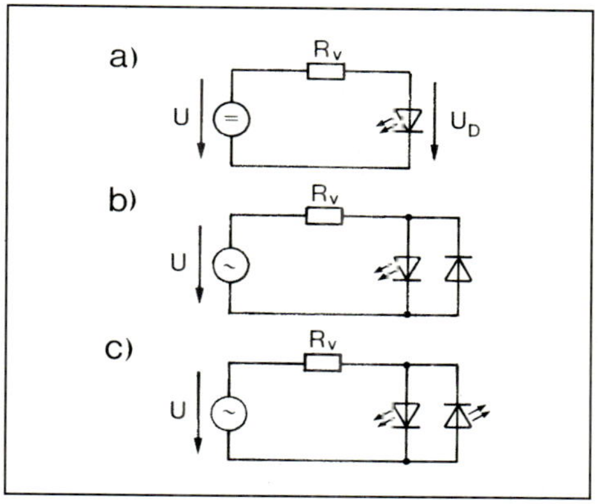

Abb. 11.3 Schaltungen zum Betrieb von LEDs an Gleich- und Wechselspannung

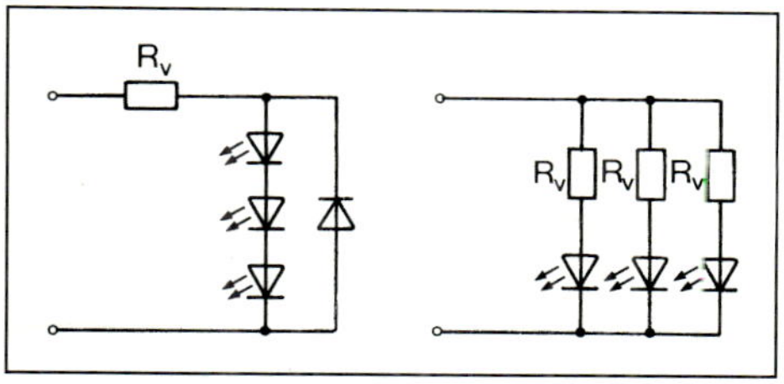

Abb. 11.4 Reihen- und Parallelschaltung von Leuchtdioden

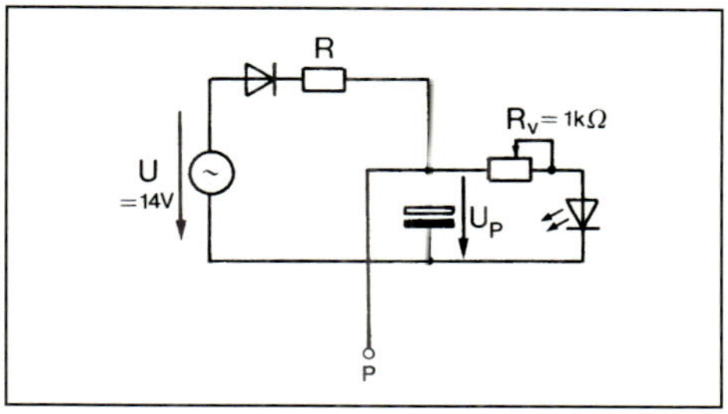

Abb. 11.5 Betriebsspannungsanzeige

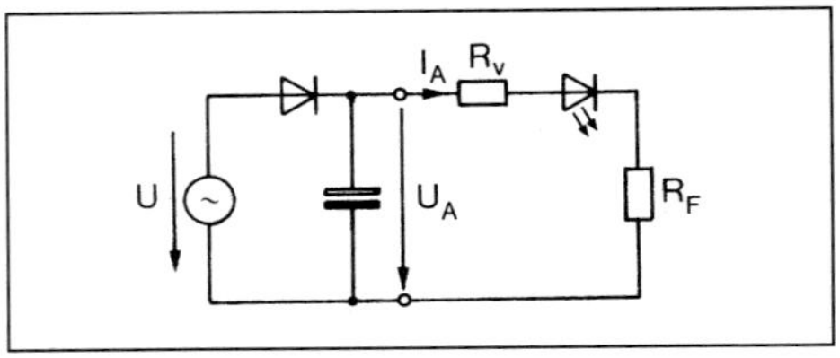

Abb. 11.6
Stromkreis der Gleisbesetztanzeige

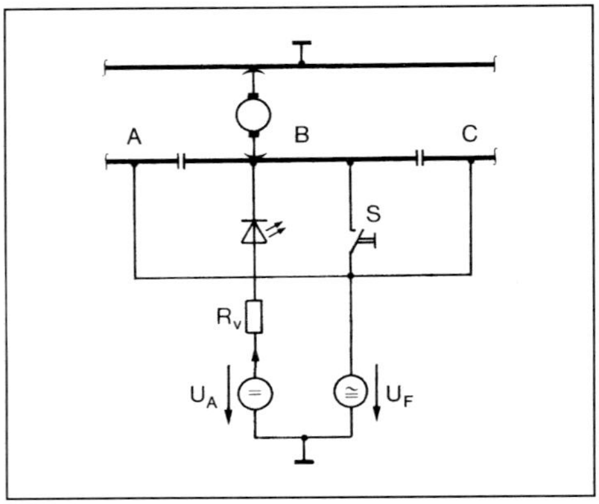

Abb. 11.7
Gleisbesetzanzeige mit Leuchtdiode

barer Anlagenteile eingesetzt werden. Der Schattenbahnhof, der als verdeckter Abstellbahnhof für zeitweise nicht benötigte Zuggarnituren dient, ist ein Beispiel hierfür. Zu wissen, welche Gleise unbesetzt sind, ist für einen sicheren Betrieb unbedingt notwendig. Mit Hilfe von Leuchtdioden läßt sich eine Gleisbesetztanzeige sehr einfach aufbauen. Die vorgestellte Schaltung ist für Gleich- und Wechselstrombetrieb der Fahrzeuge gleichermaßen geeignet.

Sie ist unabhängig von der Höhe der Fahrspannung und für beide Fahrtrichtungen geeignet. Als Einschränkung ist lediglich anzuführen, daß sie nur dann die Besetzung der Gleise korrekt meldet, wenn der betreffende Gleisabschnitt abgeschaltet ist. Dies ist für ihre Anwendung in einem Schattenbahnhof jedoch von untergeordneter Bedeutung.

Die Funktion der Schaltung beruht darauf, den Stromkreis, der den Gleisabschnitt überwacht, durch die in diesem Abschnitt befindlichen Fahrzeuge zu schließen. Die mit Motor und/oder Beleuchtungseinrichtung ausgerüsteten Fahrzeuge besitzen einen Widerstand R_F, der kleiner als 150 Ω ist. Wird die Schaltung aus dem Wechselspannungsausgang des Trafos über einen Einweggleichrichter mit Glättungskondensator C versorgt, ergibt sich bei U_w = 14 V eine maximale Spannung U_A = 19 V für den Anzeigestromkreis. Der Vorwiderstand muß dann

$$R_v = \frac{19\ \text{V} - 1{,}6\ \text{V}}{0{,}02\ \text{A}} = 870\ \Omega$$

betragen, er kann als Normwert zu R_v = 1 kΩ gewählt werden. Dieser Wert ist so groß, daß der Fahrzeugwiderstand dagegen vernachlässigbar ist. Der kleine Anzeigestrom I_A = 20 mA kann dauernd durch die Motoren von abgestellten Triebfahrzeugen fließen, ohne diese in Bewegung zu setzen oder zu beschädigen.

Befindet sich kein Fahrzeug in dem zu überwachenden Gleisabschnitt und ist der Schalter S geöffnet, ist der Anzeigestromkreis unterbrochen, so daß die Leuchtdiode dunkel bleibt. Durch den einfahrenden Zug wird die Trennstelle zwischen den Abschnitten A und B überbrückt, damit kann der Anzeigestrom I_A sowohl über den Fahrzeugwiderstand als auch über die Fahrspannungsquelle fließen, die LED leuchtet auf. Ist das Fahrzeug vollständig in den Abschnitt B eingefahren, bleibt es stehen (S offen), der Strom I_A fließt nun ausschließlich über den Fahrzeugwiderstand. Wird der Schalter S geschlossen, verläßt der Zug den Halteabschnitt wieder.

Auch wenn der Gleisabschnitt geräumt ist, wird die Anzeige das Gleis als besetzt melden, falls der Schalter S nicht wieder geöffnet wird. Dies ist der bereits erwähnte Schönheitsfehler dieser unaufwendigen und vielseitigen Schaltung. Er spielt für den praktischen Betrieb eine noch geringere Rolle, wenn man den Schalter S durch einen Taster ersetzt, der selbsttätig in seine Ruhelage zurückkehrt und damit die korrekte Funktion der Schaltung sicherstellt.

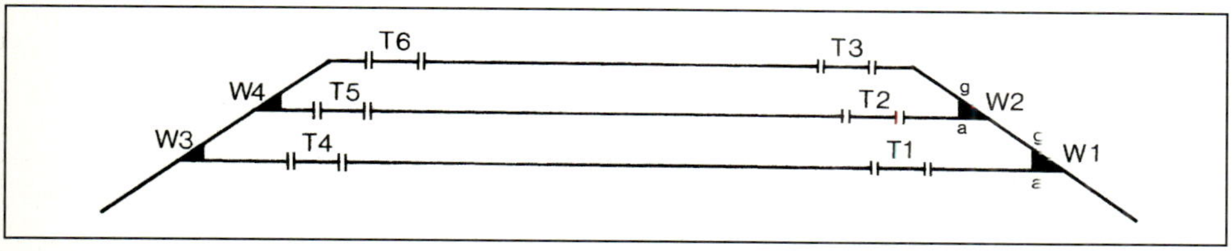

Abb. 11.8
Der Gleisplan des Schattenbahnhofs

Vom Schaltplan zum betriebsbereiten Gerät

Mit der vorgestellten Schaltung zur Gleisbesetztmeldung und einer bipolaren Spannungsquelle soll der Aufbau einer Steuerung für einen dreigleisigen Schattenbahnhof gezeigt werden. Unter einer bipolaren Spannungsquelle soll eine Spannungsquelle verstanden werden, die – gegen das Bezugspotential (= gemeinsamer Rückleiter, Masse) gemessen – sowohl positive wie auch negative Spannung liefert (vgl. Abb. 5.14).

Eine Erweiterung der vorgestellten Schaltung auf einen Bahnhof von mehr als drei Gleisen stellt keine Schwierigkeit dar, sie ist im Schaltplan bereits angedeutet.

Verwendet werden soll eine bipolare Spannungsquelle, um die Weichen mit nur einer Leitung anschließen zu können. Dies verringert den Verdrahtungsaufwand im Steuergerät und bei der Leitungsführung unter der Anlage ganz erheblich. Man kann eine solche Spannungsquelle unter Verwendung des Fahrspannungsausgangs eines Fahrpultes aufbauen, wenn dieser für die Fahrspannungsversorgung nicht benötigt wird. Entsprechendes gilt für den Wechselspannungsausgang des Fahrpultes, an den ein Gleichrichter in Brückenschaltung angeschlossen wird. Ein Elektrolytkondensator kann zur Glättung der Spannung hinzugefügt werden. Zu beachten ist jedoch, daß bei Verwendung dieser Schaltung kein Pol der Wechselspannung oder der gleichgerichteten Spannung mit dem gemeinsamen Rückleiter verbunden sein darf, da dieser wechselweise mit dem ⊕- oder ⊖-Pol der Gleichspannung verbunden ist.

Die in der Handhabung einfachste Lösung stellt die Verwendung der Schaltung nach Abb. 5.14 dar, die nach Einfügen eines Widerstandes R auch noch eine Schutzfunktion für die Antriebe übernehmen kann und die relativ hohen Schaltströme nicht dem Trafo, sondern den Kondensatoren entnimmt. Verwendet man Antriebe mit Endabschaltung, läßt sich zudem mit denkbar geringem Aufwand eine Rückmeldung der Antriebsstellung verwirklichen.

Die Schaltung wird an den Wechselspannungsausgang des Fahrpultes (14 V ... 16 V) angeschlossen. Die Kondensatoren C_P und C_N laden sich über Widerstand und Dioden auf eine Spannung von ungefähr +/– 20 V auf, die über die Tasterkontakte wechselweise an den Antrieb geschaltet werden kann.

Zur Anzeige der Weichenstellung dienen zwei antiparallel geschaltete Leuchtdioden, die über einen Vorwiderstand R_V direkt an die Wechselspannung angeschlossen werden.

Geht man von der in Abb. 11.10 gezeigten Weichenstellung aus, d. h. die Weiche liegt auf „abzweigend", hat der Umschalter E der Endabschaltung die Spule g für den nächsten Schaltvorgang, also das Geradeausstel-

Abb. 11.9
Aufbau der bipolaren Spannungsquelle mit Brückengleichrichter und Polwender
Gleichrichter: B 40 C 3200/2200
C = 2200 µF/40 V

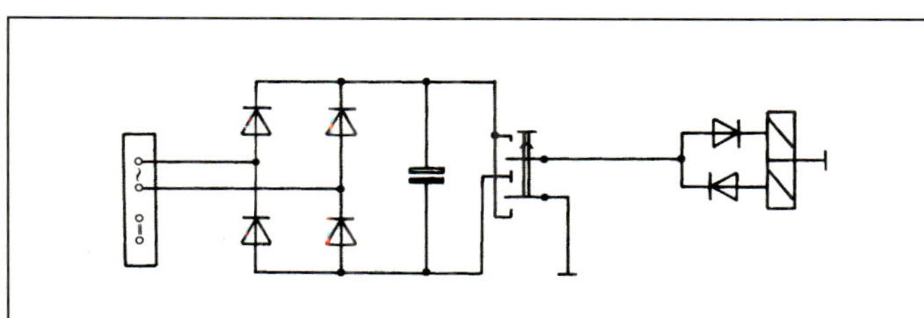

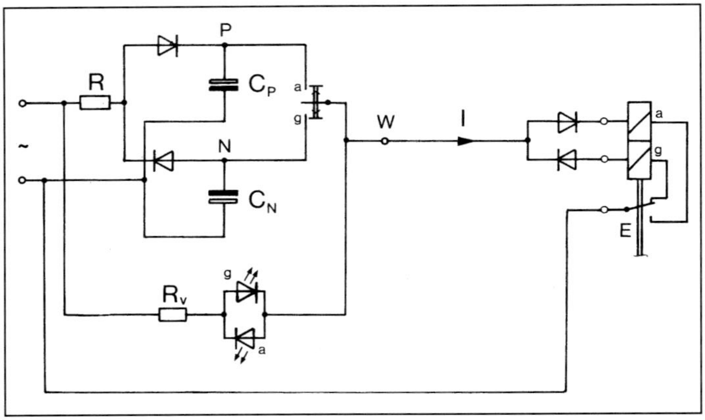

Abb. 11.10 Steuer- und Rückmeldeschaltung für einen (Weichen-) Antrieb mit Endabschaltung

len der Weiche, mit dem gemeinsamen Pol der Spannungsquelle verbunden, dann kann durch die Leuchtdiode a im Stromkreis R_v – LED a – W – Diode – Spule g ein halbwellenförmiger Strom fließen, die Leuchtdiode meldet „Weiche in abzweigender Stellung".

Wird durch Betätigung des Tasters der Punkt N mit dem Punkt W verbunden, treibt die Spannung des Kondensators C_N einen Strom durch die Spule g des Antriebs, so daß dieser umschaltet. Der Kontakt E unterbricht dabei selbsttätig den Stellstrom und schaltet die Spule a ein. In dieser Stellung können nur positive Ströme wegen der der Spule a vorgeschalteten Diode auftreten. Damit ist die Leuchtdiode g in Betrieb, der Diodenstrom wird von der positiven Halbwelle der Wechselspannung getrieben. Wegen des hohen Wertes von R_v (> 470 Ω) spricht der Antrieb selbst nicht an.

Ist ein Schutz der Weichenantriebe vor thermischer Überlastung nicht erforderlich (vgl. S. 38), kann die Schaltung weiter vereinfacht werden. In diesem Fall können die Kondensatoren C_p und C_N sowie der Widerstand R entfallen. Es ist allerdings möglich, daß dann schwergängige Antriebe mit hohem Leistungsbedarf nicht mehr sicher umschalten. Abhilfe leistet in diesem Fall die Erhöhung der speisenden Wechselspannung über den gegebenen Nennwert (14 V–16 V) hinaus, etwa unter Verwendung des Titan-Trafos (Abb. 9.6). Für motorische Weichenantriebe (s. S. 49 f.) ist die vorgestellte Schaltung ebenfalls verwendbar.

Der in der Abb. 11.11 wiedergegebene Schaltplan beschreibt die Steuerung eines Kopfes des Schattenbahnhofs bzw. die Steuerung bei Einrichtungsbetrieb. Dieser Betriebsfall ist gegeben, wenn der Schattenbahnhof innerhalb einer Kehrschleife liegt.

Für Abstellgleise, die nicht von geschobenen Zügen (Wende- und Triebwagenzüge) benutzt werden, kann man den Betriebsablauf noch weiter automatisieren. Dann ist nämlich die in Fahrtrichtung gesehen erste Trennstelle überflüssig, sie kann durch eine Diode überbrückt werden. Wie das gemacht wird, kann der Abb. 5.2 entnommen werden.

Man findet Schaltpläne in der Art der Abb. 11.11 auch in der Modellbahn-Literatur und in Elektronik-Fachzeitschriften. Um solche Pläne lesen zu können, muß man einige Regeln beherrschen.

Damit die Übersichtlichkeit der Schaltpläne so groß wie möglich bleibt, werden die Werte der Bauelemente entweder nur indirekt oder in verkürzter Form angegeben. Bei der indirekten Angabe findet man die Zahlenwerte in einer besonderen Liste, etwa R_2 = 10 kΩ, C_1 = 5 nF oder D_1, D_2 = 1N4001. Im Schaltplan selbst stehen nur die Größenbezeichnungen R_1, R_2,..., C_1, C_2,..., D_1, D_2,... Sind die Zahlenwerte im Schaltplan angegeben, geschieht dies in verkürzter Form, etwa 1 k (= 1 kΩ) oder 22 (= 22 Ω) an Widerständen, 100 µ/25 V (= 100 µF, 25 V Betriebsspannung) an Kondensatoren.

Die Werte für Spannung und Belastbarkeit von Widerständen können auch pauschal durch eine Anmerkung der Art „alle Widerstände 1/4 W" angegeben sein. Abweichende Werte werden dann am jeweiligen Bauelement vermerkt.

Die konsequente Verwendung des Zeichens für den gemeinsamen Rückleiter (Nulleiter, Masse) ⊥ statt vielfacher Verbindungen zur Spannungsquelle trägt ebenfalls wesentlich zur Übersichtlichkeit bei.

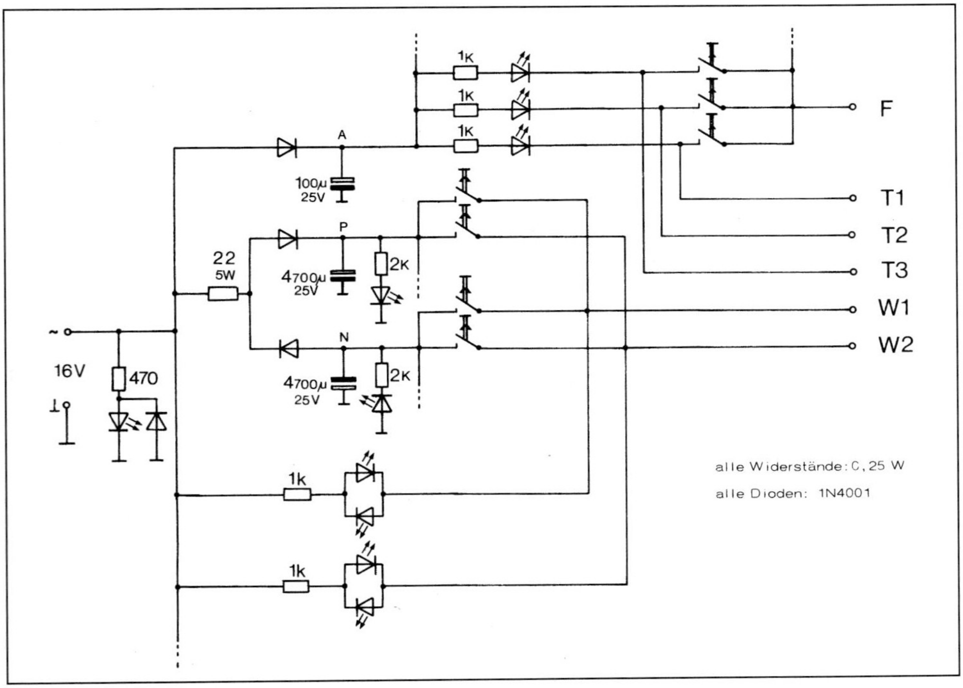

Abb. 11.11
Der Schaltplan zur Steuerung des Schattenbahnhofs

Abgesehen vom 22-Ω/5-W-Widerstand ist die Schaltung für die Steuerung des Schattenbahnhofs mit Bauelementen aufgebaut, die jeder mit der Elektrotechnik ein wenig befaßte Modellbahner auf Vorrat hat (haben sollte), auf jeden Fall aber problemlos im (Elektronik-)Fachhandel erhält. Bei der Planung eines gewissen Vorrats an Bauteilen ist es sinnvoll, sich auf wenige Typen zu beschränken, also etwa Dioden für 1 A auch dann einzusetzen, wenn sie nur mit wenigen Milliampere belastet werden.

Die für die Schaltung benötigten Widerstandswerte lassen sich – mit Ausnahme des 22-Ω-Wertes – mit nur einem Wert (1 kΩ) durch Reihen- oder Parallelschaltung herstellen (s. S. 10).

Für die Anzeige der Betriebsspannungen (P und N) sind grünleuchtende Leuchtdioden den rot- und gelbleuchtenden vorzuziehen, da sie auch bei kleinen Strömen gut sichtbar leuchten. Für die Anzeige der Weichenstellung bieten sich gelbe, der Gleisbesetztmeldung rote LEDs an.

Das Steuergerät soll als kleines Gleisbildstellwerk aufgebaut werden. Auf einer Kunststoffplatte oder einer Seite des für die Aufnahme der Schaltung vorgesehenen Gehäuses wird das Gleisbild schematisch dargestellt. Für die hier vorgestellte Ausführung wurde die Anreibetechnik benutzt. Sie arbeitet mit Folien, die die erforderlichen Zeichen (Buchstaben, Ziffern, Linien, technische Symbole usw.) tragen. Durch Anreiben werden sie auf die zu beschriftende Unterlage übertragen und mit Mattlackspray vor Beschädigung geschützt.

Die Platte mit dem Gleisbild wird mit Bohrungen versehen, in die die Leuchtdioden und Taster eingesetzt werden. Bis auf die

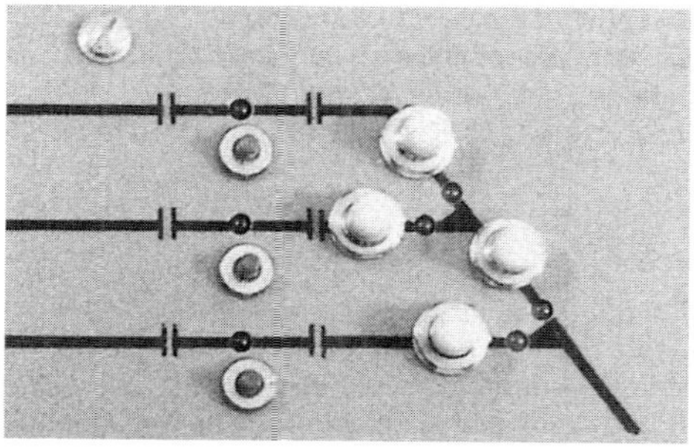

Abb. 11.12
Ausschnitt aus der Trägerplatte

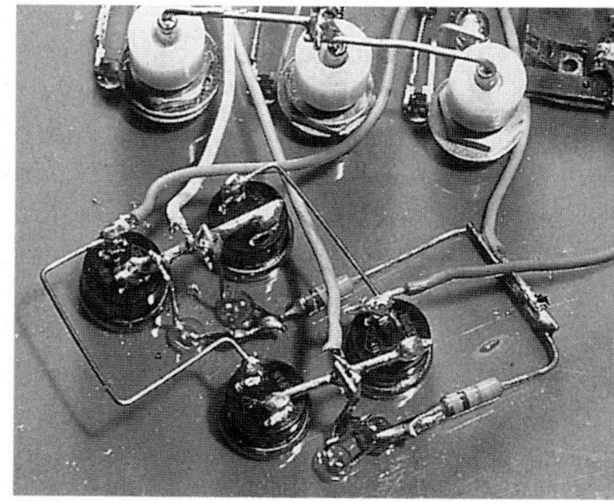

Abb. 11.13
Ein Blick unter die Trägerplatte. Der Ausschnitt entspricht dem der Abb. 11.12

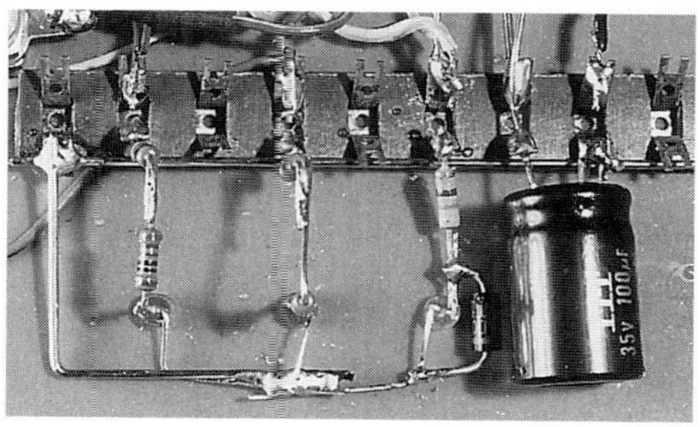

Abb. 11.14
Die Lötleiste als Reihe von elektrischen Knotenpunkten

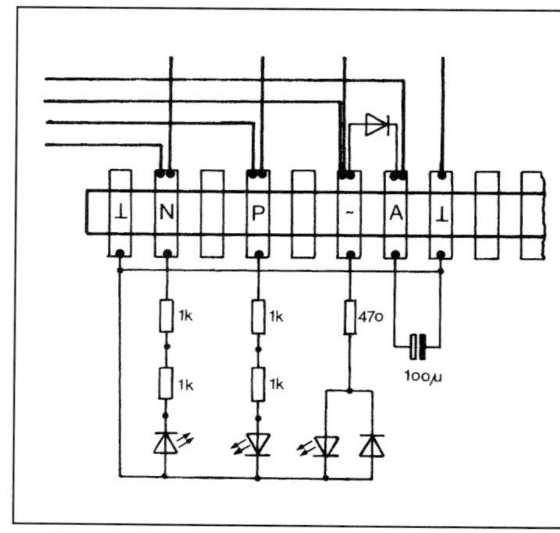

Abb. 11.15
Die Lageskizze zu Abb. 11.14 soll den Zusammenhang zwischen Schaltplan und aufgebauter Schaltung verdeutlichen

Abb. 11.16
Als Klemmbrett dient eine Lüsterklemmenleiste. Die Bezeichnung der Punkte entspricht dem Schaltplan

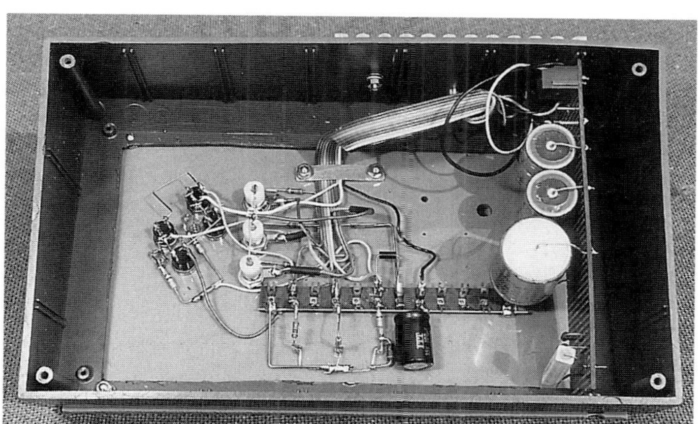

Abb. 11.17
Gesamtansicht des Innenlebens

Fahrstromtaster, die unterhalb des jeweiligen Abschnittes mit der Besetztanzeige eingebaut wurden, sind sie im jeweiligen Gleisstrang angeordnet. Auf der Unterseite wird eine Lötleiste angebracht; sie dient als Anschluß- und Verbindungspunkt.

Der Montage der Bauteile folgt die Herstellung der elektrischen Verbindungen. Dazu werden sowohl Silberdraht als auch Litze verwendet. Die Vorwiderstände werden direkt an die zugehörige Leuchtdiode angelötet. Kurze Verbindungen erfolgen mit unisoliertem Silberdraht, der zuvor entsprechend gebogen werden muß. An den blanken Draht können die übrigen Bauelemente, die

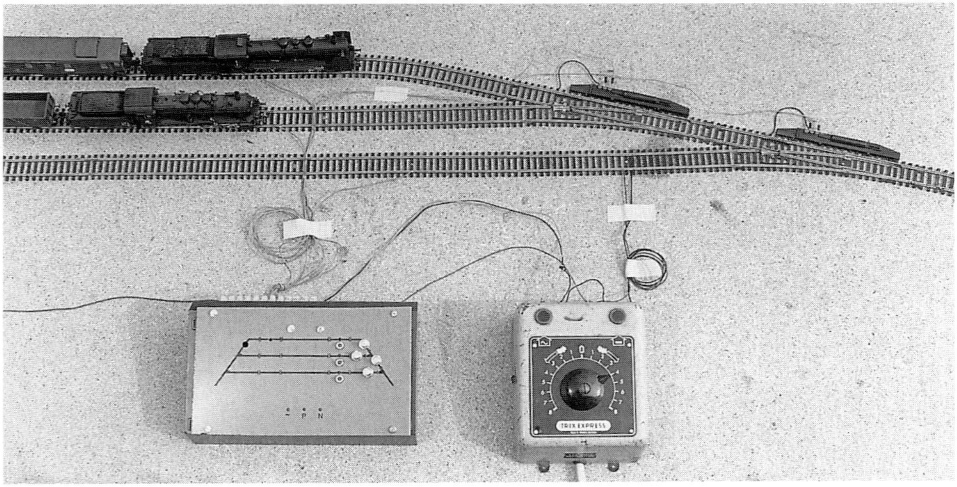

Abb. 11.18
Der rechte Kopf des Schattenbahnhofs mit dem Steuergerät (Gleisbildstellpult) mit Fahrpult

zu einem Knotenpunkt gehören, unmittelbar angelötet werden.

Während die bipolare Spannungsquelle, bestehend aus Vorwiderstand und je einer Diode und einem Elektrolytkondensator, auf einer kleinen Leiterbahnplatine aufgebaut ist, die senkrecht zur Trägerplatte in kleinen Führungsschienen der Gehäusewandung sitzt, ist der Einweggleichrichter mit Glättungskondensator (100 µF, Punkt A im Schaltplan) mit Hilfe der Lötleiste aufgebaut.

Die Verbindung zwischen den auf der Trägerplatte montierten Bauelementen, dem Schaltungsteil auf der Platine und einer Lüsterklemmenleiste auf der äußeren Rückwand des Gehäuses erfolgt über ein 10poliges Flachbandkabel, dessen Einzeladern von 0,2 mm^2 Durchmesser mit einer Kunststoffisolierung in verschiedenen Farben umgeben sind. Auf diese Weise ist eine schnelle Identifizierung jeder Einzelader möglich.

Als Verbindungsglied zur Gleisanlage dient eine Reihe von Lüsterklemmen. Die einzelne Klemme ist mit der Bezeichnung versehen, wie sie auch im Schaltplan zu finden ist. Zu den Weichen mit Endabschaltung führen einpolige Leitungen, über sie fließt der Stellstrom wie auch der Rückmeldestrom. Der zweite Pol der Weichenantriebe ist über eine kurze Leitung an die als gemeinsamer Rückleiter dienende Schiene angeschlossen.

Bei Antrieben mit einem zusätzlichen Schalter zur Herzstückpolarisierung kann diese Verbindung innerhalb des Antriebsgehäuses hergestellt werden.

Zwischen Fahrpult und Steuerungseinheit gibt es eine dreipolige Verbindung: Zu dem zweipoligen Anschluß der Wechselspannung kommt der Pol der Fahrspannung, der nicht mit dem gemeinsamen Rückleiter verbunden ist.

Zusammenfassung

Haupteinsatzgebiet der Glühlampen ist (noch) die Beleuchtung größerer Objekte, in fast allen anderen Fällen erscheint die Verwendung von Leuchtdioden vorteilhafter. Ihre Anwendung ist bei Beachtung einiger Spielregeln problemlos. Oft ermöglichen sie erst Schaltungen, die mit Glühlampen nicht zu verwirklichen wären. Das vorgestellte Gleisbildstellwerk ist ein Beispiel dafür.

Nachwort und Ausblick

Aus dem weiten Gebiet der Elektrotechnik hat dieser Band die Bereiche herausgesucht, die auf der Modellbahn-Anlage zur Anwendung kommen. Ein wenig Physik gehört stets dazu, wenn man verstehen will, was in Trafos, Spulen, Relais und Motoren passiert. Neben den vielen Standardteilen des Modellbahn-Zubehörs wurden auch spezielle Schaltungen betrachtet, die auf den Grundlagen aufbauen und den Modellbahn-Betrieb pfiffiger und sicherer machen.

Hierbei bieten die Dioden besonders interessante Möglichkeiten. Obwohl sie nicht mehr zur „klassischen" Elektrotechnik gehören, kommen sie schon seit vielen Jahren im Modellbahn-Betrieb zum Einsatz und sind auch für den Anfänger leicht einzusetzen.

Der eigentliche Schritt zur Elektronik wird dann getan, wenn elektrische Ströme nicht mit Schaltern und Relais ein- und ausgeschaltet werden, sondern mit Transistoren und Thyristoren ohne weitere mechanische Kontakte gesteuert und geregelt werden, und das auf kleinstem Raum, mit geringen Kosten und nahezu unbegrenzten Möglichkeiten.

Der „Chip", die Anordnung tausender Transistor- und Diodenschaltungen auf der Fläche einer Fingernagelspitze, hat inzwischen auch bei den Großserien-Modellbahn-Herstellern Einzug gehalten und gibt der Modelleisenbahn neue hochinteressante Impulse.

Genauso, wie sich die Elektrotechnik einer großen Modellanlage aus vielen einfachen Einzelschaltungen zusammensetzt, besteht auch der Chip aus einzelnen Grundschaltungen, die gar nicht so geheimnisvoll sind, wie das die meisten vermuten.

Im Gegenteil: Manche Modellbahn-Schaltung, die sich mit „altbewährtem" Relais nur mit unübersichtlichem Aufwand realisieren läßt, kostet den Modellbahn-Elektroniker nur ein paar Mark und wenige Lötverbindungen.

Dies mag für den Leser ein Anreiz sein, sich mit diesem interessanten Gebiet näher zu beschäftigen, das im Band „Modellbahn-Elektronik" in ähnlicher Weise wie hier betrachtet wird.

Anhang

Zusammenstellung der verwendeten Schaltzeichen

 Gleichspannungsquelle

 Wechselspannungsquelle

 Spannungsquelle allgemein (Gleich- oder Wechselspannung)

 gemeinsamer Rückleiter, Nulleiter Masse

 Leitung allgemein

 lösbare Verbindung (Klemme)

 Verbindungsstelle allgemein

 Leiterkreuzung ohne elektrische Verbindung

 Leiterkreuzung, elektrisch verbunden (Knotenpunkt)

 (ohmscher) Widerstand

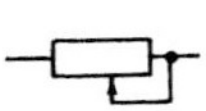 einstellbarer Widerstand

 Kondensator

 Elektrolytkondensator

 Wicklung, Spule

 – mit Eisenkern

 – mit Ferritkern

 Transformator mit Eisenkern

 Motor

 Diode

 Leuchtdiode

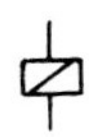 (Relais-)Wicklung

 (Relais-)Wicklung mit gleichsinnig wirkenden Wicklungen, Doppelspule

 Öffner, Ruhekontakt

 Schließer, Arbeitskontakt

 Umschalter

 Steckbuchse, Kupplung

 Stecker, Steckkontakt

 Gleiskontakt, mechanisch bedient

 SRK

 Glühlampe

Liste der verwendeten Formelzeichen

Die Auswahl der Formelzeichen erfolgte nach den in der Elektrotechnik üblichen Kriterien. Da auch mechanische Größen vorkommen, kann ein Zeichen mehrere Bedeutungen besitzen. Elektrische Größen werden mit kleinen und großen Buchstaben bezeichnet. Dabei gibt die Kleinschreibung an, daß es sich um einen Augenblickswert einer zeitlich veränderlichen Größe handelt. Die Großschreibung kennzeichnet den zeitlichen Mittelwert, bei Wechselgrößen deren Effektivwert. Zur näheren Charakterisierung dienen die Indizes, die an die Größenbezeichnung angehängt werden (z.B. R_v)

A	Querschnitt
B	magnetische Flußdichte (Fluß pro Fläche)
C	Kapazität
F	Kraft
f	Frequenz
i, I	Strom
I_A	Anker-, Ausgangsstrom
I_E	Eingangsstrom
L	Induktivität
l	Länge
M, m	Drehmoment
N	Windungszahl
n	Drehzahl
P	Leistung
P_v	Verlustleitung
R	(ohmscher) Widerstand
R_A	Ankerwiderstand
R_v	Vorwiderstand
S	Scheinleistung
s	Weg
T	Periodendauer
t	Zeit
u, U	Spannung
U_A	Ausgangsspannung
U_C	Kondensatorspannung
U_D	Durchlaßspannung
U_d	Mittelwert einer gleichgerichteten Spannung, Diodenspannung
U_E	Eingangsspannung
U_F	Fahrspannung
U_i	induzierte Spannung
U_M	Motorspannung
U_R	Spannungsabfall am Widerstand
U_w	Wechselspannung
v	Geschwindigkeit
X	Blindwiderstand (Reaktanz)
Z	Scheinwiderstand (Impedanz)
Φ	magnetischer Fluß
ρ	spezifischer Widerstand
τ	Zeitkonstante
π	Konstante (= 3,1416...)

Abkürzungen:

a	Abzweig, Arbeitskontakt
m	Mittelanschluß (Doppelspulen)
g	Geradeaus (Weichenstellung)

Die Maßeinheiten

Unser metrisches System baute ursprünglich auf den „Meter" auf und wird heute für alle anderen physikalischen Größen verwendet. Dezimale Vielfache (z. B Tausendfache) und Bruchteile (z. B. millionstel) werden durch die folgenden Vorsätze zu den Maßeinheiten gekennzeichnet:

Name	*Abkürzung*	*Zahlenfaktor*
Piko	p	10^{-12}
Nano	n	10^{-9}
Mikro	µ	$0{,}000001 = 10^{-6}$
Milli	m	$0{,}001 = 10^{-3}$
Kilo	k	$1000 = 10^{3}$
Mega	M	$1\,000\,000 = 10^{6}$
Giga	G	10^{9}

1 km (Kilometer) sind also 1000 m, 1 mm ein tausendstel Meter. Beispiele für elektrische Größen: 1 mA (Milliampere) ist ein tausendstel Ampere, 15 kV (Kilovolt) sind

15 000 Volt, 10 µF (Mikrofarad) sind 10 millionstel Farad, und schließlich 47 MΩ sind 47 Millionen Ohm.

Normreihen von Bauelementen

Widerstände und Kondensatoren sind nur in bestimmten Werten erhältlich. Diese unterscheiden sich nicht um einen festen Wert, sondern um einen bestimmten Faktor. So kann man z. B. mit relativ wenigen Widerstandswerten den riesigen Wertebereich von einigen Ohm bis einigen Megaohm abdecken. Bei der häufig anzutreffenden E6-Reihe zum Beispiel unterscheiden sich zwei aufeinanderfolgende Widerstandswerte um etwa den Faktor 1,5. Dabei gibt es die Werte

1; 1,5; 2,2; 3,3; 4,7; 6,8; 10; 15 Ohm usw. Pro Dezimale (also z. B. von 1 bis unter 10 Ohm oder von 10 bis unter 100 Kiloohm) gibt es genau 6 Werte. Es gibt auch sehr feine Normreihen, z. B. die E24-Reihe mit 24 Werten pro Dezimale mit z.B.

100; 110; 120;........; 750; 820; 910 Ohm.

Farbkennzeichnung von Widerständen

Die winzigen Widerstände kleiner Leistung tragen meist verschieden farbige Ringe, die verschlüsselt den Widerstandswert angeben und weiterhin die Genauigkeit (Toleranz), mit der dieser Wert auch tatsächlich eingehalten wird. Die verschiedenen Farben geben die Ziffern von 0 bis 9 an, die dezimalen Vielfachen (Multiplikatoren) sowie die Toleranzen, d. h. die mögliche Abweichung vom wirklichen Widerstandswert zum angegebenen.

Ein Großteil der Widerstände trägt vier Ringe, von denen die ersten beiden Ziffern, der nächste den Multiplikator und der letzte

Farbe	*Ziffer*	*Multiplikator*	*Toleranz*
Schwarz	0	1 Ohm	
Braun	1	10 Ohm	1%
Rot	2	100 Ohm	2%
Orange	3	1 kOhm = 1000	
Gelb	4	10 kOhm = 10 000	
Grün	5	100 kOhm = 100 000	
Blau	6	1MOhm = 1 000 000	
Violett	7	10 MOhm	
Grau	8	100 MOhm	
Weiß	9	1000 MOhm	
Gold		100 Milliohm	5%
Silber		10 Milliohm	10%

(manchmal etwas breitere) Ring die Toleranz angeben.

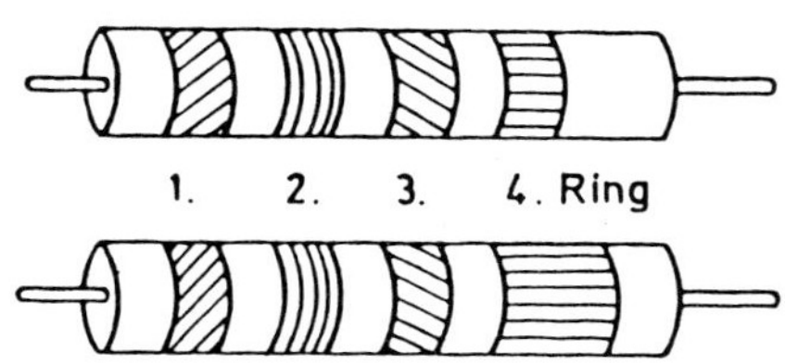

Beispiel:

Gelb, Violett, Schwarz, Silber heißt 47,0 Ohm mit 10 % Toleranz.

Braun, Schwarz, Gelb, Gold heißt 10mal 10 kOhm, also 100 kOhm mit 5% Toleranz.

Heute gibt es zu kaum höherem Preis hochgenaue Widerstände (Metallfilmwiderstände) mit einer Toleranz von 1%. Wegen ihrer größeren Genauigkeit tragen sie meist fünf Farbringe, von denen die ersten drei den Zahlenwert auf drei Stellen genau angeben, anstatt der zwei Stellen bei den ungenaueren Kohleschichtwiderständen.

Es gibt sogar Widerstände mit sechs Farbringen; der letzte Ring gibt dann noch zusätzlich an, um wieviel Prozent sich der Wider-

stand bei Erwärmung um 100 Grad Celsius verändert:

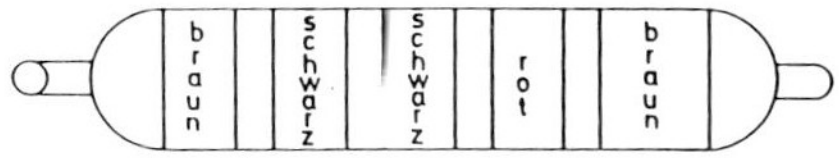

Kennzeichnung eines 10-kΩ-Widerstandes mit 1% Toleranz

Farbe	Braun	Rot	Gelb	Grün
Veränderung	1%	0,5%	0,25%	0,15%

Während die Kohleschichtwiderstände grober Toleranz mit ihren Gold- und Silberringen recht leicht zu „lesen" sind, ist dies bei Präzisionswiderständen nicht ganz leicht, da Toleranz und Temperaturabhängigkeit durch Farben beschrieben werden, die auch für Ziffern verwendet werden. Zweifel werden hierbei am einfachsten durch ein digitales Widerstandsmeßgerät beseitigt.

Sachregister